JN222441

愛と孤独のフォルクローレ

ボリビア音楽家と生の人類学

El folklore del amor y la soledad

相田豊
Yutaka Aida

世界思想社

はじめに

今から遡ることおよそ五〇年前。南米の真ん中、ボリビアの高原地帯にある都市ラパスには、これまで大陸の誰も聞いたことがないような笛のメロディーが響いていた。

煉瓦《レンガ》と石畳でできたような街には、夜になると、どこからともなく若い音楽家たちが集まってきて、酒場や社交場で、彼らの音楽を演奏する。ひとつひとつは、聞き覚えがある民俗楽器の音色。しかし、聞いたこともない組み合わせ。めくるめく、自作の曲の数々。ノリやすいリズム。はじめは冷ややかにこれを聞いていた市民たちも、次第に彼らの親しみやすくもポップで新しい音楽に熱狂した。

ボリビアの村々の男たちは、とてもうまく笛を吹く方法を知っていた。だけど、かつての笛吹きたちは「音楽」を知らなかったんだ。

音楽家たちは、自分たちこそが、ボリビアの歴史で初めて「近代」的な意味での「音楽」を実現したのだと考えた。まだ、誰も聞いたことがない音楽を。とんでもなく新しいものを。自分たちにしか奏でられない何かを。彼らはそのようなものを作ろうとした。
彼らが作った音楽は、今日「フォルクローレ音楽」と呼ばれる。彼らの音楽は、世界史の中には埋もれて見えなくなっているかもしれないが、しかし、彼らが身を置く日常世界には確かなる変化をもたらした。

その時、私は確かに普遍という高みに手が届いた気がしたのさ。

それから半世紀、若かった彼らは相応に年を取った。またある者は、病気や事故で命を失った。南米の最貧国のひとつであるボリビアに生きるということは、思いがけない喜びにも、予期できない死にも向き合うということである。彼ら自身は今、皮肉なことに、自分たち自身が生み出したフォルクローレ音楽の中において、「流行遅れ」の存在になりつつある。
彼らは、今、自分たちの駆け抜けた時代を、人生を語り始める。彼らの人生のテーマを一言だけ取りあげることが許されるならば、それは「孤独」ということになるだろう。音楽家たちは、若い頃、家族にも背を向け、同じフォルクローレ音楽家たち同士の中ですら馴れ合わず、「自分」の探究を続けた。それは今、彼ら自身を縛りもする何かになっている。

お前も私の年齢になればきっと分かるさ。

本書は、私が三年半にわたり、ボリビアで聞き、時には自分自身もその中に入って経験した、フォルクローレ音楽家たちの物語を記述していくものである。彼らは、ボリビア全体にとっても激動だった時代を、とにかく軽やかに――あるいは軽薄とすらいえるかもしれないほどの軽さで――駆け抜けた。その軽快で、明るい「愛」と「孤独」を書くのが本書の目的である。

＊＊＊

私が、ボリビア・フォルクローレ音楽に初めて関心を持ったのは、日本でCDを聞いたのがきっかけだった。民俗楽器の笛や弦楽器の特徴的な音色、「もの悲しい」メロディーライン、独特のリズム感。そうした特徴を持つフォルクローレ音楽に惹かれ、私は遠いアンデスの大地をイメージしつつ、手当たり次第に曲を聞くようになった。CDのアルバムに付されたアンデスの先住民とおぼしき人の写真を見ては、アンデスの山々に思いを馳せていた。当時聞いていた曲の中で最も好きだった曲の中に「ワヤヤイ（Wa Ya Yay）」と題された、以下のような詞の歌がある。

ワヤヤイ

今日はお前に私の悲しき嘆きを語ろう
今日私が魂の中に持つ孤独（soledad）を
お前に悲しき失望（desengaños）について語ろう
私が生きた幻想と夢（sueños）について
山や谷の中に私は生まれ
ワイニョがその魅力の内に私を育んだ

私の大地がチャランゴの中で花開き
サンポーニャが風を受けて大きくなっていくのを見た
ワヤヤイヤヤイ……

（作詞：Ulises Hermosa　©MUSIC AMIGOS）

先住民として生きてきた親が、子に対して、先住民として生きることの困難、その中で味わってきた孤独な苦しみを語ろうとする。ワイニョのリズムに乗せて、チャランゴやサンポーニャといった民俗楽器を使って、その思いを語ろうとするが、それは言葉にはならない。ただ「ワヤヤイ」と言うしかない。「ワヤヤイ」とは特に辞書的な意味を持たない嘆息の間投詞である。この曲はその意味で、言葉にすることができない歴史を語ろうとすることについての曲である。語ることについての語りであり、歌うことについての歌であり、奏でることについての音楽である曲である。後で知ったことだが、この曲は、一九八一年にボリビアで発表されるやいなや大ヒットとなり、この曲を作り、演奏したカルカス（Los Kjarkas）というグループを一躍有名にした曲であった。

こうしたフォルクローレ音楽を聞いていく中で、次第に私の中で浮上した問いがあった。それは、フォルクローレ音楽のひとつひとつの曲の由来をめぐる疑問だった。私がフォルクローレ音楽に触れ始めた当時（そしておそらく今でも）日本でフォルクローレ音楽はしばしば「アンデスの先住民の民謡」であるとか、「インカの末裔たちが伝承してきた音楽」あるいは「アンデスの響き」といったフレーズとともに紹介されていた。こうしたフレーズは、私に、いつの時代の誰が作ったとも知れないような伝承曲のような音楽をイメージさせた。「アンデス先住民の民謡」という言葉は、インカの時代から五世紀以上にわたり先住民に伝承されてきた「作者不詳」の伝承音楽のようなものを想像させたのだ。

しかし、私を混乱させたのは、先述のワヤヤイのようなフォルクローレ音楽の曲の大半に作曲者・作詞者がいたし、そのことがCD等にも明記されていたということである。先述の「ワヤヤイ」という曲もまた、CDのジャケットの情報によれば、作曲者・作詞者は演奏者でもあるカルカスというグループであるということだった。フォルクローレ音楽が民謡であるのならば、それに作者がいるとはどういうことなのだろうか。ボリビアに「真の」民謡なるものはあるのだろうか。あるとして、それでは作者はどういうつもりでこれらの曲を作ったのだろうか。もしフォルクローレ音楽の大半の曲が同時代の音楽家の創作であるのならば、あえてそこで民俗楽器や民俗音楽的なモチーフが使われているのはなぜだろうか。つきつめれば、フォルクローレ音楽家たちがフォルクローレ音楽に賭けたものとは一体何なのだろうか。ワヤヤイの作者が、歌詞の中の人物を通して歌おうとした「夢」とは、「失望」とは、「孤独」とは一体何なのだろうか。このような疑問が生まれていく中で、私の中では、フォルクローレ音楽そのものだけではなく、それを作った人々に対しての関心が深まっていくことになった。

＊＊＊

本書の中で、私は、ボリビア・フォルクローレ音楽家たちの世界を旅した、その経験を語っていくことになる。ボリビアの空気を吸い、地面を踏みしめ、人と直接会って分かったことを、順序立てて述べていきたいと考えている。

時に、良い研究論文とは、拾い読みができる論文であるという。結論を読めば著者の言いたいことが分かるもの、自分の知りたい情報がどこにあって、どこを読めば十分なのかが分かるのが、良い論文なのだ。私はこの意見には賛成だし、普段論文として何かを書く時には、なるべくどこを読んでも、どこから読んでもそれぞれに利用しがいのある情報を受け取ってもらえるように、工夫して書こうとしている。

ただ、こと今回、この『愛と孤独のフォルクローレ』という本を書くのに際しては、どうしても私は、それを手際よくまとめられた情報としてではなく、一冊の読み物として書きたいと思った。私が出会ったボリビアの人々は、どの人もとても話がうまかった。引き込まれる語り口。忘れられない名ゼリフ。驚きの展開。彼らのあまりに巧みな語りっぷりを通じて、普通の人の普通の人生がどれだけ面白いのか、私は見せつけられた思いだった。こうした経験があったので、私は、少しでも彼らの語りに近いものを自分で書いてみたいと思ったのだ。だから、この本は、通読できる民族誌を目指している。基本的には私自身の経験に沿いながら、読者の方々に、最初から最後まで読み通してもらえるようなものを書くことを目標にした。

結果、分かりやすく結論を出すことよりも、一度回答のようなものを出しては、ああでもない、こうでもないと逡巡し、回り道を重ね、ジグザグに進んでいくところばかりになってしまったようにも思う。しかし、これもまたフィールドワークというものの醍醐味だと思って、どうか読者のみなさんには甘受いただければありがたい。

そうはいってもこの本はやはり文化人類学の本であり、私がこの本を書くまでの過程で出会った、様々な文化人類学の著作や、同時代の日本社会の状況との対話の中で書いている。とりわけ、二〇一〇年代以降の英語圏の人類学において前景化しつつある、関係性の切断ないし、ポスト関係論、孤独といった問題について、本書はがっぷり四つに組んで、答えを出そうとして取り組んだつもりだ。これまでの人類学にとって、「関係」という概念は揺るぎない重要性を持ってきた。それゆえ、関係以降にあるものを考えるというのは、極めて挑戦的な問いである。本書もまた――それがあまりに大きく、無謀な問いであることは承知の上で――「孤独」の側から人類学理論を刷新していくことを目指している。

音楽家たちが、とんでもなく新しい何かを愛し、目指したのと同じように。

＊＊＊

以上が本書のあらましの全てである。願わくは、うまく始められていることを祈るばかりである。

目次

2章 不器用な音楽家たち 59

7章　アマゾンの開拓者

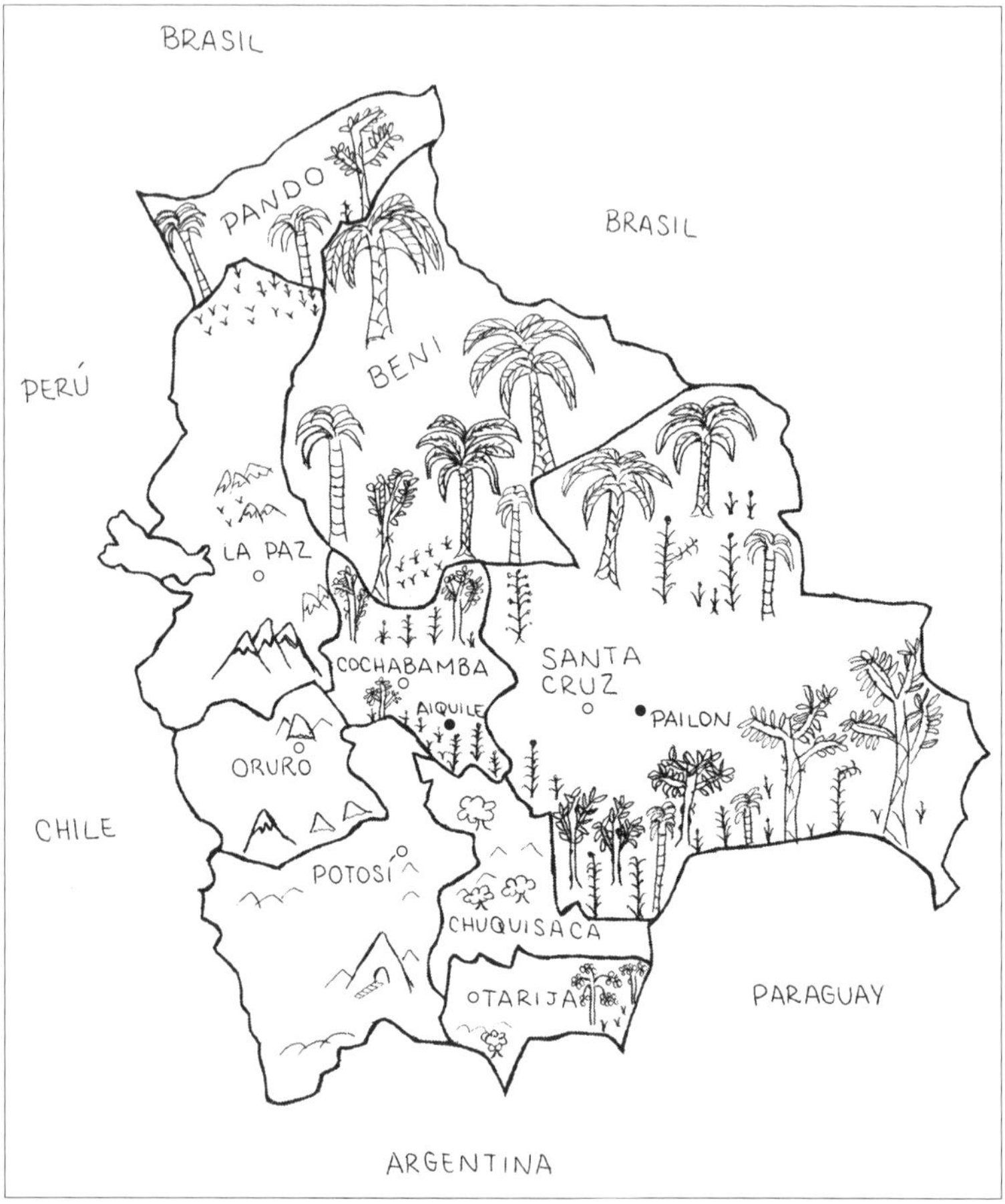

ボリビア

南米の中心に位置し、西側にアンデス高地、東側にアマゾン低地を抱く。

国内の境界は県境を示し、●と○は市町村を示す。○で示した都市は県名を兼ねる。本書に登場する主な地域は右の通り。

地図：Cristobal Mamani

西部	LA PAZ	ラパス
	ORURO	オルロ
	POTOSHÍ	ポトシ
中部	COCHABAMBA	コチャバンバ
	AIQUILE	アイキレ
東部	SANTA CRUZ	サンタクルス
	PAILON	パイロン

凡例

一、本書では、調査地の地名を実名で記している。

二、本書では、歴史的な人物や著名な音楽家、政治家などに言及する際、実名を用いた。一方で直接聞き取りを行った音楽家については、彼ら自身が実名を公開して活動しているアーティストであるという事実も踏まえ、本人からの承諾を得た上で、原則として実名を用いた。また、人名に関しては、原則として、筆者とおよそ同年代で調査中もファーストネームで呼び合っていた人物に対してはファーストネームでの表記を、筆者よりも年長の人物については、ファミリーネームに「氏」をつけた形での表記を用いている。

三、二と同様に音楽グループ名についても、原則として実名を用いている。

四、本書で用いられる、日本語以外を由来とする語彙や表現の一部については、当該箇所の日本語の後にカッコ書きで原語を表記している。（例：「孤独（soledad）」「分離（detachment）」「カリカリ（kari kari）」）

五、引用部分などにおける〔　〕は筆者の補足を意味している。また〔……〕は省略を意味する。

序章　孤独とつながりの人類学

1　私たちの孤独と人類学

「他者とともに生きる」ことの学

文化人類学をどのように基礎づけるかという問題については、様々な立場や見解があるが、その中でも有力なもののひとつに、文化人類学とは、「他者とともに生きる」ことについての学であるという考え方があるだろう。私たちは、日常生活の中で、話したり、一緒に働いたり、時に同じ屋根の下に暮らしたりしながら、他者とともに生きている。他者とのつきあいはスムーズにいくこともあれば、対立を引き起こしてしまうこともある。それでも、およそ人間が人間として生きていくことにおいて、他者とともに生きていくということはほとんど避けられないように思われるし、その意味で他者と生きていくことは、人間が人間たるゆえんにも深く関わっていそうである。「人類」の学たる「人類学」の基礎には他者との共生のあり方に端を発する人間性の探究がある、と考えてもそれは十分妥当な問題設定であるように思われる。

事実、文化人類学者は、この他者とともに生きることの普遍性と多様性について調べ、整理して、記述し尽くすために世界中で研究をしてきた。他者と生きていくことに関する問題は、人間であることについてまわるようなごく基本的で普遍的な問題であるとはいえ、そのやり方それ自体は、人や地域、時代などによって様々だ。文化人類学者は、親族、民族集団、同業者関係など、人々の中にある、小さくありふれた、しかし力強いつながりの単位を取り出し、その仕組みや力を明らかにする中で、つながりの形を記述しようとしてきた。

しかも、文化人類学者は「他者とともに生きる」ことについて、自らもフィールドの人々と「ともに」生き、彼らに学ぶことを通じて研究するという方法を学問の歴史を通じて行ってきた。人類学者は、ほとんどの場合、一年以上の期間、言語や文化などが異なる人々のところに住む。そこでひとりの生活者として、他の人と生活を築きながら調査を行う。文化人類学は、調査を受け入れてくれる現地の人々の協力なしには成立しない学問であり、勢い、現地の人々が日々行っているつながりをめぐる実践について、その良い面や、巧みさなどに焦点を当てがちである。現に、人類学者が記述してきた様々な人々の中には、政治・経済構造の中で弱い立場に置かれながらも、うまく他者とつながりを作っていくことによって、賢く、あるいはしたたかに日々の生活を組み立て、生き延びてきた人々が少なからずいる。こうした人々の事例は、西洋近代を批判しようとする人類学にとっても、大きな力の源になってきた。

ここで、本書がささやかな抵抗を試みるのは、まさにこの文化人類学の前提となっている事柄である。改めて考えてみると、文化人類学者の訪れるフィールドにいる人々は、必ずしも他者との「つながり」を享受している人ばかりではない。そこには、つながりたくてもつながれない人や、つながりを積極的に拒否しようとする人もいるはずだ。親族間のトラブルを抱えて家を抜け出してしまった人。多数派とは違う出自を持っているがゆえに全体の輪に入っていけない人。競争もあれば利害相反もある同業者との関係に疲れてしまった人。あるいは、ただただ、他者と生きていくことについても、自分を自分として生きていくことについても、不器用な人。もし、文化人類学が「他者とともに生きていく」ことについての学であり、そこでの「つながり」についての学であったとしたら、右に書いたような、「ひとり」を抱える人々の生には、どのように向き合っていくことができるのだろうか。果たして、共生とつながりの学としての文化人類学は、孤独の学にもなりうる可能性があるのだろうか。

関係論的思考の限界

実は、こうした問題の一部は、近年の英語圏の人類学の大きな理論的動向において、「関係論的思考の限界（the limits of relational thinking）」［Candea, Cook, Trundle & Yarrow 2015］という概念とともにすでに提起されてきている。カンデアらは、二〇世紀末以降の人類学にとって、関わりあい（engagement）やつながり（relation）といった概念が確かに中心的な課題であったことを認めた上で、人類学者がこうした概念を重視するあまり、しばしばフィールドでの人々の実践の中に、相互的で温かなつながりを見出して満足してしまう傾向にあるのではないかと述べている。カンデアらは、こうした関係論的思考によって、人類学が人々の実践の特定の局面を見落としてしまう可能性を指摘する［Candea et al 2015：2］。人類学者が関わりあいやつながりに注目するあまり、フィールドの中のつながりたくてもつながれない人々や、つながりをあえて拒否しようとする振る舞いが見えにくくなっていること、主題化されなくなっていることを問題にするのである。こうした問題提起は、ヨーロッパの人類学者たちを中心に、「ポスト関係論」を模索する動きとして、次第に潮流化しつつある［e.g. Willerslev 2007, 2016; Holbraad & Pedersen 2017］。

確かに、とりわけ近年の人類学を一望すると、他者とともに生きている人間を記述するだけではなく、どのような形であれ、他者とともに生きることそのものを肯定的に価値づける言説にあふれている。時には、あまりに無邪気すぎないかと思うほど、共生やつながりに価値があることを強く前提にしている議論も散見される。この傾向は、英語圏に限らず、日本の人類学においても顕著である。人間がいかに他者とともに生きているかということについては、圧倒的な蓄積がある一方で、人間がいかに「ひとりで」生きているともいえるのかということについて、十分な蓄積がないというのが実情であるように思われる。

ところで、ここで注目するべきなのは、関係論的思考を批判するカンデアらの議論が、純粋な理論的要請から来るものだというよりも、ある種の同時代的な「実感」を踏まえてなされているということである。

『分離』の序文においてカンデアらは、二〇世紀はじめから現代に至るまでの長期的な視野を持ちながら「分離（detachment）」と「関わりあい（engagement）」が幅広くどのような意味を持ってきたかを記述しようとする。カンデアらによれば、関係論的思考は単に人類学に特徴的な考えだということだけではない。現代社会の公共領域においても、私たちはより関わりあい、つながることを規範的に求められるようになっている［Candea et al 2015：1］。こうした傾向は、いわゆる情報通信技術の発達も相まって、二〇世紀末から現代にかけて加速度的に進展しているというのだ［Candea et al 2015：11-12]。カンデアらが関係論的思考の限界を超える思考を模索しようとする時、それはある種の同時代的な「実感」を踏まえてなされているのである。

私たちはもっとつながるべきである。しかし、そう思えば思うほどにつながりきらない。この切実な問題は、アメリカ文化人類学においても「先行きの見通せなさ（precarity）」を鍵概念としながら一大争点になりつつある［Allison 2013; Starn 2015］。ここで問題にされるのは、新自由主義によって従来のつながりを断たれた人々――特に非正規労働者の人々――が経験するつながりの欠如である。つまり、カンデアらが議論の出発点としている「実感」は、どうも広く英語圏全体に共有されているもののようである。

このようなことを踏まえた時に、カンデアらの議論を引き受けつつ、それを日本において／日本語で議論しようとするならば、そもそも近代から現代にかけての日本にとって「つながり」とは何だったのか、「孤独」とは何だったのかということについて、一度答えてみようとすることが必要だろう。

漱石の生きた孤独

明治という激動の時代を生き、その中で日本の社会の形、日本の個人というものの形について考え続けた夏目漱石は、大阪朝日新聞社の主催で兵庫県の明石にて行われた一般向けの講演会で、「道楽と職業」という講演を行っている。そこで漱石は、文明開化以降の東京における「つながり」について、以下のような興味深い分析を行っている。

現今のように各自《めいめい》の職業が細く深くなって知識や興味の面積が日に日に狭められて行くならば、

吾人は表面上社会的共同生活を営んでいるとは申しながら、その実銘々孤立して山の中に立て籠っていると一般で、隣り合せに居を卜《ぼく》していながら心は天涯にかけ離れて暮しているとでも評するよりほかに仕方がない有様に陥って来ます。

〔夏目 1988a（1911）：524-525〕

地縁や血縁が部分的に解体していった東京という都市において、職業集団によって弁別された新しい「つながり」の形が時代を型取り始めたことを看破しつつも、漱石は、しかし総体として見れば「隣り合せに居を卜していながら心は天涯にかけ離れて暮」すようになった人々のあり方を議論している。

ここで漱石が人々の姿として書いている孤独は、あるいはその時代を生きた漱石という人物当人が感じていた「淋しさ」でもあったのではないか。この点について、私たちは、明石の講演から三年後に行われた、名高い「私の個人主義」講演の中の、以下のような一節を思い出すことができるだろう。

私はちょうど霧の中に閉じ込められた孤独の人間のように立ち竦《すく》んでしまったのです。そうしてどこからか一筋の日光が射して来ないかしらんという希望よりも、こちらから探照灯を用いてたった一条で好いから先まで明らかに見たいという気がしました。ところが不幸にしてどちらの方角を眺めてもぼんやりしているのです。ぼうっとしているのです。

〔夏目 1988b（1914）：622-633〕

「皮相上滑りの開化」を経て、つながりの形が大きく変わった明治という時代において、漱石は、近代化やその個人主義という問題と真っ向から向き合った。それを漱石は、社会の形の問題としても、「私」というものの内にある問題としても、表現した。この意味で、漱石は、近代日本の「つながり」に関する、良きエスノグラファーであったといえよう。

　このように考えると、つながりの欠如への不安は、およそ日本が近代化を経験して以降、ずっと私たちの傍らにあった問題なのだということができそうである。

ゼロ年代の孤独

近代の日本における孤独は、このように近代化に対する代償、あるいは対価として、各個人の心の内で感じられるものであった。「つながり」というものは、明治以降の近代化であれ、第二次世界大戦後の高度成長であれ、その後のバブル景気であれ、ほぼ一貫して経済成長を遂げてきた日本の近代がどこかに置き忘れてきてしまった何かという形でイメージされてきた。

　しかし、このつながりに対する見方は、まさにそれと対となる日本社会の経済成長が停滞の局面を迎えたその時、別の局面を迎えることになる。日本社会は、一九八九年に平成という時代に突入するとほどなくして、長期の経済停滞を経験することになった。しかし、近代化や経済成長の「代償」であったはずの「つながり」は、たとえ日本が経済成長を手放したとしても、私たちのもとに戻ってくることはなかった。

　こうした状況の中で、二〇〇〇年代――いわゆるゼロ年代――以降の日本では、「つながり」は、郷愁とともに嘆じられるものではなく、むしろ停滞する社会を解決する何かとして私たちが積極的に作り出すべきものとして再び見出されていくことになった。

　たとえば、ゼロ年代において、人文社会科学で広く取りあげられ、議論を呼んだ概念のひとつに

「公共」という概念があったことには、概ね同意が得られるのではないだろうか［cf. 與那覇 2021：256-258］。齋藤［2000］や山脇［2004］などを嚆矢として、ハーバーマス［1994（1990）］やアレント［1994（1958）］を思想的背景とした「公共」の概念は、様々な分野で議論が進められていくことになった。それは、国家主導型の「日本株式会社」が一九九〇年代初頭のバブル崩壊によって崩れ、急速に新自由主義へと向かっていく日本において、国家でも市場でもない、公共なる場所に、社会問題の解決の糸口を見つけようとする運動であったとも解釈できる［Allison 2013：1-20］。

さらに、二〇〇九年に政権を取った民主党が目玉政策のひとつとして、二〇一〇年に「「新しい公共」推進会議」を設立したことなどに象徴されるように［内閣府 2010］、「公共」は単なるアカデミズムの関心を超えて、政治・行政システムの中でも制度化されていった。

こうした公共概念の中核にあったのは、直接民主主義的な熟議に基づいた「人と人とのコミュニケーション」［山脇 2004：131-139］の理念であり、国家や市場などのシステムに回収されない、人々の中にある「つながりとしての公」[1]［齋藤 2000：2］だった。

この「つながり」は、しばしばソーシャルキャピタルとしても概念化された。パットナムによる一連の著作［パットナム 2001（1993），2006（2000）］や、ブルデューの文化資本／社会関係資本の再生産論［ブルデュー 1990a（1979）］などの議論は、いかに関係性が――ただつながっているということそのものが――価値となりうるかを明らかにした。

こうした価値あるつながりを生み出す能力は、社会生活を営む個々人にも求められるようになった。二〇〇四年の厚生労働省の調査で、企業が就職活動生に求める資質として「コミュニケーション能力」が一位となったことはその象徴的出来事だといえるだろう［厚生労働省 2004］。また経団連の調査においても、同じく二〇〇四年に「コミュニケーション能力」が就活生に求められる資質として初めて一位を取ると、コロナ禍の影響で調査が中断される二〇一九年度までの間、首位を維持し続けた［日本経済団体連合会 2018］。当の若年世代も、こうした社会的なまなざしを受け止め、それを「コミュ力」ないしはその反対語の「コミュ障」として内面化していった［貴戸 2018：23-42］。

このようなゼロ年代を振り返って見る時、日本において関係性を言祝ぎ、それを推進するような知と言説が、バブル崩壊とその後の新自由主義化と軌を一にするかのようにして加速度的に展開されていったといえるのである［cf. Allison 2013：1-20］。

二〇一〇年代、そして二〇二〇年代へ

しかし、二〇一〇年代になっても、日本社会がつながりで満たされていったわけではなかった。むしろ二〇一〇年のＮＨＫスペシャル『無縁社会――〝無縁死〟三万二千人の衝撃』は、「つながり」を目指して進んでいた日本社会に対して、つながりの欠如がいかに根深い問題であるかをまざまざと見せつけた［ＮＨＫ「無縁社会プロジェクト」取材班編 2010］。この番組で強調されたように、二〇〇〇年代から盛んに問題化された「ひきこもり」や「ニート」「限界集落」といった問題は、「無縁」の問題、つながりの欠如の問題として、読み替えられていくことになった。

また二〇一一年に発生した東日本大震災の後には、「絆」という言葉の氾濫が見られた。マスコミ各社による「絆」の利用の他、政府支援などでも絆という言葉は使われ、絆は震災復興の枕詞となった［cf. 渋井 2016］。

さらに、二〇二〇年の春には、今度は新型コロナウイルスが日本社会を劇的な形で覆っていった。この期間、感染症対策のために学校の休校措置が取られ、外出自粛やテレワークの勤務などが常態化した。私たちは、ソーシャルディスタンスを取ることを余儀なくされ、集会やイベントの中止に

直面するなど、人と人が接触することそのものから遠ざかってしまった。当然ながら、この時期にもまた「孤独」は大きな問題として取りあげられた。こうした背景もあり、日本では、二〇二一年には世界で英国に次ぎ二番目に孤独・孤立対策担当大臣が任命されることにもなった。

ここで改めて注目しておきたいことは、ゼロ年代において「公共」や「ソーシャル・キャピタル」といういわばやや耳慣れない翻訳語、カタカナ語で示されていた「つながり」への志向が、「縁」や「絆」といった漢語・和語に咀嚼され、日本語ないし日本社会の中で確実に浸透しているということである。つながりは日本社会において、何か価値あるものとして、現状をどうにか良くしてくれるものとして、多用されている。そして、この現象はアカデミアと政治、経済、社会の様々な領域で横断的に起きている。それだけ現代の日本社会において関係論的思考は、私たちの日常生活や日常語に定着し、離れがたいものになっているのである。

人類学の応答

ここで、私の見立てでは、公共人類学、共同体論、日常的実践論、相互行為論、アクターネットワーク理論など、日本においてゼロ年代以降に展開されたいくつかの新しい人類学の理論的潮流は、ここまで述べてきた日本社会のつながりへの関心の高まりを背景にしつつ、それに直接的ないしは間接的に応答するものであると捉えることができる。

まず、関係論的な学的潮流の直接的な応答として、公共人類学の展開があるだろう。公共人類学は、二〇〇〇年前後よりアメリカの文化人類学で提唱されるようになったものであるが［cf. Borofsky 2000; via 木村 2013：11; 山下 2014：5-7］、日本でも木村によって二〇一三年に出版された民族誌や、翌二〇一四年に山下によって編まれた論集をひとつの契機としつつ、広く定着した。こうした研究は、前述のような日本における「公共」や「新しい公共」への議論と期待の高まりに直接応答しようとするものだった［e.g. 木村 2013：31; 山下 2014：9-10］。

また、たとえば、小田による『文化人類学』誌における二〇〇四年の特集は、「公共」という名前こそ冠していないものの、内容的には齋藤の『公共性』に対する人類学の立場からの応答を目指したものであり、広い意味で公共性に関わりを持った研究といえる。この特集のキーワードは「共同体」であり、ここでの議論は、人類学的共同体論とでもいうべき議論へとつながっていった［小田 2004; e.g. 松田 2004; 田辺 2005］。人類学的共同体論では、「共同体」概念の脱／再構築を通じて、望ましい共同性のあり方を検討し、同時代における「思想運動に対して文化人類学がどのような貢献をすることができるかを明らかにすること」［小田 2004：236］が目標とされた。

さらに、こうした共同体論と近いところで展開されたのが、いわゆる日常的実践論である。一方ではブルデュー［1988（1980), 1990b（1980)］や、それを受けたオートナーの議論［Ortner 1984］、セルトーの実践論［ド・セルトー 1987（1980)］、レイヴ&ウェンガーの正統的周辺参加論［レイヴ&ウェンガー 1993（1991)］などを背景にしつつ、「実践（practice)」は二〇〇〇年前後から世界的に人類学の一大キーワードとなった［cf. Sneath 2018］。こうした議論を引き受けた田辺［2003, 2010］によるタイのエイズ患者の相互扶助コミュニティーの研究では「実践共同体」の概念が提示された。このように日常的実践論は、共同体論などと交差しながら、日本で独自の関心の高まりを見せた［Jensen & Morita 2012］。こうした議論は、「人間がある環境において他者とともに生きているということを出発点として」［西井 2006：1］おり、人と人とがつながり、関わりあいを持つその社会空間にこそ「人間の生のアクチュアリティ」［西井 2006：1］があるということを大きな前提としていた。そしてその共同性の中に「二十一世紀の人類学が貢献しうる最大の根拠」［田辺 2002：31］を見出していったのである。

こうした実践論は、さらに、よりミクロな場面での言語的・身体的やり取りにフォーカスを当てた対面相互行為論などとも接近した。とりわけ菅原の一連の研究は、霊長類学や認知心理学、哲学などと対話しつつ、独自に展開し、多くの研究者に影響を与えた［e.g. 菅原編 2013］。実践論と対面相互行為論は、一連の論集［e.g. 田辺・松田編 2002; 田中・松田編 2006; 西井・田辺編 2006］などを通じて、二一世紀初頭の人類学の理論的動向を牽引することになった。ここでも繰り返されているのは、「共在と相互行為のただなかにのめりこんでいる」［菅原 2013b : 3］人間の姿であり、共在と相互行為を通じてこそ明らかになる人々の姿を基盤的な人間像として置く考え方である。

また、二〇一〇年を過ぎた頃から、日本においてはアクターネットワーク理論をはじめとする「モノ」への関心が高まっていった。春日による論集『現実批判の人類学』、床呂・河合による論集『ものの人類学』は、こうした潮流の火つけ役でもあり、その劇的典型でもあった。こうした一連の研究は、「従来の人間中心主義的な「ひと／もの」関係の構図を解体し」「「もの」とひとの関わりあいを正当に評価する」［床呂・河合 2011 : 4、傍点は筆者］ことを目標とした。こうして、つながりの探究は、人間から非人間にまで延長されるようになった。

さて、ここで挙げた一連の研究潮流は、直接的なものにせよ間接的なものにせよ、一様に二一世紀最初の二〇年間の、日本社会におけるつながりへの関心と期待の高まりと呼応している。様々なアクターの形作る自律的で豊かなつながりの諸相に主たる関心を置き、そこにこそ「人間の生のアクチュアリティー」を見出してきたといえるのではないだろうか。また、こうした中で、フィールドに見出される活き活きとしたつながりは、往々にして日本社会のそれに対する望ましいオルタナティブとして、あるいは「人類学の貢献」として提示されてきた。その意味で、二一世紀の日本の人類学もまた、それ自体の社会的・同時代的「実感」を背負いつつ、関係論的思考、すなわち、関係に注目しそれを言祝ぐ思考と密接な関係を持ってきたのである。

私は決してこれらの一連の議論を「批判」したいわけではない。むしろ、これらの研究は、ともすれば静態的になりがちだった民族誌に対して、動態的で、具体の質感と厚みに満ちた豊かな民族誌記述を提示し、民族誌を社会との呼応関係の中に引き寄せた。清水の公共人類学的研究［清水 2013］や、小川の実践論的研究［小川 2011］が人類学を超えて、多くの読者層を得たことは、こうした「関係論的」人類学の貢献の反映といえるだろう。

ここで私が行おうとしているのは、こうした二一世紀の日本の人類学の動向を「歴史化」［Clifford 2012; 太田 2013］すること、つまり時代的社会的文脈に位置づけながら理解していくという作業である。もし、二一世紀に入ってからの二〇年間に展開された人類学が、強く意図したものであれ、そうでないものであれ、同時代的・社会的なつながりへの要請と可能性に応えたものであったといえるのならば、これから先の人類学もまた社会状況・時代状況の変化も踏まえつつ、新たな展開を見せなければいけないだろう。もし私たちが関係論的研究の問いの方ではなく、答えの方に安座して、関係論的思考をただ反復するだけでは、学術的に誠実な振る舞いとはいえないのではないだろうか。先に述べたように、関係論的思考がすでにそれ自体規範化し、二〇二〇年代に突入した今、結果として社会問題としての孤独が解決していないことに鑑みても、孤独とつながりについての研究には、新たな展開が必要とされているのではないか。

「ポスト関係論」の試みは、ここにおいて「一見、関係論的に見えない（apparently 'non-relational'）」［Strathern 2018 : 9］ような次元、すなわち人々の孤独や、人々がひとりで行う実践に焦点を当てることによって、「人類学的関係論」を批判的に継承しようとする試みである。そして、それは単なる英語圏人類学の理論的要請なのではなく、私たちの同時代的要請を背景にしつつ、人類学理論の新たな展開を目指すものなのだ。

2　不安の時代の音楽

とはいえ、本書は孤独についての一般的抽象的な議論を展開していくことを目指したものではない。本書は、ボリビアの音楽を具体的な主題としつつ、そこから孤独やつながりについて考えていくという方針を立てている。ここにはそれなりの狙いもある。なぜならば、音楽あるいは音楽研究は、二〇世紀末から二一世紀にかけて、つながりの持つ意味について、他の分野以上に向き合ってきたと考えられるからだ。

音楽人類学者の不安

「音楽」を人類学的に研究するということには、独特の不安がつきまとう。野澤［2017：14］が指摘している通り、日本文化人類学会の年次大会を見ても、音楽についての発表は近年ようやく増えてきた程度である。また、たとえばイギリスの著名な人類学者であるレイモンド・ファース(Raymond Firth)が、フィールドでの音楽に関する膨大な資料を収集しながらそれを何十年も発表しなかったこと［Nettl 2010：120-128; via 野澤 2017：14］などに象徴されるように、人類学において長らく「音楽」というテーマそのものが、親族、政治、経済、呪術、儀礼、エスニシティー等々の人類学の伝統的関心分野から、どこか外れたものと見なされてきたようにも思われる。

あるいは、むしろ音楽人類学者こそ、こうしたまなざしを内面化してきたといえるのかもしれない。南米ボリビアの北ポトシ地方、カランキラの人々の音楽について研究をしてきたストバートは、その主著において以下のように述べている。

> 私が音楽や表現的メディアに焦点を当てるということは、ひょっとしたら、過剰に肯定的で、ロマン化されているとさえいえるカランキラのイメージを提示することにつながってしまうのかもしれない。私は確かに、カランキラに住むことを通じて経験した、魅了、美的悦び、感情、ひらめきを伝えたいと願っている。しかし、この共同体の厳しい現実と、歴然とした不平等——特に私自身の世界の機会、選択、期待、物質的快適さと比べた時のそれ——は、顕著であり、多くの意味でショッキングである。［Stobart 2006：14］

この記述から見えてくるのは、「厳しい現実」なるものを前に「音楽」について記述し、論じることはそもそも価値あるものなのかどうか、という音楽人類学者の自問自答のように思われる。少なくとも音楽人類学は、音楽を研究することについて自明のものとすることはできず、常に何らかの形で、それを積極的に正当化しながら、音楽に研究する価値を与え続けてきたのである。たとえば、メリアムやブラッキングといった音楽人類学の創始者ともされる研究者は、こうした人類学的な音楽研究の正当化を、機能主義的な立場から、音楽を当該の文化・社会の文脈の中に位置づけるという形で行ってきた［Merriam 1964; Blacking 1973］。こうすることによって、音楽は歴とした文化・社会の一部であり、その中で十分な機能を果たすものとされたのである。

しかし、一方でこうした正当化のあり方は、諏訪が指摘するように文化・社会への還元論として音楽を論じてしまうという問題をはらんでいた［諏訪 2012：4-5］。ストバートが「魅了、美的悦び、感情、ひらめき」と呼んだ、音楽において文化や社会のコンテクストに還元しきれないものを、諏訪は「語り得ぬもの」や「かけがえのないもの」と呼んでいるが［諏訪 2012：3, 9］、こうした用語の差を超えて、両者には音楽の内的な価値そのものを記述する方法を模索しようとする態度が共有されているように見える。

こうした音楽とコンテクストの問題を先鋭的な形で捉えた研究者のひとりにシーガーがいる。シーガーは、音楽を文化や社会の文脈の中において理解しようとする旧来の音楽研究の問題を指摘した上で、音楽研究者は、音楽が文化や社会を文脈化していく過程の方こそを記述すべきだと立論した［Seeger 2004（1987）：xiii］。シーガーは、ブラジル・アマゾンの先住民であるスヤの人々の社会組織や場所、暦などの社会的・文化的装置の生成が、音楽的パフォーマンスを通じてなされていることを民族誌的に示した。つまりここで問題になっているのは、別のものとのつながりの中で理解されるべき音楽なのではなく、つながりを生成する音楽のありようなのである。

この点、現代の音楽人類学において強い影響力を持つ理論家であるトゥリノも、つながりを生み出すものとしての音楽という考え方を支持している。トゥリノの著作、『ミュージック・アズ・ソーシャルライフ――歌い踊ることをめぐる政治』は、民族音楽学においてここ四〇年ほどの間で最も参照されている理論的著作のうちのひとつである［野澤・西島 2015：436］。この本におけるトゥリノの中心的な主張のひとつは、音楽は、社会的なつながりを形成し、維持するための「特別な力（special power）」を持つというものである［Turino 2008：2］。トゥリノは、ベイトソンの議論などを援用しながら、音楽が集団形成という役割を通じて、いかに人間という種の生命維持活動の根幹――社会的な生――に関わっているのかを論じている［Turino 2008：2-4］。トゥリノにとって、音楽の現場を通じて得られる「一体感（oneness）」の感覚、「関与（participation）」の実践こそが、音楽の中心に位置しているものなのである。トゥリノに言わせれば、「音楽や踊りは、愛や友情、精神に深く関わっている。あるいは一言で言えば「つながること（connecting）」に関することなのだ」［Turino 2008：225］。ここにはトゥリノの捉える音楽が、「他者とつながるための音楽」という形で理念化されているということが見て取れるだろう。(2)

　ここで指摘したいのは、音楽によってこそ創出されるつながり、あるいは音楽によってこそ駆動するつながりというアイデアは、音楽を研究することの「不安」を持つ音楽人類学者を魅了するに足るアイデアである、ということなのである。

音楽する身体とミュージッキング

　こうした学的状況を背景にしつつ、特にゼロ年代以降の音楽人類学では、音楽における「身体」の振る舞いとその相互作用、そこで紡がれる関係性に注目した研究が、急速な展開を見せることになった。こうした一連の研究をここでは「ミュージッキング（musicking, 音楽すること）論」とひとまず総称しておきたい。「ミュージッキング」という概念は、一九九〇年代に出版され、音楽人類学のみならず、音楽研究全般に大きな影響を与えた、スモールの著作［スモール 2011（1998）］によるものである。スモールは、ベイトソンの影響を受けながら、音楽は名詞ではなく、動詞として捉えるべきであると主張し、「ミュージッキング」という概念を提示した。このスモールの議論は、音楽をパフォーマンスや対面相互行為として捉える視点を音楽研究にもたらした。

　人類学的な音楽研究も、こうしたミュージッキングの理解の影響を受けつつ、さらにアメリカの民族音楽学におけるグルーヴ研究［Keil 1966; Feld 1988; Keil & Feld 1994］、チョルダーシュやジャクソンらの「実存主義人類学（existential anthropology）」［cf. Csordas 1994; Jackson 2005; Jackson & Piette 2015］、身体化論［Desjarlais & Throop 2011; 山田 2017; McDonald 2018：185］などを背景にして、身体的な相互行為としての音楽――すなわちミュージッキング――に焦点を当ててきた。

こうした研究文脈を踏まえた上で、日本の人類学的音楽研究では、結果として、対面相互行為に関するミクロ分析が進められていくことになった。たとえば、野澤によるペンテコステ派教会におけるトランスダンスとそれに伴う音楽の研究では、ビデオを駆使した画期的で精密な相互行為分析が試みられたし［野澤 2010］、梶丸による中国プイ族の人々の掛け合い歌の民族誌では、遊び論や言語人類学を踏まえつつ、相互行為の妙としての音楽が記述・分析された［梶丸 2013］。こうして、「〈顔〉のみえる」［小田 2008：301］距離にいる人々が、音楽を通じて関係性を、関係性の「あや」を紡ぎ出していくことがクローズアップされていったのである。

モノと音楽のアッサンブラージュ

このようにゼロ年代以降、音楽に関する人類学的研究では、身体的なつながりが大きなトピックとして登場したのに対して、二〇一〇年代になると、今度は「モノ」とのつながりの問題が前景化してくることになった。こうした一連の「人とモノの相互的な働きかけによって出来事が生成する過程」［吉田 2015：22; See also：佐本 2021：31-32］に注目した一群の研究を、ここでは「音楽的アッサンブラージュ論」と呼んでおきたい。

イギリスの音楽人類学者であるボーンは、アクターネットワーク理論を音楽分野でいち早く導入したエニオンの議論［cf. Hennion 1993, 2001, 2003; Gomart & Hennion 1999］を中核としながら、芸術に関する人類学全般に影響を与えたジェルの議論［Gell 1992, 1999（1996）］も交えて、音楽の中で多様な人間・非人間がその場その場で作り出していく関係性を「音楽的アッサンブラージュ／アセンブリッジ（musical assemblage）」［Born 2012：267-268, 2013：139］として概念化した。

こうしたボーンの動向とほぼ並行する形で、内山田は、ラトゥールのアクターネットワーク理論とジェルの議論を参照しつつ、モノと人の関わりの特に生成的・動態的な側面に注目しながら「動くアッサンブラージュ」［内山田 2011］という概念を提示した。これを受けた吉田のバリ舞踊研究［吉田 2011］は、仮面というモノとのつながりを中心に芸能が生成していく過程を記述・分析し、広義のパフォーミングアーツ研究に大きな影響力を与えた。

二〇一〇年前後には、芸術人類学の諸研究や、『現実批判の人類学』や、『イメージの力』展などをきっかけにして、日本でもジェル受容が進んだ［cf. 中谷 2009, 2013; 春日編 2011, 登 2011;「イメージの力」実行委員会編 2014; 渡辺 2014］。音楽人類学では、楽器とその取り扱いに着眼点を置いた研究が大きな進展を見せた［cf. 伏木 2011; 田中 2015, 2021; 野澤 2015; 柳沢 2019; 佐本 2021］。

こうして、音楽的アッサンブラージュ論は、音楽人類学においてミュージッキング論と同じく、民族誌記述の際の一種のデファクト・スタンダードとして機能するようになった。

音楽産業の不安

以上のような研究動向を見るとき、私たちは以下のような仮説を立てることができるのではないだろうか。音楽人類学者はその「不安」を背景に持ちつつ、音楽によってこそ創発されゆく身体やモノの織りなすつながりを――往々にして好ましい何かとして――記述してきたのだ、と。音楽人類学者は、他の分野にも増して関係論的な議論を積極的に進めてきたのであり、人類学的な関係論的思考の劇的な典型だったといえるのではないか。

この「つながり」についての傾向は同時に、音楽人類学者だけの「不安」ではない。それは、二〇世紀後半に起きた「音楽」全体の問題につながっている。

二〇世紀後半、音楽はメディア産業の中で、確かに独自の地位を占めていた。音楽は、レコードやテープ、CDなどの大量複製技術や、ラジオやテレビなどの新しい放送技術など、時代の先端技術を獲得する中で、巨大なメディア産業へと成長していった。フィッシャーが適切に指摘しているように、「音楽文化は、失われてしまった未来の企ての、その中心に位置していたものである」[フィッシャー 2019 (2014): 51]。一九八〇年代の日本を見ても、「ザ・ベストテン」や「歌のトップテン」といったテレビ番組に代表されるように、流行の曲を「みんな」が聞き、「みんな」が歌う時代が当たり前に存在していた。音楽は、「同時代性」を作り、私たちがみな同じ時間を生きているということを認識させるメディアとなっていたのだ。この時代、「歌は世につれ、世は歌につれ」という言葉は、文字通り機能していた。

しかし、一九九〇年代以降に、この音楽産業の隆盛は、一気に瓦解するようになる。日本に限らず、全世界的に楽譜やレコード、CDの売り上げが伸びなくなり、音楽出版中心の産業構造が瓦解し始める。ジャンルで見ても、旧来の中心にあったロックが退潮し、ヒップホップ、EDM(エレクトロニック・ダンス・ミュージック)がそれに代わってメイントレンドになっていった[cf. 長谷川・大和田 2019]。趣味の多様化も起こり、もはや音楽は時代を作ることをやめ、「未来」を作ることをやめてしまった。

一方、このような変化の中で、従来はCDやレコードを売るための販促手段としての意味合いが強かったライブやコンサートが、音楽産業の中心に躍り出た[柴 2016: 136-139]。こうして、音楽産業は、いかに聴衆の注意を引き、参加を誘い、体験を売り出すかということの方に工夫を凝らすようになる。音楽産業は、大きな「時代」を作り出すことではなく、人と人の間の具体的な「つながり」を喚起することの方にシフトしていったのだ。こうした状況の中で、良くも悪くも「つながり」は音楽産業において、最も重要な「商品」になっていったのである。

このような音楽産業の変化を考えると、関係論によって対抗的音楽観を提示したはずの音楽人類学が、今では体制的な言説になってしまい、批判力がなくなったとすらいえるのではないだろうか。もし、そうだとするのであれば、改めて音楽とつながりの関係について批判的に問い直すことこそ、必要なことになってくるとはいえないだろうか。私たちは、なぜここまでして「音楽」の中に「つながり」を期待してしまうのであろうか。このように音楽につながりを求めてしまう私たちとは、一体何者なのだろうか。

本書では、ボリビアにおいて、フォルクローレ音楽という形で、近代的な意味での音楽産業が成立し、それが変化していく過程を追うことで、以上に述べたような音楽とつながりや音楽と孤独の関係性について問い直していきたいと考えている。

3　ラテンアメリカの孤独

本書はこれまで、「孤独」を「つながり」の対極として位置づけて論じようとしてきた。しかし、単に「つながり」の反対語ということであれば、「分離」や「切断」、「無関心」など他の概念を使っても良さそうなものである。その中で本書はなぜ「孤独」に注目しようとするのか。

私が「孤独」という概念を選択した理由は、それが極めてラテンアメリカ的な問題だからである。

「孤独（soledad）」という概念は、ラテンアメリカにおける文学・思想において、独特の意味合いを持つ概念なのである。

ラテンアメリカに関する民族誌的研究は、ラテンアメリカにおける文学・思想と豊富な対話を続けてきたことにひとつの特徴があるといえるだろう。たとえばデ・ラ・カデナはアルゲダスの『全ての血（Todas las sangres）』［Arguedas 1964］とそれに関する批評を議論のひとつの出発点に置いたことがあるし［de la Cadena 2015］、タウシグもしばしばその理論的インスピレーションの源泉をカルペンティエールや、ボルヘス、ガルシア＝マルケスらのラテンアメリカ文学者に求めてきた［Taussig 1987, 2015］。また、ガルシア＝カンクリーニの著作は、人類学的であると同時に文芸批評的スタンスを取っていることがある［Garcíia Canclini 1995］。あるいは逆に、アルゲダスには、ペルーにおける人類学・民俗学の業績［cf. Arguedas 2012］があったり、パスにはレヴィ＝ストロース論の著作がある［Paz 1967］など、文学・思想の側からも人類学に接近する動きが常に存在してきた。このように、ラテンアメリカにおいて、文学と人類学は切っても切り離せない関係にあるのである。

この意味で「孤独」という概念は、ラテンアメリカの文脈において極めて重要なものである。「孤独」はラテンアメリカ文学や思想の中で繰り返し論じられてきた概念でもあり、ラテンアメリカがラテンアメリカ的であることの所以とも考えられるような何かでもある。本書を貫く「孤独」というテーマは、人類学や音楽の文脈での意味合いと同様に、ラテンアメリカの文脈で把握されてこそ意味を持つものだということができるだろう。

そこで、本節では、ラテンアメリカ的な「孤独」とは一体何であり、単なる関係の切断以上にどれだけの意味合いを持っているのかということを整理して、まとめておきたい。

自らを名指すものとしての孤独

ラテンアメリカの孤独という問題は、誰よりもまず、ラテンアメリカの人々自身によって提起されてきた問題である。たとえば、メキシコのノーベル賞作家であり外交官でもあったパスは、一九五〇年に『孤独の迷宮』〔パス 2007（1950）〕を著し、メキシコ人にとっての孤独について理論的な議論を展開している。また、『孤独の迷宮』から一一年後には、ペルーのインディヘニスモ作家であり、人類学者／民俗学者でもあったアルゲダスによって『ケチュア語詩における宇宙的孤独』〔Arguedas 1961〕という本も著されている。

さらに、より広く知られた著作としては、魔術的リアリズムの作家として日本でもよく知られているコロンビアのノーベル賞作家ガルシア゠マルケスが一九六七年に著した『百年の孤独』〔ガルシア゠マルケス 2006（1967）〕が挙げられる。同書はラテンアメリカの孤独というテーマを世界的に広く知らしめた著作であるということができるだろう(3)。

ガルシア゠マルケスにとって「孤独」は重要なテーマであり、本人も述べている通り、それは彼の作品を貫くひとつの重要なテーマだった〔Guibert 2007：14; 寺尾 2014〕。ガルシア゠マルケスは、ノーベル賞を受賞した際のスピーチにおいても、タイトルを「ラテンアメリカの孤独」とし、自身が『百年の孤独』で扱った「孤独」というテーマがラテンアメリカにおいてはフィクションなのではなく、現実的な問題なのだということを強調している〔ガルシア゠マルケス 2014（1982）〕。また別のインタビューの中でマルケスは、「孤独（soledad）」をラテンアメリカというものに内在する「連帯（solidalidad）」の欠如として説明している〔Guibert 2007：14〕。「連帯」の欠如とは、単に政治的な連帯の不在を指すというよりも、他者に対する本質的な無関心、愛と呼びうるような深い共感の欠如として理解できるようなものである〔松本 2020：84-85〕。

『百年の孤独』が単に欧米のマーケットに受け入れられただけでなく、ラテンアメリカでもヒットし、多くの人に読まれたという事実は、ラテンアメリカの人々がそこに自分たちの姿を見出しているからなのだろう［cf. 松本 2020：85］。このようなことも踏まえた上で考えると「孤独」という概念は、何かラテンアメリカにおいて自らを名指し、名乗るような問題として認識されていると考えることができるだろう。少なくとも、ラテンアメリカについて、「つながり」を考察することは、その裏にある深い「孤独」を考察することなしには、うまく理解できないはずなのだ。

反復と孤独

また、とりわけガルシア＝マルケスやパスが使う「孤独」という概念には、単に人と人との間の愛やコミュニケーションの不在というだけでなく、「反復」というテーマが含まれているように思われる。

たとえば、『百年の孤独』で描かれているのは、マコンドという架空の村が作られてから滅びるまでの百年の年代記であり、そこに生きた「百年の孤独を運命づけられた」［ガルシア＝マルケス 2006（1967）：472］人々の生き様であるが、『百年の孤独』に出てくる登場人物たちは偏狭的というほどの関心をそれぞれに持っているがゆえに、他者のことをほとんど顧みない人物が多い。ある人は、突然村の外からやってきた人物のもたらした最先端の科学的技術や呪術的知識に魅了されて、それを使うことに没頭してしまい、他人との軋轢を生み出す。ある人物は、ずっと過去に妄執していて、周りの人とまともな会話をすることすらできない。このように『百年の孤独』の登場人物たちはどこか常軌を逸している。

その意味で、『百年の孤独』の登場人物は、それぞれに孤独な人物なのだが、一方で、まさにその孤独であるということについて全ての人物は、ほとんど同一的といえるほどに類似している。登場人物は、親から子に名前を引き継いでいくのだが、名前だけでなくその孤独ですらも、世代や家系を通じて繰り返し続けるのである。孤独は、マコンドに生を受けた限り、抜け出すことができないようなものとして描かれている。

ここでラテンアメリカ的な孤独は、単なるコミュニケーションの不在ではなく、否応なしにそれを反復してしまうことそのものとして提示されているのである。ガルシア＝マルケスが小説の中で自ら述べているように、『百年の孤独』とは「百年の孤独を運命づけられた家系」［ガルシア＝マルケス 2006（1967）：472］についての物語なのである。

確かに、何かを反復し続けてしまうことの中に、独自の「孤独」感があるという感覚は、場合によっては仏教的な輪廻観や無常観にも似ていて、直感的には理解できるところがあるのではないだろうか。しかし、これは厳密に考えると、どのようなものだろうか。なぜ「反復」は「孤独」なのだろうか。

この問題を考えるために、やや迂回的ではあるが、パスの孤独について考えてみたい。パスにとって「孤独」とは常に「征服以前」のメキシコ、とりわけアステカの人々の思想と対比されるものである。パスは、アステカの時代には、孤独どころか、根源的な連帯があったと考える。それは以下のようなパスの言葉からも見出すことができる。

> 時空は結びついていて、分離しがたい一つの統一体をなしていた。各々の空間、四方の一つ一つ、そしてそれらを固定している中心に、一つの固有の「時間」が与えられていた。しかもこの時空の複合は固有の効能と力を持っており、それらが人間の生活に大きく影響し、それを決

定づけていた。〔パス 2007（1950）: 50〕

しかし、パスによれば、征服と混血の歴史の中で、こうした統一体としての時間は失われてしまった。「彼〔メキシコ人〕は、生を表すそれら全ての力に自分を結びつける名称や言葉を、忘れ去っている。そこで彼は叫んだり沈黙したり、切りつけたり祈ったりするか、あるいは突如、百年の眠りについていてしまうのである」［パス 2007（1950）: 12］。つまり、全てをつなげていたはずの時間は忘却され、ばらばらになってしまったというのである。

このように、古い世界あるいは伝統的な社会においては、共時的（synchronic）かつ円環的で調和的な時間が流れていたという言説は、近代以降の社会において通時的（diachronic）かつ直線的で進歩主義的な時間が流れているという立論とセットになって、人類学においてもよく見られるものであろう［cf. Gell 1992］。しかし、こうした立論とパスの主張が違うのは、メキシコにおいては、数々の革命や変革、発展を通じてもいまだに世界の中に自分たちの時を見出せないという孤独があるのであり、共時的な統一性だけでなく、通時的な一貫性もそこでは失われていると考えているところである。パスは征服から植民地時代、独立戦争やメキシコ革命、その後の歴史を丁寧に追っていく中で以下のように結論づける。

今、突然、我々は限界に達したのである。ヨーロッパが持っていたあらゆる歴史的形態を、この幾年かの間に使い果たしてしまったのである。もう、裸か嘘の他には我々に何も残っていない。〔……〕我々の前には、もう何もないのだ。我々は、とうとう、ひとりぼっちである。〔パス 2007（1950）: 206〕

このように、パスが書くのは、原初的で共時的なつながりだけでなく、「ヨーロッパが持っていたあらゆる歴史的形態」としての通時的なつながりをも失って、つながりうる可能性というのを徹底的に失った時間の中を生きるメキシコ人の孤独である。そして、パスに言わせればメキシコ社会を特徴づける孤独とはこの時間性の中にあるというのだ。

そして、反復する孤独とは、この問題の裏返しとして理解することができる。ラテンアメリカ的な孤独が解消されないのは、一方では同じ時間を生きている人たちが、同じ時間を生きているとは思えないほどに、断絶しているからである。ある者はいつまでも過去の記憶に取り憑かれており、ある者は未来を見せる道具に没頭し、誰も「今」を生きていない。そこにはコミュニケーションが成立しえない。一方で、過去から未来に向かって発展していく時間も流れていない状況では、仮にコミュニケーションの断絶を埋めようとする少数の努力が生まれたとしても、それは空しく、何も変化をもたらさない。孤独とは、人間の時間的な断絶に対する無力さを意味しているのであり、「今私たちはいつを生きているのか」ということに回答がなく、時間への確かな効力感とつながりを欠いた状況を指しているのである。

ばらばらになった時間とその孤独

このパスの見出したばらばらの時間を、私としては共時的（synchronic）つながりと通時的（diachronic）つながりに対比させるものとして「錯時的なもの＝アナクロニー（anachrony）」と呼んでみたい。この「錯時」というのは、デリダがそのマルクス論［デリダ 2007（1993）］の中で採用した用語法を念頭に置いている。デリダは、シェークスピアの『ハムレット』の中に出てくる言葉

「時間の蝶番が外れてしまった（The time is out of joint）」を引きながら、マルクスらの『共産党宣言』の冒頭にある「亡霊がヨーロッパに取り憑いている――共産主義の亡霊が」という文言を、「もはやない」共同体と、「まだ到来していない」共産主義の間にある「錯時性」の中に私たちを引き戻すものだと議論する［デリダ 2007（1993）: 20-21, 23, 27］。

「時間の蝶番が外れてしまった」錯時的なものというレトリックは、パスの「我々は本当に異なっている。しかも本当にひとりぼっちである」［パス 2007（1950）: 11］という言葉に重なる。ここから見出される「孤独」とは、あまりにばらばらな時間の中で、「もはやない」つながりと、「まだ到来していない」つながりしか見出すことができないような種類の「孤独」なのである。

以上のような議論は、確かにあくまでもガブリエル・ガルシア＝マルケスと、オクタビオ・パスという二人の人物の考えるラテンアメリカ的な孤独の問題に過ぎない。結局のところ、それを全面的にラテンアメリカに適用して考えていいのかどうかについては、私たちは慎重になる必要があるだろう。

しかし、当面のところ、これをひとつの思考の補助線として確認しておくことはできるだろう。つまり、私たちはボリビア・フォルクローレ音楽における孤独の問題を考える時、時間をめぐる概念に十分な注意を払っておこう。一体、音楽家たちは、世代や時代、歴史や記憶、過去や未来、「もはや‐ない」や「いまだ‐ない」といった問題について、何を考えているのか。そこに「孤独」はどのように位置づけられるのか。このような問題に注目することはできるはずだ。その意味で、本書が問おうとするのは、フォルクローレ音楽の孤独がいかなる意味で時間における孤独になっているのかという問題なのである。

4　個人誌という方法とその可能性

本書の方法論についても、言及をしておきたい。というのも、一般に人類学の成果物は民族誌であるとされているが、孤独を捉える人類学的研究があるとして、それは「個」としての人々について書くことにつながり、部分的には集団について書くという意味での「民族」誌的にはなりえなくなるからである。孤独な人について書くためには、人類学における個人誌の位置について確認する必要が生じるのだ。

現に本書では、フィールドで私が聞き書きしたライフヒストリーがデータの中核をなしている。本節ではこの個人誌的な方法というものについて、人類学的な位置づけを与えつつ、それが何を目指すものであるかについても説明をしておきたい。

フィールドワークの「長さ」

芸術に関する人類学は、常に個人と集合という間をゆれ動いてきた。芸術に関する人類学的研究は、そもそも「個人の独創としての芸術」というヨーロッパ近代の価値観を相対化する、集合的なものとしての「未開芸術」を価値づけるところから始まっている［渡辺 2014：4-5］。しかし、一方でこうした考え方は、非西洋社会の芸術実践において個人が果たす役割を、あまりに限定的な形で捉えてきたという側面も持っている［渡辺 2014：8, 21-22］。つまり、芸術に関する人類学的研究は、ヨーロッパ近代を念頭に置くがゆえに「個人」に対する視線を十分持ちえてこなかったといえる。

しかし、人類学的なフィールドワークと「個人」とは切っても切り離せない関係にある。小田によれば、人類学的な「住み込み型」のフィールドワークの特徴は、人々と長い時間一緒に過ごすことによって、人々を単なる研究対象としてでなく、人々を「全体的な個人」として捉えられることにあると述べている［小田 2020：1-5］。

ジェルもまた、人類学的な分析の特徴は「個人誌的（biographical）」な次元にあるとする［Gell 1998：10］。ジェルによれば、それぞれの学問はそれぞれの「焦点深度（depth of focus）」［Gell 1998：10］を持っているという。その中で人類学的な焦点深度とは、人々の「伝記的（biographical）」な次元である。それより長いスパンについては（歴史）社会学、短いスパンについては社会／認知心理学がそれぞれ担うべきである。このように考える時、人類学的な観点から見た芸術的な実践は、人々が他の人々やモノとの交わりの中で、自らの「ライフ・プロジェクト」［Gell 1998：11］を実現しようとする試みとして捉えることができる。

ジェルの言うことは、人類学的実践において重要な一面を切り取っているように思われる。人類学的なフィールドワークは、確かに実験心理学や一回のインタビューや会話よりも時間的に広い分布にわたるデータを集めようとする。しかし、それは今を生きている人を離れず、歴史学のようにそれより過去のことを中心的に探究しようとはしない。確かに、長期でフィールドに滞在することとは、日常生活の中で起こる、様々な出来事＝ハプニングを経験することである［浜本 2015; 清水 2016; 木村 2018］、そして、ひとつひとつの事件は、過去の出来事を参照して解釈されていくと同時に、それ自体、個人誌の一部となっていく。

こうした中で、人類学的フィールドワークとは、最初から個人や個人誌的な次元に対してアプローチするのにふさわしい方法論だといえるだろう。こうしたことを踏まえつつ、本書もまたポリビア・フォルクローレ音楽家のライフヒストリーを重視した記述を進めていく。

オルタナティブな歴史を書く

また、ライフヒストリーを書くという手法は、ラテンアメリカ民族誌の潮流からも正当化される。従来より指摘されている通り、ラテンアメリカ民族誌学には「テスティモニオ（testimonio, 証言）」と呼ばれる知的伝統が存在している［Canessa 2017a：545-547］。テスティモニオとは、個人が植民地的な歴史や、新自由主義的な国家体制といった大きな歴史と交渉しつつ生きることの意義を見出していく過程を、ライフヒストリーとして記述していくという方法である。古典的にはペルーのクスコで荷担ぎ夫をしていた高齢の男性のライフヒストリーを記述した、フェルナンデスとグティエレスによる『グレゴリオ・コンドリ・ママニ――自伝』［Fernández y Gutiérrez 1977］があり、より近年の研究で言えば、ボリビアのアクティビストのライフストーリーを収集したコールらの研究［Kohl et al. 2011］、アンデスの宗教職能者のライフヒストリーを存在論的転回との間で考察したデ・ラ・カデナの研究［de la Cadena 2015］などが存在している。

本書は必ずしも、「植民地主義」や「新自由主義」や「ナショナリズム」といった政治的体制に対する反抗の身振りとして、フォルクローレ音楽家の実践を記述しようとはしていない。しかし、フォルクローレ音楽家の実践を、「世界」や「普遍」といったものとの対比から記述しようとはしている。その意味で、本書の目論見は、ラテンアメリカ民族誌の伝統を踏まえつつ、そこに新しいスタイル、ないしレトリックを導入しようとするものなのである。

概念創造としての人類学

ただし、本書はフォルクローレ音楽家の辿ってきたライフヒストリーをひとつの記述の軸に据えるとはいえ、それはこれまで書かれてこなかった歴史の「記述」を最終的に目指すものではない。あるいは、フォルクローレ音楽家の不可解な行動について、何かの「説明」をあてがっていくということも主たる目的ではない。本書が目指すのは、フォルクローレ音楽に関わる人々が持つ、音楽についての理論・思考を取り出し、新しい概念を創造していくことにある。

インゴルドは、人々についての記録としての民族誌を人類学の中心に据えることについて異議を唱えるという、論争的なアイデアを繰り返し表明している［Ingold 2014, 2017］。インゴルドは、従来の「人々について」の学としての民族誌学に代わり、人類学を「人々とともに」生のあり方を探究するための学と位置づける［Ingold 2018 : 4］。インゴルドによれば、人類学とは、人々とともに生き方についての哲学を豊かにしていく行為なのである。本書の立場もこのインゴルドの主張に共感的である。

これは、ヴィヴェイロス・デ・カストロの持つ、ある種の政治的なヴィジョンとつながっている［ヴィヴェイロス・デ・カストロ 2015（2009）］。ヴィヴェイロス・デ・カストロに言わせれば、ライティング・カルチャー・ショックによって提起された再帰性をよりラディカルにつきつめると、人々の言説をそれ自体、人類学と同等の議論であると見なすべきだとなる。このヴィヴェイロス・デ・カストロの議論をパラフレーズすれば、本書が目指すのは、ボリビア・フォルクローレ音楽家たちの「音楽についての理論」を取り出し、これまでの人類学が持ち合わせている「音楽についての理論」とつきあわせることによって、「音楽についての理論」を更新していく可能性である。

ホルブラードとピーダーセンは、人類学の目的を「概念創造」であると位置づける［Holbraad &

Pedersen 2017：14-18]。人類学者は、世界の様々な場所での実践や現地概念を手がかりにしつつ、新しい「概念」を創造することが目的なのだとする。本書に関して言えば、「孤独」という概念をフォルクローレ音楽家たちの思考との対話の中でうまく作り上げ、練り上げることによって、私たちの持つ「音楽」観や「つながり」観に別の角度からの考察を可能にすることが、目指される概念創造だということになる。

つまり、本書が目指すのは、「フォルクローレ音楽とは何か」「音楽とは何か」「人間の孤独やつながりとは何か」といった事柄についての人々の「思考」を取り出し、それを人類学における対話の作業に置くことである。この目的のためには、本書ではフォルクローレ音楽を演奏する音楽家だけでなく、フォルクローレ楽器の製作者や、その楽器のための材木採集者、楽器販売者、駆け出しの音楽愛好者たちなど、広くフォルクローレ音楽に関わる人々の持つ「思考」も取りあげる(4)。

重要なのは、こうした試みにおいて、本書はボリビア・フォルクローレ音楽に関わる全ての人を「代弁」していると主張するものではなく、狭い意味でのボリビア・フォルクローレ音楽家の「代弁」をしていることすら主張するものではないということである。本書が目的とするのは、先に引いたインゴルドが述べるように、「人々について」の代理表象なのではなく、「人々とともに」行われる芸術文化実践や関係性についての人類学的な「哲学」なのである。

本書は、フォルクローレ音楽家たちのライフヒストリーに触れることを通じて、音楽家たちがフォルクローレ音楽に賭け続けてきたものを探究し、フォルクローレ音楽とは何か、あるいはより一般的に、私たちにとって「音楽する」とは何か、「音楽する」上で重要なことは何かということを探究し、その理解を進めると思われる概念を創造していくのが目的となる。そこの補助線に「孤独」という概念があるのである。

5　本書の構成

最後に本書の構成について確認をしたい。

まず、1章では、本書の最初の問いとしてそもそもボリビア・フォルクローレ音楽とは何か、ということを問題について私なりの立場を示したい。ボリビア・フォルクローレ音楽とは何かということを考えるのにあたっては、二〇世紀以降のボリビアで「フォルクローレ＝民俗」という言葉がいかなる意味合いを持ってきたのかについて考える必要性がある。そこで問題になるのは、国家主導の民俗文化創成プロジェクトと、パン・ラテンアメリカ主義的な左派の草の根文化運動という二つのマクロな政治的潮流の中で、いかにボリビア固有の「フォルクローレ＝民俗」なる状況が発生してきたかという問題である。1章ではこうした問題の検討を通じて、従来の文化的ナショナリズムに関する研究ではボリビア・フォルクローレ音楽の核心にあった問題がうまく説明できないことを示し、むしろ私たちがフォルクローレ音楽家の日常的実践に立ち戻らなければならないことを論じる。

続く2章では、フォルクローレ音楽家の日常的実践を知るのにあたって、「生計戦略」に基づく分析がどこまで有効かということを検証する。「生計戦略」は、二〇一〇年代のアンデス地域研究や、アフリカ都市人類学を中心とする実践論で、中心的に議論されてきた事柄である。そこで、一旦フォルクローレ音楽をひとつの生業実践と見なし、彼らの関係性を同業者間関係と見なすことによって、その「生計戦略」を記述することを試みる。しかし、ここで見出されるのは、同業者関係の脆弱さや、それを乗り切るための「戦略」の不在である。このことから、2章では、生計戦略研究では、やはりネガティブな形でしかフォルクローレ音楽家を突き動かしているものを理解できないことを示し、別の方法論を探す必要性があることを論じる。

3章では、音楽家たちが音楽実践の上で重視していることの中に「アネクドタ＝逸話」の語りというものがあることに注目し、「生計戦略」に代わるロジックとして、この在地論理としての「アネクドタ」に基づいた人類学的理解の可能性について論じる。フォルクローレ音楽家は、音楽をする上で、それぞれの音楽にまつわる個人史を語ることを必須の活動だと考えている。本章ではあるコンサートで実際に「アネクドタ」の語りと音楽実践が影響しあっていく過程を記述する中で、すれ違い続ける「つながりきらない」音楽家の集合性について論じる。

4章では、アネクドタという問題を引き受けつつ、音楽家がフォルクローレ音楽をするに至る「回心譚」を取りあげて記述していく。ここでは、同業者間の関係の中で孤独を余儀なくされたフォルクローレ音楽家が、いかに新しい「存在論」とでも呼びうるようなものに到達していくかということについて記述・解釈する。さらに本章では、それを「存在論的個体発生論」の議論と関連づけて、その立場との違いから本書の立場を明確にしていく。

5章では、二人の中年の音楽家のライフヒストリーに焦点を当てる。私がフィールドに赴いた時点において、フォルクローレ音楽は大きな転機を迎えていた。その中で、ここで取りあげる二人の音楽家はフォルクローレ音楽の黎明期に大きな活躍をしたものの、現在は時代に取り残されている人物である。しかし彼らの中に、他者に抗う音楽、自分自身に差し向けられた音楽こそがフォルクローレ音楽であるという思考があることを示し、彼らが実際に再び時代に抗い、自分のために音楽活動を再開しようとする過程を記述する。

6章では、それまでのフォルクローレ音楽家の「孤独」の問題を相対化するために、あえてフォルクローレ音楽に必要な楽器製作者に焦点を当てて、音楽家と楽器製作者の関係性について論じる。具体的には、あるひとりの新進気鋭の女性楽器製作者の噂とそれをめぐる「からくり」について記述を行う。そこでは「すれ違い」続ける音楽家と楽器製作者のあり方について示される。この章では、音楽をすることの「孤独」について、ラテンアメリカ的な孤独という次元があることを示し、それに対して人類学は「客観的」記述や分析、批判という方法とは別のレトリックで向きあうことができるかどうかについても合わせて議論する。

7章では、さらにフォルクローレ音楽の外部に視点をずらし、楽器のための木を伐採することを生業とするある家族のライフヒストリーに焦点を当てて、議論を行う。この家族は、とある偶発的な出来事をきっかけに、それまでの人間関係を全て断ってアンデスからアマゾンの開拓地に移住する。ここではアンデス—アマゾン関係という大きな地層と、「アンデスを下ること」に関する人々の無数の語り、そしてそれらの利用という問題が見出されるのであり、ここで再び本書なりの「マクロ」な視点からフォルクローレ音楽の「孤独」の問題を捉え直す。

終章では、それまでの議論を踏まえつつ、フォルクローレ音楽家、楽器製作者、材料採取者など、本書で取りあげた様々な立場の人々の実践に共通して見られる「すでにそこにあるものへの信頼」について記述しつつ、「非関係論的人類学」はいかに可能かという大きな問題について議論と提案を行う。

1章　旅の前にあるもの

南米の中心に位置し、西側にアンデス高地、東側にアマゾン低地を抱く国、ボリビア。日本からは地球のほとんど反対の位置にあり、日本で生活をしているとあまり関わりがないが、この国には、人々の魅力がたくさん詰まっている。

この遠いボリビアという国で、今から五〇年前、人々の生活を変える大きな文化的うねりが生じた。一九七〇年代のボリビアでは、急速な農村人口の都市への流入や、新しいメディアの発達などから、とりわけ都市における人々の価値のあり方に変化が見られた。こうした状況下にあって、それまで各地でばらばらに演奏されてきた民俗楽器を、いわゆる西洋音階を基準にして調律し、組み合わせて合奏しようとする新しい音楽スタイル「フォルクローレ音楽（música folklórica）」が成立した(1)。

この新しい音楽は、次第に人口に膾炙し、現在はボリビア全土に渡って普及し、ひとつのジャンルを確立するに至っている。現在、フォルクローレ音楽は、人々の日常的余暇活動から冠婚葬祭、地域コミュニティーの祝祭行事に至るまで多くの場所で親しまれている。さらには、全国の初等中等教育においても、フォルクローレ音楽に使われる楽器の習得が義務化されている。フォルクローレ音楽は、ジャンルとしての成立から半世紀ほどが経った今、もはや人々の日常生活の一風景を構成するまでに定着しているのである。

本章では、フィールドワーク調査の内容に先だって、そもそも私がどのようにしてこの遠いボリビアのフォルクローレ音楽を知り、どのような形でそれに疑問を持つに至ったのかをかいつまんで説明していきたい。こうすることによって、フォルクローレ音楽に馴染みがない読者にも、フォルクローレ音楽とは一体何であり、フォルクローレ音楽というものがその内にどのような問いをはらんでいるのかという問題について、説明することができるのではないかと考えている。

1　フォルクローレ音楽に出会う

ふしぎな名前

そもそも、本書がこれから記述しようとしている「フォルクローレ音楽」という対象は、その名前のあり方からしてずいぶんと奇妙な実体である。

「フォルクローレ音楽」とは、文字通り翻訳すると「民俗音楽」ということになるのだが、ボリビア・フォルクローレ音楽は、様々な意味で私たちが「民俗」という言葉からイメージするものからかけ離れている。通常、「民俗」という言葉からは、古くから人々の間で伝承されてきた何かがまずイメージされるのではないだろうか。少なくとも、私自身が一四歳で初めて、ＣＤを通じてボリビア・フォルクローレ音楽を聞いた時、私は音楽を聞きながら、これはきっと何らかの「民族」が、昔から伝承している伝統音楽なのだろう、と思いを馳せていた。

しかし、ボリビアで一般に「フォルクローレ音楽」と言った場合には、それは一九七〇年代に生成され、現在も変化を続けている新しい音楽ジャンルを指す言葉である。また、「フォルクローレ音楽」の中では、各音楽家や音楽グループの、独創性や個人としての表現が非常に重視される。また、その中でより「伝統的」なスタイルの音楽は古くさい音楽として、むしろ積極的に否定されることすらある。これは一体どのような事態なのだろうか。

このことを知るためには、まずフォルクローレ音楽が誕生した時点まで歴史の針を戻さなくてはいけない。

ハイラスとフォルクローレ音楽の誕生

そもそも、フォルクローレ音楽のはじまりは、たったひとつの音楽グループだった。今から六〇年近く前の一九六六年、エルネスト・カブール（Ernesto Cavour）、ヒルベルト・ファブレ（Gilbert Favre）[2]、フリオ・ゴドイ（Julio Godoy）という三人の若者は「ハイラス（Los Jairas）」という音楽グループを結成した［Arauco 2011：10-11］。カブールがチャランゴ[3]という民俗弦楽器を、ファブレがケーナ[4]という民俗管楽器を、ゴドイがガットギターを担当していた[5]。チャランゴもケーナも、もともとはボリビアの各地の農村祝祭音楽に使われていた楽器であり、ハイラスは、それらを西洋音階に合わせて調律し、合奏するというところに特徴を持った、当時から見れば前衛的な音楽グループであった。

ハイラスは海外公演に積極的で、結成から間もない一九六九年にはボリビアよりも先に、まず

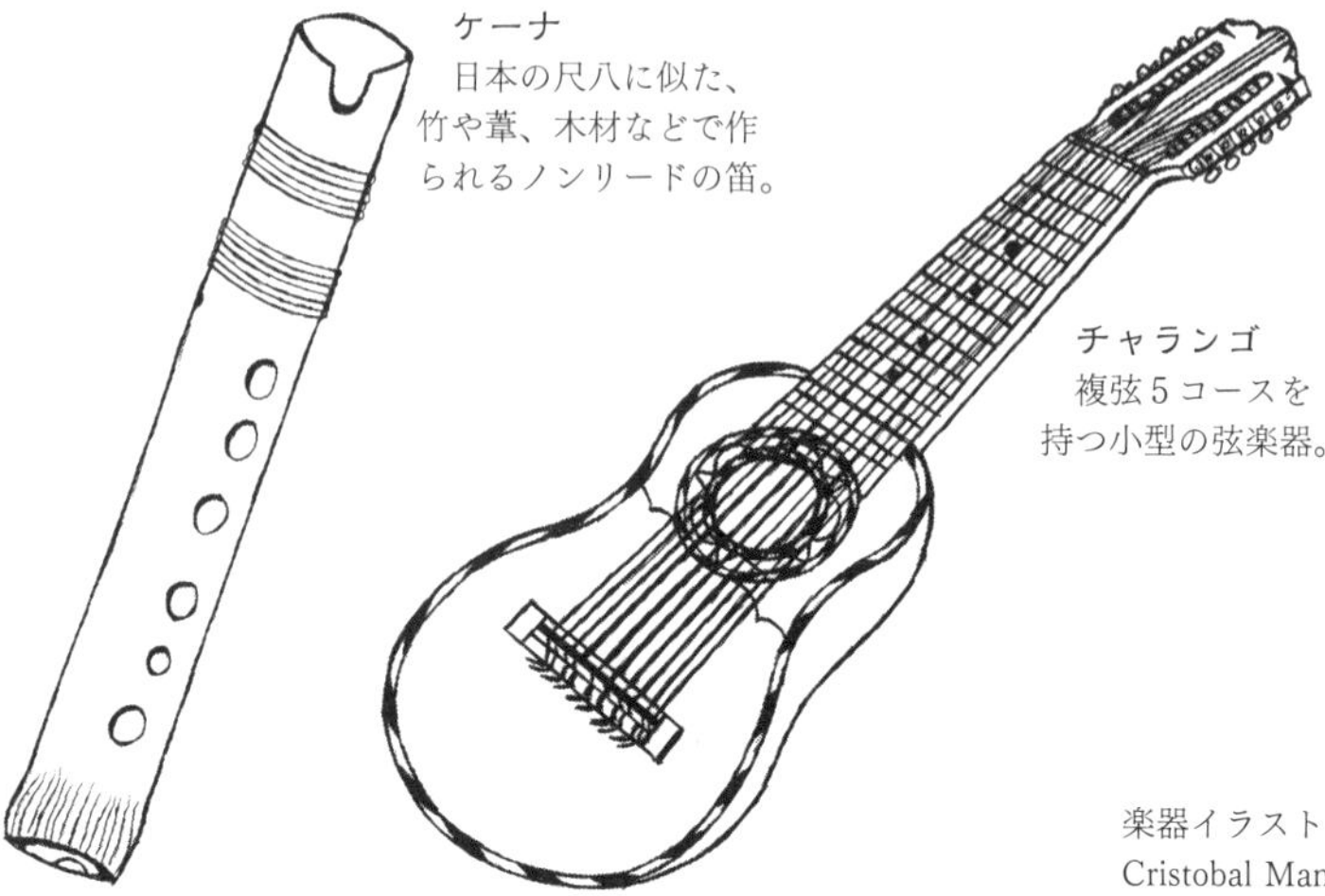
ケーナ
日本の尺八に似た、
竹や葦、木材などで作
られるノンリードの笛。
チャランゴ
複弦5コースを
持つ小型の弦楽器。

楽器イラスト：
Cristobal Mamani

ヨーロッパで演奏ツアーを行った［Arauco 2011：207］。彼らの演奏は各地で好評を呼んだため、そのままハイラスはヨーロッパ公演を一年以上も続けている［Arauco 2011：233-237］。こうしてハイラスの音楽は、まずヨーロッパで評価を受けることになった[6]。

しかし、ここでグループは、ヨーロッパに残って音楽活動をしようとするメンバーと、ボリビアでの音楽活動にこだわりを持つカブールの間で、すれ違いが生じるようになる。そのような中、カブールは、一九七一年に、自ら設立したグループを「脱退」し、単身でボリビアに戻ることを決意する。そして、帰国先のボリビアで新生ハイラスを結成しハイラスの音楽を再発表する。すると、ヨーロッパでボリビア発のグループが人気を得ているらしいという前評判もあって、ボリビアでもハイラスの音楽は爆発的な大ヒットを収めた。いわば、ハイラスの音楽は最初にヨーロッパで受け入れられ、それが「逆輸入」される形でボリビアでも人気を得ることになったのである。

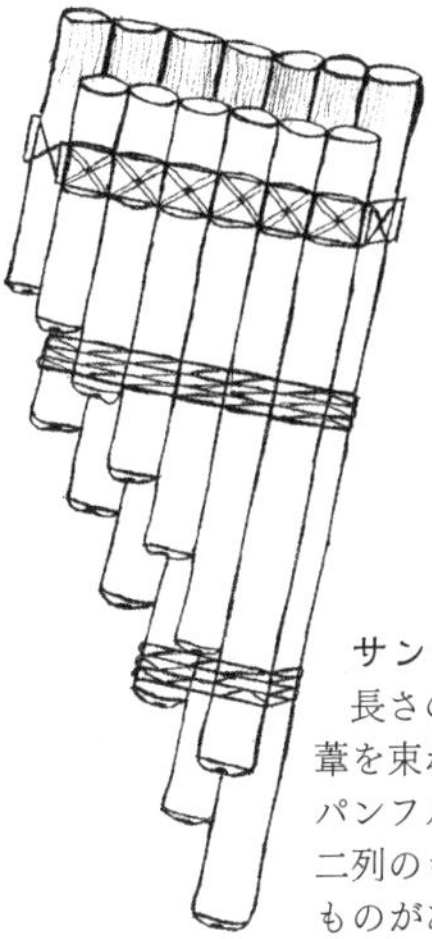

サンポーニャ
長さの違う半閉管の葦を束ねて演奏されるパンフルートの一種。二列のものと、三列のものがある。

ハイラスの若きフォロワーたち

ハイラスの音楽は、前述の通り、それまで各地で別々に演奏されていた楽器、とりわけ、ケーナ、サンポーニャ[7]、チャランゴを西洋音階に再調律することによって一緒に合奏することを可能にした点で、当時のどんなグループも持ち合わせていなかった新規性があった。またハイラスの楽曲は、ボリビアの古い都市音楽や農村地域で好まれていた曲をアレンジしたものの他に、彼ら自身の自作曲が数多く含まれていた。こうした自作曲の中には、楽器の超絶技巧を見せる器楽曲からコミックソングまで、幅広い曲目があり、新鮮なものとして受け入れられた。とりわけ若者たちは、ハイラスの「斬新さ、ヒップさ」[Rios 2020 : 9] に魅了された。

また、ハイラスとカブールは、ラパスの旧市街に「ペーニャ・ナイラ（Peña Naira）」と呼ばれるライブハウスを作った。このライブハウスは、収容人数が一〇〇名にも満たない小さな会場ではあったが、ここには、ハイラスに憧れる多くの若きミュージシャンたちが集まった。そして、この場所から、ハイラスのコピーバンドが次々に輩出することになった [Rios 2020 : 229-231]。こうしたコピーバンドの中には、自分たちのオリジナリティーを加えて、後に独立してヒットしていく多くのグループが含まれていた。こうした若きハイラス・フォロワーたちの音楽は、ラジオやテレビ、レコードやカセットテープを通じてボリビア全土に普及していった。

このペーニャ・ナイラには、ボリビア国内の他に、ヨーロッパや、北米、ラテンアメリカ各地からも多くの音楽家が訪れた。とりわけ、当時チリやアルゼンチンを中心に展開されていた「新しい歌（Nueva Canción）」運動のメンバーが多く集まり、音楽的・思想的な交流が見られたのは見逃せない事実である。「新しい歌」運動とは、全世界的なカウンターカルチャーの影響を受け、一九六〇年代から七〇年代にかけて、主にチリやアルゼンチンで展開した、左派の文化運動であり、多くの若い音楽家たちが、農村や都市下層の民衆音楽に着想を得つつ、左派的な社会変革のメッセージを込めた音楽を創造しようとするものだった［石橋 2010：23-24］。「新しい歌」運動の音楽家たちもまた、ボリビアの「新しい」音楽に魅了されたのである。

こうしてハイラスとその後のカブールの活動は、ボリビア・フォルクローレ音楽という新しい音楽ジャンルを築き、国内外に対して確固たる礎を作る上で多大なる貢献をすることになったのである。ボリビア・フォルクローレ音楽は、一九七〇年代の南米の若者たちのエネルギーを昇華する中で展開していったのだ。

2　フォルクローレ音楽は論じるに値するのか

ありふれたテーマ

まとめ直しておこう。ボリビア・フォルクローレ音楽は、狭い意味での伝統音楽ではなく、むしろ、一九七〇年代の若者たちが生み出した、斬新でポップな音楽なのである。

このことに私が気づいたのは、二〇〇九年、私が大学に入って、フォルクローレ音楽を単に聞くだけでなく、自分でも趣味で演奏し始めるようになってからのことであった。自分で演奏するようになると、嫌でも、演奏曲の来歴を知ることになる。演奏曲にそれぞれ作曲者がいることが分かれば、それが単純な意味での伝統音楽でないことにはすぐ気づく。

私はその後、大学生活を通じて、ずぶずぶとフォルクローレ音楽にはまっていくことになる。今から思えば、フォルクローレ音楽のこの「古さ」と「新しさ」を同居させる性格こそ、私がフォルクローレ音楽に関心を持ち続ける原動力になったのだと思う。

こうして、フォルクローレ音楽に人並み以上の関心を持ってしまった私は、二〇一一年の春には、知り合いの日本人に同行する形で、ボリビアに実際に訪れることもした。本書のもととなるフィールドワークのさらに五年も前のことである。そこでボリビアというものを直に感じてから、私のフォルクローレ音楽への関心は一層深まった。

帰国後、私はフォルクローレ音楽についてもっと理解するために、それまであまり手に取ったことがなかった文化人類学の本を図書館で借りて読むようになった。さらに、文化人類学やラテンアメリカ地域文化を専攻して、勉強し始めるようにもなった。

しかし、当時の学術的雰囲気の中では、ボリビア・フォルクローレ音楽は、研究テーマとして必ずしも適切なものとして扱われていなかった。私よりさらに前の世代の人々にとって、フォルクローレ音楽のような、「本当の」伝統音楽ではないようなものを研究対象にすることは、決して好まれるテーマ選定ではなかった。一方、私が大学や大学院で勉強した二〇一〇年代には、「伝統的」や「民族的」であることを標榜する芸術文化が、いかに近代に構築されてきたのかそのものに焦点を当てた研究は、「創られた伝統」論などとして、むしろありふれていたといっていい。

このように言うと、ボリビア・フォルクローレ音楽の研究を可能にする条件が整っていたかのように思われるかもしれないが、問題は、あまりに類似の研究が出てきてしまっていたために、もはやフォルクローレ音楽のようなものを研究対象として、新しい知見は得られそうにない、ということの方だった。いわば、フォルクローレ音楽について研究することは、ほとんど解決済みの問題を解くのと同じような、つまらないものになりそうだというのが、当時の時代的な雰囲気だった。

さらに言えば、より具体的な文脈で、ラテンアメリカの民衆文化研究においても、「民俗」が生成していった過程に関する研究は、「草の根文化運動」論のような形で十分になされていて、これもまた定まった見方がすでに十分にある状況だった。その意味で、フォルクローレ音楽の研究というのは、二重にも三重にも新鮮さを失っているという定見があった。

こうした中で、だんだんに私の中ではフラストレーションが溜まっていった。当時はうまく言語化することはできなかったものの、ボリビア・フォルクローレ音楽についての「定説」は絶妙なところで、うまくフォルクローレ音楽のことを説明していないような気がしてならなかった。それに、何よりも、自分の好きな音楽が、世界のどこにでもある、ありふれた文化実践だと考えられていることそのものに、苛立ちを感じ始めたのである。そういうわけで、フォルクローレ音楽について研究を始めた私にとって、一番最初のハードルは、「創られた伝統」論とラテンアメリカ民衆文化論の中にフォルクローレ音楽を位置づけつつ、そこでの一定の独自性を明らかにすることだった。

「創られた伝統」論？

私がフォルクローレ音楽に学術的な関心を持ち始めた二〇一〇年前後の文化人類学において、以上で説明してきたような議論は、「文化構築主義」の議論として、非常にありふれた研究動向だった。ホブズボウムによる「伝統の創造」論［ホブズボウム&レンジャー編 1992 (1983)］や、アンダーソンによる国民文化の生成論［Anderson 1991］は、「伝統」とされるものが、往々にして、実は国民国家の創造のための、極めて近代的な構築物であることを示した。これらの研究に接した私は、まるで「夢」から覚醒させられたような不思議な感覚を覚えて、非常に衝撃を受けた。

さらに、勉強を続ける中で、私はビジーノの著作［Bigenho 2002, 2012］を知った。ビジーノは、まさにホブズボウムやアンダーソンの議論を引用しながら、フォルクローレ音楽というものが、ボリビアの近代化の中で、いかに「創られて」いったかを議論していた。ビジーノによれば、フォルクローレ音楽とは、都市の混血層の中産階級の若者たちが「ボリビア人意識」を形成するために、「先住民的なもの」を自分たちの都合の良いように適宜改変しつつ、ファッションとして身につけようとした文化運動として理解できるのだという。

私は、ボリビア・フォルクローレ音楽のような、世界全体から見ればマイナーな音楽実践について、研究があることにも驚いたし、その研究が同時代の理論の流行を踏まえつつ、先端的な議論をしようとしていることにも刺激を受けた。しかし、一方で、最初の納得感は、しばらくして強い違和感にも変わっていった。一見すると、文化構築主義に照らして穏当に見えるこのビジーノの議論には、前提の時点から様々な点で無理が生じているように感じられたのである。

第一に、フォルクローレ音楽家にとって、中心的な課題が「国民文化の創造」なるものだったようにはあまり感じられなかった。というのも、当時私が触れることのできた、南米の他の地域の表現文化や、ボリビアの中でも別の時代の文学作品には、明らかに強いナショナリズムのメッセージが込められていると感じられるものが多々あったが、それらに比べてフォルクローレ音楽家は、政治的な中立、無関心を基調としている場合も多く、彼らが作る曲も、全てをナショナリズムの発露と読み取ることにはどうにも無理があるように思われてならなかった。ビジーノが自身の議論のために持ってくる事例は、ボリビアの音楽家が海外で演奏をするケースや、欧米のＮＧＯと音楽家たちが交渉する場面など、もともと国家の違いなどを意識しやすい場面に偏っていると考えられた。

そして、より重要な点として、そもそもフォルクローレ音楽における運動を、「伝統の創造」や「国民文化の創造」と同じ文脈で語ることには、「ほんものらしさ＝真正性」の点から無理があると考えられた。そもそも、ホブズボウムが述べていたような意味での「伝統の創造」とは、自国ないし自民族の文化なり伝統が、最初から存在していたということを演出することによって、「国家」や「民族」の正統性や一体性を保証するものとして想定されている。その中では、創られた伝統の「ほんものらしさ＝真正性」の創出が重要だと議論されていた。

しかし、フォルクローレ音楽は、前節で見てきたように、民俗なるものの「ほんものらしさ＝真正性」を強調するどころか、むしろ「斬新さ」「新しさ」を強調するものであり、音楽家個々人の独自性や表現上の新規性を重視するものであった。この点において、フォルクローレ音楽は、「伝統の創造」や「国民文化の創造」が想定する国家プロジェクトとは、一線を画す文化実践なのである[8]。

つまり、フォルクローレ音楽は、はるか昔から脈々と伝えられてきた「伝統音楽」ではないし、そのようなものを装った「伝統音楽風の音楽」ですらないということになる。

この意味で、一九八〇年代以降の文化構築主義が取りあげてきた典型的な事例と、ボリビア・フォルクローレ音楽という現象の間には、せいぜい「民俗」なる名前を冠したものが実は結構最近になってできたものである、という点でしか共通点は存在しておらず、むしろ、「ほんものらしさ＝真正性」の保証というポイントになってくると、差異の方が目立つということになってくる。ボリビアのフォルクローレ音楽は、単純に古くからある伝統音楽として理解することもできないが、典型的な国家による国民文化生成プロジェクトとして理解することもできないということになる。

ラテンアメリカ民衆文化論における「民俗」

しかし、それではなぜ、ボリビア・フォルクローレ音楽は、「フォルクローレ音楽」と呼び続けられているのだろうか。もしそこまで民俗とは一線を画する音楽実践であるのならば、もっと別の名称がつけられる余地はなかったのだろうか。

実は、ここにフォルクローレ音楽を論じる上で、もうひとつの欠かせない論点がある。中南米各国で「民俗」は肯定的にも否定的にもある価値判断を伴った語として存在している。中南米で「民俗」はまず二〇世紀初頭に、とりわけ国家にとって収集・保全されるべき価値ある財産として見出されていった。各国では、国家主導で各地の農村地帯などで伝承されている口承文芸や音楽、踊りなどの「民俗」の収集が行われるようになった。たとえば一九二一年にアルゼンチンで行われた全国民俗調査などは、その一例である［長野 2005］。つまり、一般的に言えば、「民俗」という単語は、国家主導の在地音楽収集・保全プロジェクトのことが想起される。

この国家権力によって見出される「民俗」という語感は、その後の左派運動によって、今度は否定的な意味合いをもって捉えられるようになる。一九六〇年代に「新しい歌」運動が起こった後、次第にエリート主義的な響きのある「民俗」という単語は中南米一般では使われなくなっていき、積極的に「民衆音楽（música popular）」と言い換えられるようになっていくという過程を辿ることになる［石橋 2010：24］。

こうしたことを踏まえると、ハイラス以降の音楽に「フォルクローレ」というジャンル名が採用され、定着していった過程は、時代の流れに逆行しているかのようにも捉えられる。

そうなると「フォルクローレ音楽」という言葉が使われ、定着するに至ったのには、ボリビア独自の何か経路依存的、地域史的な事情・要因があるだろうと考える必要があるだろう。そして、この状況についてより精密な仕方で把握するためには、ハイラス以前のボリビアにおける「フォルクローレ＝民俗」をめぐるナショナル・ポリティクスおよび、左派による文化創造運動について把握しておかねばならない。

3　右でも左でもなく

国家による民俗文化創造プロジェクト

ボリビアにおいて「民俗」への関心が高まったのは、ハイラスの登場から遡ること四〇年ほど前のことであり、一九三〇年代にはすでに「民俗」に対する社会的関心の高まりの萌芽を見ることができる。そもそもボリビアでの「民俗」への関心の高まりが本格的になった大きな契機は、一九三二年にパラグアイとの間で勃発し、一九三五年まで続いたチャコ戦争（La Guerra de Chaco）にあった(9)。

一見関係がなさそうな戦争と「民俗」への注目であるが、大きく分けて二つの点から重要な結びつきを持った。

第一に、戦争が長期化することによって、先住民が戦士として戦場に送り込まれることになり、混血層や白人層と先住民が同じ戦争を戦った同志としての意識を持つようになったということが挙げられる。チャコ戦争では、ボリビア側だけで六万五〇〇〇人もの死者・行方不明者が出たとされる。当時全人口が二〇〇万人足らずだったボリビアにとって計り知れない人的被害であった［クライン 2011（2011）: 265-266］。そのため、ボリビア政府・ボリビア軍としても、軍隊組織についての「人種的」な選り好みができない状況になっていたのである。皮肉にもこうした状況は、生まれた階級や「人種」を超えた関係性を生み出し、ボリビアのエリートをして、先住民の「民俗」へと関心を向かわせたのである［リベラ＝クシカンキ 1998（1986）: 50-51; クライン 2011（2011）: 266-269; 兒島 2014 : 67, 98-99］。

また、このチャコ戦争において、実際に様々な先住民村落の楽団が、軍楽隊として徴用されたということもその後の「民俗」のあり方に大きな影響を与えた。たとえば、もともとチチカカ湖北岸地域一帯で演奏されていた、イタラケと呼ばれる音楽はこうした軍楽隊としての徴用を受けて、実際にチャコ地方にまで派遣され、先住民系の兵士を鼓舞する役割を担ったという(10)［cf. Bernal y Huanacu 2018 : 36-37］。このように、民俗音楽はチャコ戦争でいわば「軍用」として使われることによって、その地位を高めたということができる。

チャコ戦争後の一九四〇年代になると、ボリビア政府には「ボリビア民俗機構（Instituto Folklórico Boliviano）」や「ボリビア民俗局（Departamento de Folklore Boliviano）」といった政府機関が設置される［Rios 2020 : 48-51］。以降、「民俗」音楽の保全と活性化は、しばらくの間、国家プロジェクトとして進められていく。この「民俗局」を中心に民俗音楽フェスティバルが、国家規模や県、郡単位で組織化され、民俗文化の収集・保全において非常に重要な役割を果たすようになった。また一九三三年にすでに設立されていた、国営ラジオの「ラジオ・イリマニ（Radio Illimani）」は、民俗音楽を流すようになったため、こうした流れは加速していくことになった。

こうした中で、「ボリビア国民楽派」とでも呼びうるような、一群のクラシック作曲家が注目を集めるようになっていった［cf. Rios 2020：46］。たとえば、ホセ・サルモン・バリビアン（José Salmón Ballivián）は、『アイマラ組曲（Suite Aymara）』という曲を作曲し、初めて先住民の楽士と、都市住民のオーケストラを同じ「市民劇場」の舞台に上げるということを行った。チャコ戦争前の一九二六年の初演の際には、大ブーイングを浴びたこの作品も［Bigenho 2002：117］、チャコ戦争の間に録音されてラジオ・イリマニで繰り返し放送され、人気を博すようになっていった［Rios 2020：32-33］。また、エドゥアルド・カバ（Eduardo Caba）や、アドリアン・パティーニョ（Adrián Patiño）のように、軍楽隊の指揮という立場を持ちつつ、先住民的なモチーフを使った作曲家が現れた［Rios 2020：46-47, 70-72, 82, 87］。こうしたことも、いわば戦争と民俗音楽の切っても切り離せない関係性を示唆しているだろう(11)。

こうした流れは、チャコ戦争後に先住民に対して同情的になった世代の人々が起こした一九五二年のボリビア革命以降、さらに加速していくことになる(12)［Bigenho 2002：25-26］。

どちらの道でもなく

このような歴史を見ると、もともとハイラスの音楽は、こうした民俗文化に関する国家プロジェクトの延長線上にあり、「民俗」に対する国家的・大衆的関心の土壌があって、ボリビアにおいて受け入れられたという側面は確かに指摘できるだろう。

実際、カブールは、当初自分たちの音楽活動を「ネオ・フォルクローレ（neo-folklore,「新しい民俗の意」）運動」という名前で呼んでおり、この運動は、ハイラス以前の国家プロジェクトとしての民俗文化プロジェクトと非常に似た傾向を持っていた。カブールが目指したのは、まず第一にボリビア各地にある民俗音楽を収集し、保全することであった。実際、カブールは、楽器事典を作ったり

［Cavour 1994, 2003］、民俗楽器博物館を建てる［Arauco 2011：276］など、ボリビア各地の楽器の収集活動を行っている。また、そもそもカブールがヨーロッパで商業的な成功を収めておきながらボリビアに帰国したのにも、ボリビアにおける民俗文化の活性化という目的があったことも指摘されている［Arauco 2011：248-249］。こうしたカブールの活動は、ボリビア政府が目指していたボリビア中の民俗文化の収集と類似したところがあったのである。

しかし、一方で、カブールがネオ・フォルクローレ運動と言ったのには、明らかに同時期のチリにおける「新しい歌」運動の影響も認めることができる。カブールが活動の拠点とした「ペーニャ・ナイラ」に「新しい歌」運動の音楽家が多数やってきていたのは先述の通りである。カブールは、単なる民俗の保全だけでなく、そこに「新しさ」を加えていくことも明確に意図していた。それはハイラスが数多くの「自作曲」を演奏していたことにもつながっている。実際、ハイラスの演奏に関しては、当時の新聞等においても民俗文化の収集・保全という目的から逸脱しているとの批判が存在していた［Rios 2020：219-220］。

つまり、カブールの目指した「ネオ・フォルクローレ運動」とは、一方では国家主導のフォークロリズム運動としての側面を持ち、もう一方では左派的な民衆文化創造運動の二つの道を同時に示すハイブリッド的なものであったといえるのである。ただし、ここで興味深いのは、最終的にハイラス＝カブール以降のボリビア・フォルクローレ音楽は、どちらの道を進むこともなかったということである。

軍事政権による左派の切り崩し

それでは、なぜフォルクローレ音楽は、左派の草の根文化運動の道を進まなかったのか。私が思うに、その最大の要因は、軍事政権による物理的な切り離しである。

カブールがボリビアに戻った頃、ボリビアではウーゴ・バンセル（Hugo Banzer）による軍事独裁政権（一九七一―一九七八）が成立していた。この政権は、一九七〇年代のほとんどの期間を通じて政権を維持していくことになる。

バンセル政権は、右派としてのポジションを取っていた［クライン 2011（2011）: 329-337］。そのため政府当局者は、音楽家たちに対してまず左派である「新しい歌」運動の音楽家の国外追放を図った［Rios 2009 : 11］。当時のことを知る音楽家は、私に対して「ペーニャ・ナイラに突然憲兵がやってきて、そこにいた外国人もボリビア人もみんな逮捕しようとした。それでカブールと私はぎりぎりの所で裏口から走って逃げたものだ」と語っている。こうした状況の中で、政府当局者は、カブールら、ボリビア人の音楽家には基本的に手出しをしないものの、国外から来た左派系アーティストの存在・影響力は排除することを試みたのである。そのため、ハイラス以降の音楽活動は、「新しい歌」運動など、世界の左派文化運動から切り離されていくことになった。こうした流れの中で、ボリビア国内の音楽市場は、チリ・アルゼンチンなどの周辺各国の市場から切り離されていくことになる。(13)

一方で、バンセル政権は、観光や国民統合の目的を持って、民俗音楽についても、新しく生まれた「ハイラス風の音楽」についても積極的に支援し、推進していく立場を取った。こうした政権の方針は、当時のボリビアの文化に対する国民感情とも一致していた。象徴的な出来事として、ボリビアにおける「『アルヘンティニシマ』論争」がある。一九七三年に、アルゼンチンによって『アルヘンティニシマ（Argentinisima,「最高にアルゼンチン的な」の意）』という映画が制作された。この映画の中では、民俗楽器チャランゴの演奏がアルゼンチン民俗の象徴として効果的に使用されていた。

この映画に対し、ボリビアにおいては「アルゼンチンがボリビアの民俗楽器を盗もうとしている」との言説が市民の間で広まった［Rios 2014］。これに政府側も反応し、「民俗」に対する文化資源ナショナリズムの姿勢を鮮明にした。その結果、同年にボリビア政府は、ユネスコに対する外務大臣書簡の形式で、「『フォークロア』に関する権利宣言」を行うまでに至った。この宣言はその後、ユネスコ（UNESCO）の無形文化遺産制度につながったとされる［Hafstein 2007：2-3; 2018：44-48; 七海 2012：37-39; Rios 2014：208-209; Bigenho & Stobart 2019：1336-1337］。それだけバンセル政権は、文化資源ナショナリズムに積極的な立場だったのである。

このようなバンセル政権の「アメとムチ」の中で、国外に亡命を余儀なくされた音楽家もいた。たとえば、ルイス・リコ（Luis Rico）やニロ・ソルコ（Nilo Soruco）は、当時のボリビア音楽界における代表的なシンガーソングライターだったが、パン・ラテンアメリカ主義・左派的政治思想を貫いたため、最終的に国外亡命を余儀なくされた。同様に、サビア・ヌエバ（Savia Nueva）などのグループもボリビア国内外での活動に大幅な制限を受けていた時期があった。

確かに、フォルクローレ音楽家にバンセル政権当時のことを聞くと、しばしば音楽活動をする上で支障があったことが語られる。特に夜間に音楽の演奏をしていると、警察に監視されることはしばしばあったようである。また、私が聞き取りした中だけでも、酒宴を屋外でしている際に、うっかり夜間外出禁止の時間を過ぎてしまい、関係者が警察に逮捕され、家族がみなで拘置所まで嘆願をしにいった話や、誕生日会を家でしている時に、警察が近づくたびに演奏をやめ、遠のくと思いっきり演奏をした話など、軍政時代に関する様々なエピソードを聞くことができた。

ただし、こうした音楽活動の制限に関するエピソードは、政府当局が当時発出していた「夜間外出禁止令」に関するものが中心である。これらのエピソードは政府当局が、特に夜間の集会などに対して敏感な反応を示していたということを物語っている。しかし、これらの語りはもう一方で、音楽活動の内容そのものについての制限は、必ずしも厳重なものではなかったということも示している。

ただし、いずれにせよこうしたフォルクローレ音楽成立初期の集合的経験を経て、右派にせよ左派にせよ、政治と比較的距離を置くように音楽活動が方向づけられたということは確かにいえるだろう。軍政時代を経験したある音楽家は「音楽家は音楽をするのさ、政治はしない方がいい(Nosotros los músicos hacemos la música, mejor no las políticas)」と語っていたが、このような「ノンポリ」の姿勢は、フォルクローレ音楽家のひとつの傾向性であるということができるだろう［cf. Bigenho 2012：47］。

中心のない「運動」

しかし、左派的でないからといって、フォルクローレ音楽は必ずしも、国家主導の民俗収集プロジェクトと蜜月の関係だったわけではなく、その目的は次第に別のものへと変化していった。

その最大の理由は、皮肉にもハイラスの生み出したものにあまりにインパクトがあったということである。先述の通り、ハイラスは、独自性のある自作曲をたくさん生み出すことによって、音楽に新しいスタイルを持ち込んだ。これに触発された若者が後に続いていった。こうした若者は、ある程度自分たちの馴染みのある楽器をもとに、自分たち自身の曲を作曲していけるというところにこそ魅力を見出していったようである。「民俗楽器を全面に押し出しつつ、聞きやすいアレンジで」［木下 2010：195］ボリビア各地の曲や自作曲を演奏するというスタイルは、民俗の収集と保全という国家プロジェクトとも別の方向を向いて進み始めたのである。

また、一九七〇年代には、ラパス市のディスコランディア社（Discolandia, 一九五八年設立）と国内第三の都市圏コチャバンバ市を本社所在地とするラウロ社（Lauro Records, 一九五八年設立）という二大国産レコード会社が、急速にボリビアの市場を席巻するようになった［Rios 2020：184］。実はボリビアにはそれ以前にも一九四九年に設立されたメンデス社（Discos Méndez）という国産レコード会社があったのだが、メンデス社がほとんど旧式のSP盤しか生産できなかったのに対して、ディスコランディア社とラウロ社は、当時新式のLP盤を主力として生産し、一気に販路を拡大していった。そしてボリビア国産の二大レーベルとしての地位を築いていくことになった。いずれの会社も、フォルクローレ音楽のコンクールを主催し、フォルクローレ音楽のレコードを生産し続けた。

また、私営のラジオ局も、ボリビア革命後に設立されたサン・ガブリエル（San Gabriel, 一九五五年設立）やエル・コンドル（El Cóndor, 一九五七年設立）などに加えて、ワイナ・ポトシ（Huayna Potosí, 一九六三年設立）、カナ（Khana, 一九七七年設立）などの登場によって充実し［Tirado, Czaplicki y Morello 1983：82-118］、ハイラス風音楽としてのフォルクローレ音楽のコンテンツを積極的に放送するようになった。[14] こうした中で、ボリビア・フォルクローレ音楽は、国家主導のフォークロリズム運動から離床し、「西洋音階によって調律された民俗楽器を使った創作音楽」という新しいジャンルを形成していくに至った。[15]

このようにして、ボリビア・フォルクローレ音楽は一九七〇年代に、生成されゆく新ジャンルとして、歴史に姿を現すことになり、ボリビアには数多くのフォルクローレ音楽家が誕生することになったのである。

4 それではフォルクローレ音楽とは何なのか

さて、ここまでの内容をまとめておこう。私が「ボリビア・フォルクローレ音楽」というものについて、最初に疑問に思ったのは、その名称に関するある種のすわりの悪さである。フォルクローレ音楽は、直訳すると「民俗音楽」を示す言葉であるのに、第一にそれは私たちがイメージするような、古く、幾世代にもわたって伝承されてきた「民俗」とは大きく異なったものであるし、第二にラテンアメリカの他地域で通常想像されるようなエリート主義的な近代国家事業を指すわけでもない。

ボリビア・フォルクローレ音楽家の語りを見ると、確かにフォルクローレ音楽においては、個人の独創性や新規性に価値が置かれており、そこで創られている曲は、個々の人物の創作物のようである。この状況は一見すると、近代になって「民俗」が創造されているという点で、「伝統の創造」や「国民文化の創造」といった文脈で分析されていたのと、同じ現象であるかのように見える。しかし、フォルクローレ音楽は、「ほんものらしさ=真正性」を主張することによって、何らかの意味で「民俗」を演出しようとする積極的な努力すらそこに見出すことができず、むしろ過去の民俗から切り離され、個人の独創性が重視される「音楽」であることに強い価値が置かれている点からも、文化構築主義的議論の典型例とは一線を画すものである。

また、こうした音楽が成立するのにあたって、フォルクローレ音楽は、「民俗」なるものを積極的に打ち立てようとする国家による国民文化創成プロジェクトとも、あるいは「民俗」なるものに対して積極的に異議申し立てをしようとする左派の民衆文化運動とも、ボリビア固有の事情によって切り離された。フォルクローレ音楽の成立に際しては、チャコ戦争とそこにおける先住民音楽の動員というきっかけをもって始められたボリビア国家による国民文化創成プロジェクトが背景にある。しかし、フォルクローレ音楽は、結果としてその立役者であるハイラスとエルネスト・カブールが打ち出した「ポップさ」によってこそ人々に支持を受け、民間メディアの発達などに伴って国内に市場を確立することになる。

ここには、一九六〇年代にラテンアメリカの音楽シーンに広く影響を与えた左派文化運動である「新しい歌」運動の影響を見て取ることができる。しかし、フォルクローレ音楽が黎明期を迎えた一九七〇年代には、ボリビアで右派軍事政権が成立したこととも相まって、フォルクローレ音楽は、左派の音楽活動から切り離され、商業音楽としての性格を強めていくことになった。その中で、ボリビアの「フォルクローレ音楽」は日本語の「民俗音楽」ともラテンアメリカ他地域での「フォルクローレ=民俗(folklore)」とも違う、独特の語感を持った言葉として、確立されていくことになる。

つまり、ボリビア・フォルクローレ音楽とは、文化人類学で一九八〇年代から二〇〇〇年代に至るまで広く議論されてきた文化構築主義的な議論やラテンアメリカ民衆文化論の議論の射程ではうまく捉えきることのできない文化実践なのである。特に、フォルクローレ音楽家がなぜフォルクローレ音楽をするのか、と問う時、国民国家の創造のためなどという、予め用意されているかのような「政治」的視点からの分析は、ボリビア・フォルクローレ音楽について考えるにあたっては、不十分であるということができるだろう。

しかし、一方で、議論は振り出しに戻ったに過ぎないように思われる。それでは、一体どのような方法・理論的枠組みで接近したら、フォルクローレ音楽家について、その日常的実践をうまく記述し、彼らを突き動かしている中心的な価値に迫ることができるだろうか。本章では、文化構築主義やラテンアメリカ民衆文化論がこの答えを出せないということが分かっただけで、何がそのオルタナティブになるのかを示したわけではない。

もし、それまでの研究が答えを出せないのであれば、自分で実際に行ってみるしかない。こうして私はボリビアでのフィールドワークを計画することになったのである。

2章　不器用な音楽家たち

　ボリビアの西部にある広大なアンデス高地の中、イリマニ山麓のすり鉢状の盆地に、八〇万人ほどの人口を抱えるラパス市が位置している。周囲のエルアルト市などを加えたラパス都市圏の人口は優に一〇〇万人を超え、アンデス高地最大の都市圏のうちのひとつとして数えられている。本書が中心的に扱うのは、この街に暮らし、専業であれ副業であれ、音楽を生業とし、「音楽家（músico）」であることを自認するボリビア・フォルクローレ音楽家たちである。数百人から、千人強ほどいると推定されるこの音楽家たちは、日々の暮らしの中で音楽を演奏したり、創作したりすることを生業として暮らしている。

　本章ではまず、このラパスというフィールドで当初、私が音楽家の日常的な姿や思いを知るためにどのような問いを立てたのか、そしてその問いがどのように転換を迫られていったのかを記述したいと思う。実は調査初期における私の調査目的は、音楽家たちがいかに「つながり」を作っているのか、その戦略について考えるというものであった。ここには、ラパスという都市の特徴と、人類学において当時注目を集めていた生計戦略論という枠組みの二つが関係している。しかし、本章で具体的に述べていくように、次第に、私は「つながり」とその戦略という方法では、うまく音楽家たちのことを理解できないのではないかと思うようになった。こうした考察は、後にフォルクローレ音楽家の実践を貫く、「孤独」というテーマにつながっていくことになる。

その意味で、本章は、結果として捨て去ることになった経験と思考の回り道を記述していくものだ。しかし、やはりおそらくその迂回もまた、人類学をするということなのだ。そのため冗長になることを恐れつつも、私はその迂回路について記述を進めていきたい。

1 ラパスというフィールド

夜明け前

夜明け前の暗いアンデス山脈の空を飛行機が飛ぶ。雲の上に頭をつき出した六〇〇〇メートルを超えるアンデスの峰々は飛行機の下ではなく、横を過ぎていく。ペルーの巨大都市リマを離陸してから一時間少しすると下方に一度に大きな街の光が見える。ボリビアのラパス都市圏である。地平線を越えてもまだ続いているような、ラテンアメリカにあるいくつもの巨大都市に比べれば、少しコンパクトではあるのだが、それでもアンデス山脈に切れ込みを入れるかのように広がる都市は、やはり遠大である。街灯として規則正しく並べられたナトリウムランプの光が、オレンジ色に夜の街を照らしている。飛行機は、高山都市の上空を何周か旋回した後、空港に着陸する。

着陸といっても、空港があるのは四〇〇〇メートルを超える高地である。富士山の山頂より高い。

飛行機のハッチが開いて外に出ると、高山病対策のために、なるべく深く息をするようにする。吸い込んだ空気が濃いのか薄いのかはよく分からないが、その冷たさと独特の匂いは間違いなくボリビアの街の空気であるように感じられる。時差のせいか、疲れのせいか、あるいは高山病の症状が出始めているのか、少し怠さを感じる体で、荷物のピックアップと入国管理の列に並ぶ。

長い審査の手続きを終えて空港から出ると、まだ乗り合いバスも動いていない時間帯である。仕方がなく、少し割高であっても空港のタクシーを使って、ラパスの中心街に降りていく。早朝なので、昼間のような大混雑は起きていない。タクシーの運転手もこの時間帯はそれなりに飛ばすので、空港から中心街までは三〇分程度しかかからない。

タクシーは、すり鉢状の街であるラパスの外周をなぞるようにして、中心街に向かってぐるぐると旋回するように引かれた自動車専用道を下りていく。空港とラパスの中心街をつなぐ大事な道路なはずなのだが、私が初めて調査をした時は、まだ片側一車線しかなかった。自動車専用道は、途中でいくつかのロープウェーと立体交差する。そもそも街全体が急勾配になっているラパスでは都市交通として、ロープウェーが活用されており、中心からいくつものロープウェーが敷設されている。ここまで下ってくるとラパスはちょうど日が昇り始めた頃で、下方に向かって街が広がっているのがきれいに見える。

ラパスは、アンデス高地の只中にある都市である。高山ともなると植生も乏しく、背の低い草や植民地時代に導入されたらしいユーカリや松の木が粗放的に生えているのを除いては、赤茶けた大地が広がっている。一方で、建物や家々は、ラパスの盆地のあらゆる面を覆い尽くしており、ほとんど崖なのではないかと思う斜面にもびっしりと建物が張り付いている。建材として安価で便利という理由で赤レンガが普及している関係で、ほとんどの建物がレンガ造りとなっているため、遠目には山の斜面と都市区域の境が分かりにくくなっている。これを見ると、まるで街全体が地層を穿って作り出された石の街であるかのような不思議な印象を受ける。

広場と坂

私がラパスで下宿していた家は、ラパスの中でもサンフランシスコ広場と呼ばれる旧市街の中心にある広場から少し坂を登っていったところにあった。広場には、様々な人が足早に行き交う。基本的に冷涼な気候であることもあって、ズボンに中綿のジャケットやセーターといった出で立ちの人が多いが、中にはしっかりスーツで決め込んだ人もいれば、「民族風」の衣装を着た年配の女性たちもいる。人々は、それとなくボリビアらしさがあるスペイン語を話しており、ごくたまにアイマラ語などの先住民言語で話している声も聞こえてくる。サンフランシスコ広場周辺は、比較的朝早くから交通が動き出していて、ハイエースを改造した「ミニバス」と呼ばれる乗り物が、乗客を呼び込むべく、行き先を告げる呼び声を上げている。人々は、ある人はこのミニバスに乗って、ある人はそのまま歩いて、ラパスの街に吸い込まれていく。

ラパスの街は、通りによって区切られている。多くの通りは、二〇世紀のままの幅を維持しており、それゆえ、狭く、時には少し圧迫感すらある。通りは基本的にすり鉢の等高線に沿って引かれているが、それらを縦につなぐような通りもあり、日本で生活していると、たとえ坂の多い街でもそうそう見かけないような勾配の坂が続いている。いくつかの場所では、縦の移動は階段によっているところもある。人々は忙しく、この通りを行き来することによって日常的な生活を営んでいる。

サンフランシスコ広場からも、ラパスらしい急坂の通りがいくつか延びている。その中のひとつが私の下宿のあったサガルナガ通りだった。下宿の家主はラパスの古い名家らしく、私は調査期間中、その階段下の一室を借りて生活していた。

2　最初の問いを着想するまで

進展しない調査

このような街に住み始め、調査を開始してから最初の数週間、私はやることの多さよりも、むしろやることの少なさの方に圧倒されていた。私はボリビア・フォルクローレ音楽家の日常について実際に自分の目で見て調べてみたいという思いを持って調査に来ていたのだが、そもそも調査の対象となっているフォルクローレ音楽家たちが普段どこにいるのかも、どのようにしたら会えるのかもあまり見当がついていなかったのである。

ただし、私の下宿していたサガルナガ通りは、観光客向けの民芸品が多く、それらの店に紛れてフォルクローレ音楽の楽器店も数多く存在していた。そこでラパスに着いてから二週間ほどの間は、サガルナガ通りとその周囲にあったフォルクローレ楽器店に出入りし、暇そうな店番の店員を相手に雑談しては、しばらくしたら別の店に行って、そこでまた雑談するということを繰り返していた。あわよくば、楽器店にいる間に音楽家に会えるのではないかと思っていたが、少なくとも最初の二週間の間、音楽家がフォルクローレ楽器店に現れることはなかった。私は、当時二年間調査をするつもりでボリビアに来ていたのだが、その時の私は、この調子で、本当にその後二年間も調査することができるような何かがあるのかどうかの方が不安になってしまった。

このような状況で、私が最初に出会ったフォルクローレ音楽家が、クラルケン・オロスコ

(Clarken Orosco) 氏だった。オロスコ氏は、チャランゴの演奏者だったが、同時にサガルナガ通りの近くに小さな工房を構える楽器の製作者でもあった。彼の工房はサガルナガ通りのちょうど中程にある建物の中にあった。その建物は、典型的なスペイン風の建築となっており、間口が狭いのに、中に入ると広い中庭がある構造になっていた。建物は古く、中庭には主に観光客に向けた民芸品の出店が所狭しと並んでおり、それをかき分けて中庭の奥まで行くと、古びた階段があって、今にも崩れそうでぎこぎこと音を立てるテラスを渡って二階へ進むと、オロスコ氏のチャランゴ工房があるという具合だった。

オロスコ氏は、七〇歳ほどの人物で、私が調査をしたいと思っていたフォルクローレ音楽の黎明期を支えた名音楽家のうちのひとりだった。私が彼の小さな工房を訪れる時は、いつも彼は年季の入った作業用の前掛けをつけた姿で、チャランゴのための木材を加工していた。私が声をかけると、彼はいつもかけている眼鏡を少しずらして、目を細めて「ああお前か」と言いつつ、椅子を差し出してくれた。後で思えば、話をするのが好きな音楽家が多い中で、オロスコ氏は普段決して多くを語らない、日本の職人のような人だった。それでも、話しているうちに思い入れのある話題に行き着くと、それまで中途半端にずらしてかけていた眼鏡を、今度は外して、私の方へ向き直り、控えめな身振り手振りを交えていろいろな話をしてくれた。

買い物

しかし、ずっとオロスコ氏や楽器店の店番たちと話しているわけにもいかない。調査の方針がうまく見出せない一方で、調査以外にやらなければならないことはそれなりにあった。私は、サガルナガの家に下宿していたのだが、家財道具はほとんどなく、自分で調達しなければならなかったし、食べ物なども自分で調達しなければならなかった。調査に備えて現地語であるスペイン語は、日常会話に困らない程度には勉強してきたつもりだったが、マーケットに並んだ多種多様な野菜や果物の名前の中には、スペイン語で何と言えばいいのか、知らないものがたくさんあった。私はしばらくの間、半ば必要に迫られて、半ば好奇心で、ラパスでの買い物に熱中した。

これは大変だったが、楽しい作業でもあった。ボリビアでは、通りごとに同じ品物を売る店が集積している。たとえば、私の下宿の近くであれば、イリャンプー通りには野菜を売る店が、それと直角に交わったロドリゲス通りには肉屋や香辛料店が、その裏にあるマックス＝パレーデス通りには果物店がそれぞれ集まっていた。逆に言えば、日本のスーパーやコンビニのように、何でも売っているような店はほとんどない。それぞれの通りが、スーパーの商品棚に相当しているようなものといってもよい。調査のことは措いても、このような市場の品物を眺めるのはそれだけで楽しかった。

またある時、私は、洗った後の食器を乾かすために、水切りかごがほしくなった。しかし、そもそも「水切りかご」という日本語での名称にすら自信がないくらいなのに、スペイン語で何と言うかはさっぱり分からない。仕方なく、「皿洗いの時に使うかご」くらいに言えば通じるかと思ってあちこち回ったのだが、街のあちこちを一時間半ほどうろうろしても、水切りかごを売っていそうな店にすら到達できなかった。最初、皿を売っている店ばかりが集まった通りに行き、次に金属のキッチン用品が並べられている通りに行ったがここにもなく、店主たちは何のことを言っているのか分からないようで、挙げ句の果てに、植物素材で作ったかごばかり売っているところに案内された。後から思えば、ボリビアでは皿洗いをした後、タオルや布巾の上にひっくり返して乾かすのが主流であって、これは単純に私の生活知識の不足だった。

もうこれは見つからないのだ、と思って帰ろうとしたところ、偶然通りかかったキッチン家電を売っている通りで、積み上げられた水切りかごを発見した。喜び勇んで「これがほしい！」と店主に言うと、店主は水切りかごを取って私に売ってくれた。帰り際に気になって「ちなみにこの品物は何という名前なのですか」と私が聞くと、店主はこう言った。

お客さん、これは皿―乾かし（secaplatos）だよ！

この調子で私は少しずつ生活用品を買いそろえていった。しばらく経って、家財道具がそろった下宿の部屋を眺めて、私はようやくボリビアの生活の中に腰を落ち着けることができたような気がした。これまでにした買い物のことを一応調査ノートにまとめながら、今後の調査のことを改めて考え直さなければと思っていると、ある疑問が頭の中に浮かんだ。これだけ何を買うにも店が集積しているのである。それでは、フォルクローレ音楽家がどこかにまとめて集まっているということはないのだろうか。ここに行けばフォルクローレ音楽家にいくらでも会える、という場所がどこかにあるのではないか。もしフォルクローレ音楽家の調査をしたいのであれば、そこに行けば解決するのではないのだろうか。こうして、私は買い物を通じてフォルクローレ音楽家の「同業者組合」という発想に行き着いたのである。

同業者組合というアイデア

実際、ラパス市に限らずボリビアの都市において、店は取り扱い商品に応じて、きれいに通りごとに集積している。しかも、調べて分かったのは、それらが単に集積しているだけではなく、通りごとに同業者組合を組織しているということである。同業者組合は、仕入れなどで協働したり、政府の政策に対して集団で意思表明をしたり、日々のやり取りの中で相互扶助を行っているらしい。その他にも、通りにある守護聖人の像の手入れをしたり、その守護聖人の記念日には一緒に祭りを開催したりもする。またラパス市全体の祝祭や行事に、同業者組合ごとにチームを作ってパレードに参加することもある。ボリビアの都市の社会生活を構成する基本的な組織のうちのひとつなのだ。改めて、別の日に若い楽器店の店主たちのところに行った時、それとなく店を開業した経緯を聞いてみると、彼らは口をそろえて、自分の店を持つにあたっては、良くも悪くも同業者組合と良い関係を築くのが不可欠だということを教えてくれた。

この集積や同業者組合の仕組みは、単に小売業だけに関係するものではない。ヘルマン＝ブッチュ通りには葬儀業者が集積している場所があるし、フィゲロア通りには、眼科のクリニックが集積している。ムリーリョ広場には、公証人の事務所が固まっているところもある。店とは少し性格は違うが、たとえばカマチョ広場の南側の遊歩道のところは、韓国や日本のアイドルのコピーダンスをやっているグループが、何グループも練習をしている姿を見ることができる。

私は、ここで、サガルナガ通りの知り合いに、フォルクローレ音楽家の同業者組合がどこにあるのかを聞いて回った。しかし、私の問いに対して、彼らは皆、首を横に振り、「そのようなものはない」と言うばかりだった。当の音楽家であるオロスコ氏自身も、フォルクローレ音楽家の同業者組合の存在を否定したし、挙げ句の果てに「音楽家は住むところに住んで、仕事をするところで仕事をしているのだよ！」と何やらほとんど情報にならない情報を教えてくれるような始末だった。どうも、フォルクローレ音楽家のスタジオなり、事務所なりが集まっているところは、どこを探してもなさそうなのである。

ここで私が考えたのは、二通りの可能性である。ひとつ目はフォルクローレ音楽家が、そもそも「職業」として成り立っていないという可能性。二つ目は、フォルクローレ音楽家が職業として成り立っているのにもかかわらず、例外的に同業者組合を持たない可能性である。しかし、ひとつ目の可能性については疑問が生じる。ボリビアでテレビのチャンネルを回していると、かなりの確率でフォルクローレ音楽に行き当たるし、ラジオの中には、ほぼフォルクローレ音楽のみを放送している局もある。ラパス市内にいくつかある劇場やホールでは、フォルクローレ音楽のコンサートが組まれていることが多々あるし、ラパス市内には、フォルクローレ音楽専用のディスコがいくつかある。これだけの音楽が、全部アマチュアによって担われているようにはなかなか思われない。すると、ひとつ目の可能性は消え、二つ目の可能性の方が確からしくなってくる。

しかし、どんな仕事であれ、たったひとりで仕事をすることはできない。まして、グループで演奏されるフォルクローレ音楽において、同業者同士のつながりは重要なはずである。それならば、もしフォルクローレ音楽家が実際に同業者組合を持たないにしても、何かそれに代わる独自の仕組みや知恵を持っていると考えてみるのが、ひとまず妥当そうである。フォルクローレ音楽家たちは、一体この広いラパスという街の中で、どのようにつながりを作り、協力し、連帯してフォルクローレ音楽という実践を成り立たせているのだろうか。このような疑問が立ち上がってくる。

こうして私は、フィールドでの最初の問いとして、まず一旦音楽家の実践を「生業実践」と見なし、音楽家同士のつながりを「同業者間関係」と見なすことによって、「生計戦略」の中のつながりを問うという問題を着想するに至った。

3　仕事のつながりに参与する

この生計戦略について考えるという方針は、ここまで述べてきた通り、私のフィールドの実体験をきっかけに着想されたものだったが、同時に、私がフィールド調査をした二〇一〇年代の文化人類学の理論的潮流を背景にしたものでもあった。

序章でも述べたように、そもそもフィールドワークの現場における日常的実践に焦点を当てた研究は、二〇一〇年代の日本の文化人類学の中で、最も行われていた研究のひとつだった。こうした中でも生計戦略分析という方法は、日本におけるアンデス地域研究およびアフリカ都市人類学という二つの研究領域においてよく用いられた人類学的理解の手法であった。私の研究もそれに則って構想されたというわけである。

アンデス地域研究の視座

日本のアンデス地域研究においては、もともとムラ［Murra 1975］やウェブスター［Webster 1971］の影響を受けて環境利用に関する研究が盛んに行われてきたが［e.g. 大貫 1978］、二〇一〇年前後より、こうした研究に基盤を置きつつも、より「個人」や「世帯」に注目し、人々の生計戦略に焦点を当てた研究が多数現れるようになった［e.g. 鳥塚 2009, 2010, 2020; 佃 2012, 2014; 若林 2014; 古川 2015, 2019; 木村 2018; 村川 2020］。こうした研究は現在に至るまで、ひとつの潮流というべき研究群をなしている。こうした研究のほとんどが、ペルーの地方村落における農民、または牧畜民、漁民等に焦点を当て、先住民コミュニティー内部での交渉のあり方や、コミュニティーの外部者との接触や都市農村関係の中を問題化しつつ、その経済的活動に焦点を当てて研究を行っている。これらの研究の中では、「個々の「限定的合理性」」［木村 2018：14］や、「経営上の選択」［古川 2015：5］、「生計手段」［佃 2014：34］などが注目され、いかに個々人が生計を成り立たせているかという戦略が問題とされてきた(1)。

私が、フォルクローレ音楽家のフィールドワークを計画した際も、こうした日本におけるアンデス地域研究とそこにおける生計戦略というテーマが念頭にあった。そのため、音楽家の日常的実践を記述するにあたり、彼らがどのように音楽活動をしつつ、生計を立てているか、その際にどのようなアクターと関わりあい、交渉し、どのような戦略で利益を得ようとしているかを記述することによって、音楽家にとって、音楽をすることの意味を記述できると考えたのである。

しかし、一方で日本のアンデス地域研究と、フォルクローレ音楽家に対する研究とでは、それなりの違いもある。というのも、アンデス地域研究が扱っているのは、農村部（牧畜民・漁労民などを含む）における先住民コミュニティーが中心であり、都市住民に関する研究は、あくまでも農村部からの移動という文脈でのみ取りあげられている程度で、都市に居住し、都市での活動を基本にするフォルクローレ音楽家の実践の中心を同じモデルで捉えられるとは思えなかったからである。

私がフィールドワークを計画していた際には、兒島によるオルロ市の精肉解体業者の組合の舞踊実践の研究［兒島 2014］や、タッシによるラパス市の電気製品仲買・小売業者の組合の同じく舞踊実践の研究［Tassi 2012, 2016］など、ボリビアの諸都市における同業者集団の芸術文化実践が注目され、それらについての研究が出てきていた状況であった。兒島が指摘している通り、こうした現象には、農民と鉱山労働者がアンデス先住民の典型的な姿であるとの研究者や現地エリートの予断がある中で、払うべき注意が払われてこなかった様々なインフォーマルセクターの同業者組合のあり方を拾い上げるという目的があった［兒島 2014：34-39, 256-304］。

アフリカ都市人類学の盛り上がり

また、もう一方で、私の中では、二〇一〇年代の実践論の中でも盛り上がりを見せていたアフリカ都市人類学、とりわけ小川のそれも念頭にあった［小川 2011］。小川の研究はタンザニアのマチンガ（machinga）と呼ばれる都市零細商人を対象として、彼らの生計戦略のあり方について詳細な記述を行っている。小川は、自分自身もマチンガとして行商を行うという経験を通じて、マチンガの生計戦略や交渉のあり方について、長期にわたるフィールドワークを展開している。

また、小川は、マチンガが同業者や客を相手に、時に騙したり、騙されたりしながらも繰り広げる交渉の機微を、彼らの現地語彙から取りあげて「ウジャンジャ ujanja」な（＝「ずる賢い」）あり方として概念化した。その上で、この「ウジャンジャ」なる在地論理をド・セルトーや今村の言う「メティス」［ド・セルトー 1987（1980）：183; 今村 1985：66-67］と類比的なものだとしつつ、マチンガの生計戦略と交渉のあり方に「都市を生きぬくための狡知」［小川 2011：2］を見出せるという議論を展開した。個人の生計戦略に注目しつつも、現地語彙で示される在地の論理としての「狡知」を引き出してこようとする小川の研究の方針に、私は多大なる影響を受けている。

また、とりわけ都市という空間において、確固たるコミュニティーや組合を持たない集合性へのアプローチとして、「自分もマチンガになってみる」という徹底した参与観察調査のあり方も、その後の私の調査の方向に大いに影響を与えた。

思いがけず音楽家になる

以上のような背景もあって、私はフォルクローレ音楽家の生計戦略に当面の関心を絞り、具体的な調査を行うことにした。一度調査の方針が立てられると、やるべきことも具体的に見えてくる。私はとにかく、フォルクローレ音楽のコンサートやライブがあると聞いたら、なるべく足を運ぶようにした。何といっても、他ならぬフォルクローレ音楽家自身も、自分たちが組織を持っていないことを自覚しているくらいなのである。一度に多くのフォルクローレ音楽家に出会う良い方法があるわけでも、うまくフォルクローレ音楽家の組織に入り込むことができる秘訣があるわけでもないのだ。

ある日の夕方、カブールが作ったチャランゴ博物館――かつてのペーニャ・ナイラを移転して作られた小さな演奏スペースである――でミニコンサートが行われることを知り、私は喜んで出かけて行った。着いてみると、ミニコンサートというのにふさわしく、会場は二〇人程度が入るサロンのような場所であり、客席も立地のせいか観光客がいるだけだった。そこで、まずはカブール氏本人が直々にチャランゴのソロ演奏をした。私は、フォルクローレ音楽の「創始者」でもある彼の演奏を直接聞けることに感激した。カブール氏の演奏の後は、カブール氏の「子どもたち」の世代、つまりカブール氏やハイラスに直接の影響を受けてペーニャ・ナイラなどで活躍したひとつ下の世代の音楽家である、ロランド・エンシーナス（Rolando Encinas）氏が巧みなケーナの演奏を披露した。私は調査をしていることもほとんど忘れて演奏を単純に楽しんでいた。

コンサートが終わった帰り際、珍しく小さい会場の演奏で音楽家との距離が近かったこともあり、私は勇気を出して、帰り支度をしていたエンシーナス氏に声をかけ、握手をしてほしいと頼み込んだ。エンシーナス氏は、私の方を振り返って、丁重な態度で感謝を述べた後、私がどこから来たのかを尋ねた。私が日本からフォルクローレ音楽のことを学びに来たと伝えると、エンシーナス氏の表情が少し変わった。

おお、日本人？

エンシーナス氏は、日本で公演した機会があっただけでなく、過去に日本人音楽家と共演した経験がある人物だった。それだけに、日本人の中にフォルクローレ音楽を愛好する人がいるのを知っていた。エンシーナス氏は私に次のように尋ねた。

楽器は演奏するのかい？
——はい、サンポーニャが好きで、趣味で演奏もしています。
いつまでラパスにいるんだい？
——二年は滞在しようと思っています。
二年！　そうしたら、頼みたいことがある。

エンシーナス氏は、サロンの入り口のところに立っていた受付の女性に声をかけて、紙と筆記用具を受け取り、何かを書き殴りながら私に言った。

私は今、サン・アンドレス大学で学生向けにフォルクローレ音楽の課外授業をしてくれと頼まれていてね。それで、ひとりだと手一杯だから、助けに来てくれないか。とりあえず明日私の仕事場に来てくれ。場所は……分かるかな。ソポカチ地区の方なんだけれど。とにかく住所はここに書いたから。その辺りの人に聞けば分かるはずだ。大丈夫。来られるから。では待っているよ。また明日。

そう言って、忙しそうにそそくさとその場を去ってしまった。

思いがけない向こうからの申し出に半信半疑の気持ちになりながらも、次の日、あちこちで街行く人に道を尋ねながら、言われた住所に行くと、サン・アンドレス大学――ラパス市随一の国立大学である――の別館となっている立派な共和国期の建築と思われる建物に着いた。入り口にいた警備員に事情を話すと、私は建物の奥にある中庭に通してもらうことができた。中庭には、不思議な小屋のような建物があり、その扉をノックして開けると、そこにはたくさんの書類と楽器の山に囲まれたエンシーナス氏の姿があった。

ほほう、よく来たね！　感謝するよ。早速これから課外授業をするから、荷物運びを手伝ってくれ！

こうして私は、週に二回エンシーナス氏の課外授業のある日に荷物運びをすることになった。エンシーナス氏はせかせかとして、いつも道にいる人や車をかき分けてぐいぐいと歩くので、楽器を抱えてついていくだけでも大変だった。

しかし、肝心のサン・アンドレス大学の課外授業は、学生の募集方法が悪かった上に、学生にとってかなり他の授業が重なる時限に設定されていたようで、全くといってよいほど学生は集まっていなかった。関心を持って集まってきた数少ない学生もいつも遅刻をするので、エンシーナス氏と二人きりで何時間も時間を潰すことも間々あった。

これが大学のやり方さ！　人手は提供しない、学生への宣伝もしない。馬はにんじんを与えなくても走ると思っているのさ！

そのような時間を持てあました状況を見かねてか、ある日、エンシーナス氏は私に紙束を持ってきて渡した。

日本人なら、楽譜くらい読めるだろう。私が今やっている楽団の演奏曲を楽譜に書き起こしたんだ。暇だろうし、譜面をさらってくれ。楽団のサンポーニャ奏者が少し前に逃げてしまってね。レコーディングが迫っているから、代わりに演奏してほしいんだ。少しだけしか吹くところはないし、大丈夫だから。

次々押し寄せる予想外の出来事に私は驚いたが、これは思ってもみないほど理想的な展開だった。こうして私はエンシーナス氏の楽団である「ムシカ・デ・マエストロス（Música de Maestros）」に参加することになった。

ラパス中を駆け回る

ムシカ・デ・マエストロスの中で、私はまず新曲の録音をすることになった。グループでは、都度都度どこか適当な場所（誰かの職場の使われていない会議室や、営業時間外の飲食店など）に集まって、週に一、二回程度、全体練習をしていた。ある程度練習がまとまると、今度は数人ずつ、グループのメンバーのうちのひとりがラパス郊外のビノ・ティント地区に構えている自宅に行き、そこにある録音機材で録音を行った。私は、そもそも大学生になってフォルクローレ音楽の演奏を趣味として始めるまで、音楽をしたことがなく、まして本格的な録音などはしたことがなかったので、とにかくあらゆることが新しい経験だった。

そして、全体の録音が終わり、ミキシングとマスタリングが終わってCDができあがると、エンシーナス氏はそのCDを発表するコンサートを企画し始めた。なぜか役に立ちそうもない私を連れながら、彼はラパス市の文化局などに掛け合い、ラパス市の中で演奏をさせてくれるホールを探し始めた。ようやく市の中でも二、三箇所しかない一〇〇〇人前後が収容できるコンサートホールを確保し、演奏を行うことになった。エンシーナス氏曰く、CDそれ自体の売り上げはたいしたことがないが、CD発表のコンサートに関してはそれなりに集客が見込める上、それをもとにさらなる演奏の機会につなげやすいということだった。コンサートに先だって、グループのメンバーの何人かでボリビアのテレビ局を回り、様々な文化情報番組に出演して、コンサートの宣伝も行った。

エンシーナス氏の発言の通り、その後、グループは、ラパスの大小様々なコンサート会場で招待されて演奏を行ったのみならず、鉱山都市のポトシ市や、熱帯地域のサンタクルス市など、ラパスから遠く離れたボリビアの各都市のツアーなども積極的に行っていった。ほとんどのコンサートについては、行く先々に主催者がおり、彼らとの契約に基づいて演奏を行った。主催者は、国や地方自治体のこともあれば、個人や私企業のこともあった。テレビやSNSなどでCD発表コンサートを知って、招待を申し出てきた人が多かった。

こうして二ヶ月ほどをかけていくつかのコンサートを経た後、エンシーナス氏はメンバーを集めて儲けの取り分を分配した。私も、ここで初めてこの儲けの分配を受けた。「お前はまだ加入したばかりだから少ないぞ」とエンシーナス氏は言ったが、全体でボリビアの法定最低賃金の一ヶ月分程度の収入を得ることができた。なるほどその気になれば、音楽だけで生計を立てていくのは全く無理ではないが、基本的には他の仕事との兼業の方が安定する金額、かつマイナーな副業と見なすには多すぎるほどの金額が手に入るのだということがよく分かった。

ツアーが一段落した段階から、私は、他のグループの音楽家たちへの聞き取りも進めていくことにした。この段になっても、ムシカ・デ・マエストロスに参加できたことの影響は大きかった。ボリビアの音楽家も多くがフェイスブックをやっており、そこに自身の携帯電話の番号を載せていることが多い。私はこうした番号に順番に電話をかけていった。ある音楽家は日本から来たという情報を話すとそれだけで興味を持って会ってくれたし、それ以上に「日本から来て、今エンシーナス氏のグループでサンポーニャを吹いている！　話を聞きたいから会ってくれないか」と言うと、向こうも私のことを「同業者」の端くれだと見なして会ってくれることが多くなった。

こうして私は、思いがけず現地の楽団に参加する機会を得たことで、フォルクローレ音楽家たちの必ずしも形を持たないネットワークの中に参与することができ、徐々にそこでのつながりのあり方について、観察することができるようになっていったのである。

4　ばらばらな音楽家たち

しかし、そのような音楽家のネットワークに入っていけばいくほど、私が感じたのは、関係性をうまくやりくりするような知恵というよりも、音楽家たちのばらばらさと、つながりという側面から見た不器用さだった。音楽家たちには、彼らを結びつける属性があるわけでも、組織があるわけでもない。彼らは、「コンフント（conjunto）」と呼ばれるグループをよりどころとして活動しているが、このコンフントという単位も常に離合集散を続けており、つながりは安定していない。

場合によっては、このようなばらばらさは「多様性」と、安定した関係の不在は「柔軟性」と、それぞれ肯定的な言葉で言い換えることができるのかもしれない。しかし、私がフィールドにおいて直に感じたのは、そのようなポジティブなニュアンスを持ったものではなく、むしろ時には妬みや恨みを含み、価値よりもやっかいごとの方を増やしていくようなネガティブな印象を与える関係性だった。

フォルクローレ音楽家のばらばらさ

そもそも、一口に音楽家といっても、彼らの稼ぎの額には幅がある。駆け出しの音楽家たちは、演奏で得ることができる収入が低いために、他の仕事を掛け持ちしていることが多い。よく見られるのは、音楽教室の講師や楽器店の販売員など、何らかの形で音楽に関係する仕事であるが、そうでなくても家族や親戚の商売の手伝いをしたり、学校の教師をしたり、タクシーの運転手をしたり、企業に勤めたりと、副業のあり方に関しては、かなりの多様性がある。もっとも、兼業をすること自体は、インフォーマル・セクターに従事する人の方がフォーマル・セクターに従事する人より多いボリビアでは、よくあることなのであるが、それにしても音楽家の兼業の構成はまちまちである。

音楽家たちが普段収入源にしているのは、自主開催のイベント（コンサートやライブ）や、顧客の依頼に基づく演奏（これをコントラト〈contrato、「契約」の意〉と呼ぶ）、自分のグループのCDの販売収入などである。自主開催のイベントであれ、コントラトであれ、おおよそ一番駆け出しの音楽家グループに払われる金額は、一時間の演奏につき一五〇〇ボリビアーノス（≒二〇〇ドル強）程度である。グループはたいてい五～七名程度のため、一人あたりの取り分は均等分配で二〇〇～三〇〇ボリビアーノス程度ということになる。ラパス市の最低賃金は月に一八〇〇ボリビアーノスであり、駆け出しの音楽家にとって、音楽だけで最低賃金分の金銭を稼ぐには、月に六～九回の演奏機会が必要だということになる。実際には、安定してこれだけの演奏機会を得ることは難しいことも多く、このような音楽家は、兼業を行うことも多い。

一方、ラパス市の開催するイベントや、大きいイベントのコントラトの場合、およそ一時間あたりの演奏の単価は七〇〇〇ボリビアーノス程度にまでなり、一人あたり、一〇〇〇～一四〇〇ボリビアーノスということになる。この程度の演奏をほぼ毎週のペースで行うことができれば月に四〇〇〇～五六〇〇ボリビアーノスは確保されることになり、ボリビアの平均収入である三五〇〇ボリビアーノスを超えてくる。このあたりまでくると、ほぼ専業でも十分な稼ぎになるといっていいだろう。

ちなみに、ボリビアで最も演奏単価が高いとされるグループは、カルカスだといわれている。私は、カルカスの詳しい契約金額について直接に取材することはできなかったものの、音楽家たちの

「噂」をもとにすると、一時間あたりの単価は一万五〇〇〇ボリビアーノスであるとか、一万八〇〇〇ボリビアーノス程度だとされる。

フォルクローレ音楽家は、おおむねスペイン語モノリンガルと、スペイン語とアイマラ（aymara）語バイリンガル、スペイン語とケチュア（quechua）語バイリンガルが大半を占めている。アイマラ語・ケチュア語バイリンガルと一口に言っても、アイマラ語やケチュア語を第一言語とし、日常的に主だって使用する人から、基本的な会話しかできない人、聞いて理解することはできるが自分からは話せない人などがおり、その運用のあり方や能力にはグラデーションがある。(2) ラパスで活動する音楽家の中でも、アワティーニャス（Los Awatiñas）のメンバーのように大半がアイマラ語を第一言語とし、自らを「アイマラ」であると自認する人々もいれば、グルーポ・ノルテ・ポトシ（Grupo Norte Potosí）のようにケチュア語を第一言語とする人々もいる。(3)

また、音楽家のほとんどは男性で、女性は珍しい。これは伝統的な農村祝祭音楽の中でも、男性が楽器を演奏し、女性は歌を歌うという役割分担がなされてきたことと関わりがあると説明されることが多い。そのため、女性音楽家は、いたとしても歌手であることが多い。近年特に女性たちだけによって編成されたグループ――とりわけ若い女性たちによる「ガールズ・バンド」――が多く見られるようにはなってきているが、やはり演奏家の男女比は圧倒的に男性に偏っているといわざるをえない。一方で、フォルクローレ音楽のコンサートやライブに行って客席やフロアを眺めてみると、グループによって違いはあるものの、老若男女様々な人が満遍なく来ているように見受けられ、リスナーに男女の偏りはさほどないように思われる。

フォルクローレ音楽家の多くは宗教的にはカトリックを信仰している。こうしたカトリック信者の多くは、シンクレティックなカトリックを信仰しており、ボリビア在地の様々な土着信仰の儀礼や祝祭も大事にしている場合が多い。たとえば、八月には大地母神であるパチャママに対する捧げ物として火を焚く習慣があるが、音楽家でもこうした習慣を実践する人は多い。あるいは、一月から二月にかけて行われるアラシータ祭（Alasita）、二月から三月に行われるカーニバル（Canaval）、六月のグラン・ポデール祭（Fiesta del Gran Poder）、一一月の万霊節（Todos Santos）などにおいても、在地信仰ないし、シンクレティズム的なカトリックが信仰されている様子を確認できる。

一方で、数的にはマイノリティーであるが、プロテスタントをはじめとする非カトリック諸宗派に改宗する音楽家も存在する。こうした諸宗派の中でも、福音派（evengélicas）は特に勢力が大きく、次いでモルモン教徒（mormones）なども一定の勢力がある。こうした音楽家の中には、教団のための曲だけを作曲したり、演奏したりする者も多い。こうした諸宗派に改宗した音楽家は、カトリックや在地信仰を強く否定し、カトリックの音楽家と距離を置く者もいるが、カトリック信者と一定の交流を保ち、カトリックや土着信仰の儀礼に参加する者もいる。

このように、ラパスにいるフォルクローレ音楽家について概観した時、彼らの属性にかなりの振れ幅ないしグラデーションがあるということがいえるように思う。確かに、ジェンダー的には男性に偏っているという大まかな傾向はあるものの、生業形態はまちまちで、エスニシティーに関してもグラデーション的な広がりがあり、信仰についてもある程度の振れ幅がある。また重要なこととして、ラパスに集う音楽家たちはその出身地や家族のルーツもばらばらであることも多く、そういった点でも多様性を見せている。

組織の不在

問題は、このように属性でつながっていない音楽家たちが、共通の同業者組合すら持っていないということである。

それでも、いくつかの組織が存在してはいる。まず、ボリビア著作権協会（SOBODAYCOM, La Sociedad Boliviana de Autores y Compositores de Música）である。音楽家はＣＤ発売に際して、著作権協会に登録を行う必要がある。そのため、書類上はあらゆる音楽家がこの組織に権利者として所属していることになる。しかし、こうした著作権協会は基本的に職員によって日常的な事務がなされており、年に数回開催される権利者の集会も、多くの作品を持っていたり、たまたま役員に当たった音楽家が集まるのみで、決して包括的な団体とはいえない。

次に、ボリビアにはフォルクローレ音楽分野について有線大賞・レコード大賞を決めるボリビア文化・フォルクローレ音楽メディア協会（CICOMBOL, Círculo de Comunicadores de Música Folklórica y Culturas Bolivianas）という団体があるが、これは名前の通り、メディア関係者、批評家の団体で、音楽家の団体ではない。

また、ボリビア・チャランゴ協会（Sociedad Boliviana del Charango）は、エルネスト・カブールによって設立された団体で、比較的長い歴史を持つ。チャランゴ協会は、確かにフォルクローレ音楽家の中でも、チャランゴ奏者の多くが所属する団体であるが、チャランゴ製作者の同業者組合の上部組織という性格も持っており、音楽家の同業者組合との性格は必ずしも強くない。またこのボリビア・チャランゴ協会にならい、私が調査を行っている最中の二〇一七年にボリビア・ケーナ協会（SOBOQUENA, La Sociedad Boliviana de la Quena）が、二〇一八年にボリビア・サンポーニャ協会（Taypi Siku Asociación）が次々に設立されたが、いずれも主導した人物のライバルである音楽家の協力が得られなかったり、そのことによって参加者がまばらだったりして、それぞれの楽器の演奏者・製作者の包括的な団体として見なされるには至っていない。いずれにしても、これらの団体は、

「楽器」を中心とした集まりであり、楽器製作者の利益団体という側面が強く、やはりフォルクローレ音楽家を広く代表することはない。

さらに、芸術の守護聖人であるといわれるサンタ・セシリアを崇拝する、サンタ・セシリア朋友団（La Comunidad Amigos de Santa Cecilia）という信心講が存在しており、ここにも一定数のフォルクローレ音楽家が所属している。しかし、これもやはりフォルクローレ音楽家を網羅しているわけではないし、その紐帯もサンタ・セシリア祭に際して集会を行う程度に限られている。

このように、ボリビア著作権協会や、ボリビア・チャランゴ協会、サンタ・セシリア朋友団などの団体は、いずれも同業者組合の性格の一部を担っているが、他の業種の同業者組合と同等のものだということはできないのである。

私が調査を続ける中で、実は、この同業者組合の不在は、当事者である音楽家自身によってもしばしば問題化されていた。そのため、先述の通り、ケーナ協会、サンポーニャ協会などの各種奏者団体の立ち上げが試みられていたし、他にも音楽家による共同保険組合を設立しようとする動きも存在していた。しかし、こうした団体設立の動きは、必ずしもうまくいっていたとは思えない。共同保険組合に関しては人数不足により結成ができずに終わったし、ケーナ協会やサンポーニャ協会は、それぞれに名だたる奏者が協会への加盟を拒否したため、結成されたものの、有名無実化し、事実上ほとんど代表組織としての機能を果たしていない。

こうした状況が生じる背景には、結局のところ、「誰がフォルクローレ音楽家の代表たるにふさわしいか」「それをどのような手順で決めるのか」という正統性の確立がうまくいかないところにひとつの重要な問題があった。保険組合の例にしても、奏者協会の例にしても、発起人となる人物が現れるのだが、少なからぬ人物が「発起人が団体設立を利用して自分に利益を誘導しようとしている」といった言説を流布し、結果として組合が機能しなくなっていた[4]。

脆いつながりとしてのグループ

とはいえ、フォルクローレ音楽の演奏はひとりでできるものではなく、最低限、演奏仲間のつながりは必要なはずである。音楽家たちの普段の活動は「コンフント」と呼ばれるグループを単位に行われている。

「コンフント」は最もミニマルな形態では、民俗管楽器（ケーナ、サンポーニャ）担当と、民俗弦楽器（チャランゴ）担当、ガットギター担当の三名による編成という形態を取る。これに、現代では一般的に、ドラムセットとエレキベースが加わることが多い。また、管楽器奏者やギター奏者を複数人抱えるケースもよく見られる。総合的に見て、一般的にコンフントとは、三名から、多くても八名くらいまでの音楽家によって構成されるグループであり、ケーナ、サンポーニャ、チャランゴなどの民俗楽器の参加が必須条件となっている。

基本的にフォルクローレ音楽家は、ひとつの楽器を専門として持った上で、ひとつのグループに所属して音楽活動を行う。例外的に、ソロアーティストとして活動する音楽家がいないわけではないが、こうした人々も、自分のグループを持つか、「〇〇（音楽家の名）とそのコンフント」という形で、個人名を冠したグループを持つことが一般的である。また、複数のグループに属することは良しとされないことが多い。これは、ある音楽家によれば「音楽家にとってコンフントは顔なのさ。顔がたくさんあるのはおかしいだろう」ということなのだという。そのため、基本的には音楽家はひとつのグループに属し、それ以外のグループで演奏する際は、あくまでもゲストとしての立場を取ることが多い。私は、フィールド滞在中に、ひとりだけ、一〇個以上のグループを掛け持ちする音楽家に出会ったことがあるが、これはかなり例外的である。

グループは、リーダー〈指揮者〈director〉と言われることが多い〉を中心に数名の固定メンバーによって構成されていることが一般的である。もしも、演奏を行うために必要なメンバーがその時々で欠けていた場合、ゲスト演奏家（músico invitado）が招待されることもあるが、こうしたゲスト演奏家は、あくまでグループの固定メンバーとは別扱いされる。

ただし、ここで重要なのは、グループというものが、あくまでも口約束に基づいて当座の間つながっている集団に過ぎないということである。形式上は、あらゆる芸術団体は文化省に届け出をしなければいけないことになっており、この文化省に対する手続きにおいては、固定のメンバー全員のリストと、団体名、団体の活動内容の記述が求められる。しかし、必ずしも全てのグループがこの登録をしているわけではない。また手続き上は、メンバー変更などの際も再度修正の届け出が必要になるが、フィールド調査を通じて、私はこうした修正の届け出が行われた場面に出くわしたことがなかった。

激しい離合集散

このように、同業者組合などを持たないながらも、グループというつながりを単位に、ラパスのあちこちを駆け回りながら活動をしているように見える音楽家たちだが、調査を続けていくと、彼らは必ずしもいつもこのつながりをうまく維持できているわけではないということも分かってきた。

グループでは、メンバー間の金銭トラブル、恋愛関係をめぐる問題、運営方針に関する対立、音楽性をめぐる不一致など様々なことをきっかけにして問題が生じ、時に非常に過熱化する。こうしたトラブルを通じたグループの分裂やメンバーの脱退、グループ自体の消滅といった出来事は日常茶飯事なのである。

たとえば、ムシカ・デ・マエストロスでもかつては、収益の分配と一部メンバーの演奏中の過度な飲酒などが問題になり、大量のメンバー脱退を経験し、その後脱退メンバーを中心に新しいグループが結成されるという事態に発展したことがあったという。また、その後も、一部メンバーがリーダーの許可なく演奏機会を獲得し、その演奏料をリーダー以外で分配したという出来事などから、関係したメンバーの脱退が起き、同じく脱退メンバーはさらにまた別のグループを結成するなどしている。

また別のグループも、結成当時から脱退と分裂を繰り返し、私が調査を行った二〇一六年当時ですでに創立メンバーは、ひとりしか残っていないという事態が起こっていた。実際、同じグループですらも、中身を見るとほとんど同一性を維持していないことは間々あるのである。

また、たとえばワラ（Wara, アイマラ語で「星」の意）というコンフントは、一九七二年設立の古いグループであったが、二〇一七年に、創立メンバーの大半を中心とした「ワラ――星の光」（Wara La Luz de la Estrella）と創立メンバーでありメインボーカルを担当していたダンテ・ウスキアノ（Dante Uzquiano）を中心とした「ワラ――ボリビア音楽団」（Wara Agrupación Boliviana）という二つのグループに分裂した。こうした事態も、いかにグループの分裂が激しいかを物語るひとつの事例ではあるだろう。

このような分裂を経験した場合、グループに残る方にとっても、離脱する方にとっても、短期的に見れば金銭的に大きなダメージがある。グループに残る方にとっては、補充メンバーを探すまでの間、活動停止を余儀なくされるし、そもそも内部分裂をするグループに対しては、観客もネガティブなイメージを抱くことが多い。一方で、離脱する側にとって、状況はさらに厳しいことが多い。離脱する側の人物は、新しいグループを設立することになるのだが、グループを設立し、運営し、一定の稼ぎが出るように育てることは大変な労力を要するからである。

このように、グループは、音楽家にとって生業活動の要であると同時に、非常に流動性が高いものでもある。そして、音楽家たちは、金銭的には大きなリスクないしコストとなるはずの分裂劇を繰り返すのである。

「非合理的」なこだわり

また、音楽家たちが、グループのあり方にこだわるその仕方が、およそ「生計戦略」的にネガティブであるという事態については、別の方面からも窺い知ることができる。私は調査中に、ムシカ・デ・マエストロス以外のとあるグループで欠員が出たために、そこのメンバーにならないかと誘われたことがある。最終的に私はこの申し出を断ってしまったのだが、そこで私は勧誘してきたメンバーから、以下のような語りを聴いた。

よく考えてみてくれ、このグループに入りたいとどれだけの人が切望してきたか。ある人なんて、このグループに入るために、練習に励み、グループで演奏があるたびにメンバーに接触しようとして演奏に顔を出してきていた。そのうち彼はグループに入ることを許されたのだが、ますます毎日音楽ばかりするようになった。そのうち彼は、もともとやっていた弁護士の仕事をやめてしまって、妻とは離婚して、子どもとは別々に暮らすことになった。音楽はある意味で人をおかしくしてしまうことがあるね。でもそれだけ、このグループに入ることに価値を見出すんだ。君だって、このグループに入れば夢を摑めるだろう。よく考えてみてくれ。

この事例は、フォルクローレ音楽に価値を見出しすぎた結果、他の価値——仕事や家庭——を捨ててしまった人物についての語りだと要約できよう。私には、これが本当のことだったのか分からない。この人物は、その後結局体調を崩してしばらく前にグループを去っていたようである。もしかしたら、これは私をグループに勧誘するために作られた逸話だったのかもしれない。しかし、仮にこの話が「嘘」だとしても、少なくともこの話は、勧誘者が私に信じ込ませようとした話なのであり、信じ込ませることが十分にできると思う程度には「いかにもありうる」話だったのである。実際に私は、この話を十分なリアリティーとともに受け取った。そして、このリアリティーを支えているのは、この手の話があまりに音楽家の界隈の中にありふれているという事実だろう。

自分の音楽を貫くためにグループを転々とする者、自分の作ったグループで少しでも気に入らないことがあるとメンバーを排除しようとするリーダー、一から立ち上げてようやく仕事にありついたと思った矢先に収益の分配で揉めて分裂する若手のグループなど、「生計戦略」的には失敗としか思われない音楽家の行動は、彼らの日常的実践の中にありふれている。彼らは実際に収入を一時的に失ったり、そのせいで配偶者からの離縁を迫られたり、家を失って他人の家に居候したりと、「戦略」に対して局所的な「戦術」という言葉を使うにもなお余りあるような、場当たり的な行為を繰り返しているようにしか見えないことがしばしばある。

このようなことを肌身に感じていく中で、私は「生計戦略」という視座からフォルクローレ音楽家の実践に賭けられているものを分析しようとする試みを諦めざるをえないのではないかと思うようになった。逆に言えば、どうも生計戦略とは別のところにフォルクローレ音楽家についてよりよく知るための方法があるのではないかと考えるようになったのである。

5　在地論理の取り出し方

本章では、これまで「生計戦略」という視点から、音楽家同士の間にある「つながり」のあり方について記述を進めてきた。そうした中で、音楽家がばらばらな属性を持つ上に、ボリビア社会であれば当然あるような同業者組合を持たないことを、その社会性の特徴として明らかにした。さらに、音楽家にとって生業活動の上での基本単位であるグループは、離合集散が激しく、流動的であるということ、その離合集散のメカニズムには、金銭的な利害関係だけでは説明できないような、別の価値が見え隠れしていることを指摘した。

こうした音楽家の姿は、経済的経営的な観点から見れば、「狡知」というどころか、むしろ「不器用」であるようにすら見える。つまり、せっかく行き着いた視点ではあったが、アンデス地域研究における生計戦略論や、アフリカ都市人類学における「メティス＝実践知、実践戦略」を見出そうという方法は、ボリビア・フォルクローレ音楽家に対しては当てはまりが悪く、うまく成功しないようである。

しかし、ある意味でこれは当たり前のことであるのかもしれない。小川は、マチンガの人々の持ち合わせる現地語彙である「ウジャンジャ」に注目し、その概念を軸に彼らの中に「都市を生きぬくための狡知」という在地論理を取り出していった。本来、小川から一番学び、取り出さなければいけなかったのは、まさに実践の中での在地論理の取り出しという作業であり、その結果としての「狡知」をそのまま当てはめて、その当てはまりの良さを検証するということではなかったのだ。

少なくとも、小川がマチンガから学んだ「狡知」がボリビア・フォルクローレ音楽家の持つ思考とはズレがあると分かった以上、「狡知」に代わるような、フォルクローレ音楽家にとっての在地論理とは何か、ということについてまずは考えてみなければいけないように思われる。

このような考えに至った上で、私は次にこのフォルクローレ音楽家にとっての実践論理を取り出すという作業に取り組んでみることにした。フィールドに到着して最初に着想した調査で私が確認したことは、音楽家の社会関係や実践論理が、従来のアンデス地域研究的な視点やアフリカ都市実践論では捉えきれない何かであるということなのであるが、こうした問いを経由して、私の調査は、再び、適切な仕方で、振り出しに戻ったのである。

3章　物語を愛する人々

前章において、私は生計戦略という枠組みで音楽家を記述するという課題に取り組み、逆にその限界につきあたってしまった。同時に、音楽家が仕事や生業として音楽とどのように向き合っているのかについて調べれば調べるほど、自分は音楽家について調査しているはずなのに、音楽について捉える枠組みを結局何も持っていないのではないかとも思えるようになった。

そこで、一度視点を変えて、音楽している時間そのものを記述してみようと考えてみた。まさに音楽の演奏が行われるその瞬間の、身振りや手振り、音の即興的なやり取りといった身体的な相互行為のやり取りの中にこそ、フォルクローレ音楽家たちの見ている風景があるのではないかと考えるようになったのだ。

これは、対面相互行為論と呼ばれる人類学の記述枠組みに着想を得たものだった。対面相互行為論とは、フィールドで見られる人々の身体を介したやり取りを、しぐさのひとつずつに至るまで細かく、分析的に記述することで、その中で生じているものについて見極めていこうとする人類学的記述の方針のことである。

たとえば、序章でも触れた、人類学的な対面相互行為論で知られる菅原の議論を見てみよう。菅原は、「「文化」と呼ばれる全体的システムを表象の網状組織として捉える」[菅原 2013b : 3] 文化人類学のあり方を批判する。なぜならば、文化という全体システムがどんなに記述されたところで、個々の人々のミクロで具体的なやり取りについては何も分からないからである。そこで菅原はこのシステムによって「覆い隠されてきた生のもっとも根源的な基盤」[菅原 2013b : 3] あるいは「人間の生が、他の動物たちのそれとまったく同じように、身体によってこの世界に根をおろしているという事態」[菅原 2013a : i] そのものを、対面相互行為の分析によって照らしだそうとするのである。

対面相互行為論的な見方から注目される音楽人類学の研究に、カイルの研究がある。(1) カイルは、西洋の音楽学者が、音楽を言葉のように理解しようとすることを批判した。カイルが重視するのは、音楽における大部分のコミュニケーションが「非言語的で、身体的で、おおむね無意識的であること」[Keil 1966 : 345] である。カイルは、自分が専門としていたジャズの演奏を記述してみせる。奏者の間で暗黙のうちに交わされるウインク、ちょっとした身振り手振り、サックスの噪音《ノイズ》などが交わされることによってジャズは展開する。そして、ここでしか得られない感覚をジャズのミュージシャンたちは「グルーヴ」と呼び、ジャズにとってかけがえのないものだとするのである [Keil 1966 : 340]。カイルはこの研究を発展させ、ついには「グルーヴ学」を提唱し、世界各地の音楽のグルーヴのあり方について研究しようとする。この試みは音楽人類学者に共感を持って受け入れられた。(2)

こうした流れを踏まえた上で、音楽家の音楽をしている瞬間のやり取りを細かく見ていけば、ジャズのグルーヴに匹敵するような、フォルクローレ音楽家にとっての音楽の肝のようなもの、こういってよければ在地論理のようなものが見えてくるのではないかと私は考えたのである。

しかし、結論から言えば、このアプローチもまた私にとっては違和感のあるものとして残った。確かに、私自身、フォルクローレ音楽家たちの音楽活動に参与していく中で、音楽が生み出される瞬間の微細なやり取りの面白さを幾分なりとも経験した。演奏がまさになされ、空気が音で震えていくような瞬間、独特の一体感や高揚感のようなものがあることも間違いがない。しかし、この点を強調してしまうと、どうしてもフォルクローレ音楽家について考えようとする場合、逃れてしまうものがあるように感じられたのだ。

何よりも、こうした演奏の中の一体感や高揚感を強調するような記述は、前章で「生計戦略」についての検討を通じてネガティブな形で取り出した結論が全く活きてこないという問題点があるように思われる。前章で見てきたのは、フォルクローレ音楽家の、ばらばらな関係性、時に突飛ともいえる行動のありようではなかったか。実際に、演奏の際には良い「グルーヴ」を奏でていたコンフントがステージを降りた瞬間から仲違いを始めることなども日常茶飯事である。このような場面を見ていると、演奏の中で、個と個が噛み合う様子、一体感や高揚感を強調しても、所詮は一時のことについて記述しているに過ぎないように思われてくる。フォルクローレ音楽が日々考え、日々大事にしているであろうものを取り出すという観点からは、音楽人類学的身体論はあまりにミクロすぎるといっていいように思われるのだ。

私がこのように考えていたところ、ひとつの重要な経験に出くわすことになった。それはとある練習での経験である。

1　グルーヴから物語へ

しゃべりすぎて進まない練習

私はある時、ある音楽家と知り合った。その音楽家のCDは聞いたことがあったので、率直に彼にその感想を伝えると、彼は自分のグループの練習を見学するよう言ってくれた。私は、実際の演奏の中のグルーヴという観点から調査を進める良い機会だと思い、練習の時間と場所の詳細を聞いて、後日、喜び勇んで練習に向かった。しかし、案の定というべきか、時間通りに来たメンバーはたった二人しかいなかった。私は仕方なく、他のメンバーが集まってくるまでの間、先に着いていた二人が交わしていた雑談に参加しつつ待っていることにした。しばらくすると遅刻したメンバーが徐々に到着し始めたが、それでもやはり練習は一向に始まろうとしなかった。というのもメンバーが増えた分だけ話題も増えてくるので、雑談はかえって盛り上がりを見せたからである。メンバーたちは、直近の音楽イベントの裏話や、他グループの音楽家の噂話、過去の冒険譚とでもいうべき経験談の数々を、互い違いに披露した。

全員が到着してから、さらにかれこれ一時間ほど経ってずいぶん話し込んだ後で、おもむろにリーダーが「そろそろ練習をしよう」と言って立ち上がり、ようやく練習は始められた。しかし楽器の音を出していたのもせいぜい二〇分ほどで、その後一同は満足そうに再び座って話の続きを始めた。そのまましばらくして練習は終わってしまい、結局、私はその日三時間ほど「練習に参加」して、実際に演奏を聞いたのはたった二〇分ということになってしまった。せっかく「グルーヴ」

を調査することができる良い機会だと思っていただけに、私はひどく拍子抜けに感じてしまった。

しかし、その後何度もフォルクローレ音楽家の練習に参加していくうちに分かったことは、このような練習の風景、しゃべりすぎてなかなか進まない練習というのは、フォルクローレ音楽家たちの音楽活動の中で、極めてありふれた風景だということである。

音楽家たちは、自らの話す多様な経験談をしばしば「アネクドタ（anécdota）」と呼ぶ。アネクドタとは、逸話や裏話、小話といったような意味合いの言葉で、普通の人がなかなか経験しないような出来事についての語りのことを指す。ただ、アネクドタになるような出来事は、どのような出来事でもいいわけではない。アネクドタには、人間関係のもめごとや、色恋沙汰、ある人物の大失敗や大成功など、人間が登場する必要があり、人間関係の機微や登場人物の性格などがうまく出ているようなものが好まれる。

また、アネクドタは「裏話」であるからして、普通の人が知らない「ような」ものである必要もある。「ような」というのは、結果として面白いアネクドタは人を介して噂話として流通し、結局は周知のものになることもしばしばあるので、もはや「裏」話とはいえないアネクドタもあるからだ。言ってみれば、音楽家たちは音楽活動の中で当の音楽をほったらかしにして、自分たちを登場人物とする音楽にまつわる物語を夢中になって語り合っているということになる。しかし、私は調査を進めていく中で、このアネクドタが音楽活動の余白において副次的になされるものというよりも、フォルクローレ音楽の実践を貫く思考のようなものなのではないかと考えるようになった。

先述の練習とは全く別の練習で、やはり同じように雑談をしていた時のことである。いつもの通り、一同が一通りアネクドタで盛り上がったところで、ある音楽家が私の方を振り返って、笑いながらこう言った。「音楽というのは、いつも美しい物語＝歴史を持っているものだ、そうだろう？

(La música siempre tiene sus lindas historias,¿no ve?)」なるほど、とうなずく私に対して、つけ加えるように別の音楽家も私にこう言った。

そう、だからボリビアの音楽について知りたいのならば、今みんなで語っていたようなアネクドタを知らないといけないよ。そうすることで音楽家たちの頭の中に何があるかを知るんだ。

これらの発言は、私に強い印象を残した。ひょっとして、アネクドタを語る行為は、音楽家たちにとって音楽をすることそのものであり、彼らの日常的音楽実践を構成する重要な一部なのではないか。それらの語りを通じて、彼らは真剣に笑いつつも、音楽をするのに不可欠なコミュニケーションをしているのではないか。少なくとも、そのように考えることによって、音楽をすることの重要な一側面を切り取ることができるような気がしてきたのである。

駆動するアネクドタ

ここで仮に、フォルクローレ音楽において、アネクドタというものの価値が、グルーヴというものの価値以上に重要なのだと考えてみよう。そうすると、フォルクローレ音楽を記述する枠組みについても、グルーヴ概念に対応しているところの対面相互行為論とは、別のものが求められるはずだ。グルーヴを書くということであれば、いま──ここに生成する身体の動きややり取りを、ある意味では徹底的に即物的に書くことが必要になってくる。一方で、アネクドタは、過去の物語なのであるから、書かなければいけないのは、身体的な現在と物語的な過去が交錯してしまうかのような、そのような記述のあり方になる。

こうした記述方針が正しいのではないかと思ったのは、その後の音楽経験の中で、アネクドタ的なものがまさに作動していく様に何度も出くわしたからでもある。本章では、このアネクドタ的な様子に紙幅を割いてみたい。以下に記述するのは、私がムシカ・デ・マエストロスに出入りし始めてしばらく経った頃に行われ、私自身もその一部に参加することとなった、あるフォルクローレ音楽のコンサートの開催プロジェクトであり、その企画から準備、実施に至る一連の過程である。

2　とあるコンサート制作のアネクドタ

埋もれていた楽譜の逸話

調査開始からしばらく経って、私は依然としてエンシーナス氏のサン・アンドレス大学での手伝いをしながら、彼の楽団で端役として演奏も続けていた。サン・アンドレス大学での課外活動にはやはり学生はなかなか現れず、エンシーナス氏は苛立ち紛れにボリビアの音楽事情についてあれこれと愚痴を言っていた。エンシーナス氏は、ボリビアのフォルクローレ音楽家では珍しく、楽譜の読み書きができるようになった人物で、かつ日本人はみな楽譜の読み書きができると強く信じていた。正直に言えば、私はもともと楽譜を読むのは苦手で、ボリビアに着いてエンシーナス氏に関わるようになってから慌てて勉強したのであったが、ともあれ、エンシーナス氏の中では楽譜が読める人という扱いを受けていた。エンシーナス氏は、ボリビア人が楽譜を大事にしないことについて不満があるようだった。

エンシーナス氏の愚痴がもう何周目に入ったか分からなくなった後、ふと、彼はあるエピソードに行き着いたようだった。「大事にされていない楽譜と言えば」と、エンシーナス氏は言った。「ちょっとした逸話がある」。

エンシーナス氏は、若い頃から、アドリアン・パティーニョがお気に入りだった。パティーニョは、1章でも触れたように、二〇世紀前半にボリビアのクラシック音楽やポピュラー音楽の分野で活躍した音楽家である。彼が作曲した「雪が降る」という曲は、現代に至るまで、ボリビア音楽界全体における二〇世紀の傑作のひとつと考えられている。エンシーナス氏は私にこう言ったことがある。「おまえが本を書くことがあったら、忘れずにこう書いてくれ。私たちはみんなパティーニョが大好きです、とね」。

このようにパティーニョを心から愛するエンシーナス氏であるが、実は三〇年ほど前にパティーニョの娘と偶然にも知り合いになったという。二人はその後親交を深め、エンシーナス氏曰く、「特別な仲」になっていったという。私が思うに、おそらく、エンシーナス氏とパティーニョの娘は、恋仲だったのだろう。

そのうち、パティーニョの娘はエンシーナス氏を家に――つまりパティーニョが住んでいた家に――招待するに至った。エンシーナス氏が訪ねたパティーニョ家は氏が亡くなった後、ほとんど遺品に整理がついていない状態であり、雑然と楽譜の束が残されていた。パティーニョの娘は、物欲しそうに辺りを見つめるエンシーナス氏に対して「私は音楽にも疎くて、これらの曲を演奏してくれる楽団も持っていないからあなたに持ち帰ってほしい」と言って、楽譜の束をエンシーナス氏に渡した。エンシーナス氏はこの楽譜を持って家路につきながら、「ここに書かれている曲はいつか必ず自分が演奏しなければ」と考えた。エンシーナス氏はこの時のことを「特別の愛情をもって」思い出すという。こうしてエンシーナス氏が持ち帰ることになった楽譜の束の中には、なんと、パティーニョの遺作であり、ボリビア初の交響曲作品ともいわれる『ボリビア高地の諸風景（Escenas de la altipampa boliviana）』の貴重な楽譜が含まれていたという。

だから、ボリビア人たちが楽譜を大切にしないのは、嘆かわしいことだ、とエンシーナス氏は言う。「ボリビア音楽史上に残る傑作が、あとちょっとでただの紙ゴミになるところだったんだから」というのがエンシーナス氏がその逸話につけたオチであった。[3]

良い思い出に気分を良くしたのか、それとも愚痴をたっぷり言ってすっきりしたのか、エンシーナス氏はすっかり満足げな様子で私の背中をぽんぽんと叩きながら、「今度『ボリビア高地の諸風景』を演奏するコンサートをやるから、覚えておくといい」と言っていた。

プロジェクトのはじまり

『ボリビア高地の諸風景』のコンサートは、ほどなくして本当に開催されることになった。

この音楽プロジェクトは、もともとボリビア国立交響楽オーケストラ（Orquesta Sinfónica Nacional de Bolivia、以下国立オーケストラ）とムシカ・デ・マエストロスの合同コンサート企画として始まったようだ。この企画が持ち上がった裏には、もともと国立オーケストラ側の強い思惑と動機があったという。

国立オーケストラは、一九四七年から活動するボリビアで最高レベルとされるオーケストラであるが、ボリビアにおいてはそもそもクラシック愛好者の人口が少ないこともあり、興行的な採算がほとんど取れておらず、文化観光省（Ministerio de Culturas y Turismo）の予算で運営が成り立っている状況である。国立オーケストラにおいて楽団員の待遇は決して良いとはいえず、また一部の音楽家に言わせれば行きすぎた縁故採用などが進んでおり、有能な若手音楽家の中でも海外に演奏機会を求める人々が多いことから、オーケストラのレベル低下が進んでいることも指摘されている。そのため国立オーケストラでは、質の不足が集客の低下と収益の悪化をもたらし、今度はその予算的な厳しさがさらなる質の低下をもたらす、という悪循環が起きていた。そこで、文化観光省はこの状況にてこ入れをすることを目指し「商業的」な企画を年数回入れることを求めた。

こうした中で、国立オーケストラ関係者から上がったのが、ムシカ・デ・マエストロスとのコラボレーション企画であった。[4] というのも、ムシカ・デ・マエストロスは、フォルクローレ音楽界隈の中でやや異色のグループである。バイオリンやホルンなどのいわゆる西洋楽器を積極的に取り入れたり、二〇名程度の大人数での演奏をしたりするなど、一般的なグループとは一線を画す明確な意図で運営されているグループだからである。

そのようなわけで、ムシカ・デ・マエストロスはもとから西洋音楽と親和性があった。そこで、国立オーケストラにとっても、安心して企画を組める相手と捉えられていた。こうして企画は、関係者の間でまとまり、コンサート実施に向けて具体的な準備が進められることになった。

企画会議では、集客や政府に対する説明などの観点から、何か「目玉」となる演目がほしいということが話し合われたようだ。そんな中、パティーニョの未完の交響曲『ボリビア高地の諸風景』が取りあげられ、演奏されることが決まったという。

『ボリビア高地の諸風景』は、パティーニョが一九四七年に全四楽章の交響曲の構想として作曲したものである。パティーニョの楽譜は、メロディーとオーケストレーション、曲の情景のアイデアが示されただけの簡単なものになっている。[5] この交響曲は、かなり作り込まれた構想であったものの、未完のまま終わってしまい、パティーニョの生前には演奏されることはなかった。

エンシーナス氏は、音楽プロジェクトの中心となる曲目として『ボリビア高地の諸風景』を提案し、周りにもそれは受け入れられた。楽団のメンバーも、エンシーナス氏の語る「ロマンス」のニュアンスを帯びたアネクドタを面白がった。楽曲には編曲が施されて[6]、練習が始まった。もともとの楽譜は、西洋楽器で演奏されることが想定されていたが、この編曲の過程でフォルクローレ楽器のパートが組み込まれた。

編曲の作業と予期せぬ「ごたごた」

しかし、ここで[7]問題が浮上することになった。フォルクローレ楽器の中でも、サンポーニャによって演奏されるパートの技術的な難易度が高く[8]、演奏できる人がいなくなってしまったのである。当時のムシカ・デ・マエストロスでは、そもそもサンポーニャ奏者が不足しており[9]、代わりに入って来たメンバーも経験が浅いメンバーばかりであった。サンポーニャ奏者、特にすでに演奏経験が豊富にある人物をリクルートすることは、かなり難しいことだった。

これには、いくつかの理由がある。第一に、多くのベテラン奏者は、すでに自分のグループを持っていることが多く、掛け持ちをしたがらない場合が多い。第二に、自分のグループを持つ奏者は、そもそも音楽の方向性や趣向に強いこだわりがある場合が多く、ムシカ・デ・マエストロスのように強いポリシーを持つ団体には馴染まないことが往々にしてある。第三に、ムシカ・デ・マエストロスの演奏は大人数での演奏になるため、決して出演報酬が良いともいえない。第四に、人数が多い中で、ソロのメロディーをもらえるとは限らないので、うまく演奏しても個人として目立つことはない。そして第五に、こうしたことの割に、サンポーニャ・パートを吹きこなすために求められる演奏技術の水準は高いのである。

そういうわけで、端的に言えば、「難しいわりに、目立たず、出演報酬も少ない」仕事を引き受けようとする者、引き受けられるような人物はなかなか見つからなかったというわけなのである。
実際の編曲の譜面を作成した人物は、サンポーニャ・パートのいくつかを削ったり、編曲の仕方を変えるようにしてはどうかと、エンシーナス氏に提案を行った。しかし、それでもエンシーナス氏はサンポーニャ・パートの編曲を変えようとはしなかった。エンシーナス氏にとって、サンポーニャというフォルクローレ楽器によってパティーニョの曲を演奏することには、大きな意味があった。エンシーナス氏は私に対して、当時、以下のように語った。

確かに、アドリアンの楽譜には、サンポーニャなんて指示は全く書かれていないさ。アドリアンの時代にはフォルクローレ楽器は「インディオの楽器」として低く見られていて、オーケストラに組み込むということ自体が考えられなかったわけだしね。だけど、もしアドリアンが今の時代にいたら、サンポーニャを使っていたに違いないと思うんだ。私はそう確信しているんだ。アドリアンもきっと自分と同じように考えたに違いないと思うんだ。

このように、エンシーナス氏は終始、アドリアン・パティーニョのことを、親しみを込めてファースト・ネームで「アドリアン」と呼んでいた。そして、このサンポーニャ・パートの実現にはプロジェクトに参加した誰よりもこだわりを持っていたのである。

因縁の逸話

そうした中で、エンシーナス氏は、まず、若手奏者で演奏に参加できそうな人を探すことにしたようだ。サンポーニャがうまいと言われている若者の噂を聞きつけては、その人の演奏に足を運んだり、直接訪ねて行ったりして、ずいぶん多くの人に会いに行っていた。その結果、ムシカ・デ・マエストロスには何人かの若手サンポーニャ奏者がやってくるようになっていた。私自身が勧誘されたのも、このような事情があったわけだ。

しかし、こうしたエンシーナス氏の努力にもかかわらず、やはり若手ばかりの編成では演奏に安定性を欠いていたのは間違いがなかった。さらに、演奏には四人のサンポーニャ奏者が必要とされていたのだが、集められた若手は私を含め三人しかおらず、あと一人というところで人員が足りていなかった。この状況は長く続き、結局本番直前の全体リハーサルを前にしても、四人目のサンポーニャ奏者はなかなか現れなかった。

そんなある日、エンシーナス氏は練習にグループの元メンバーであるビクトル・ウーゴ・ヒロンダ（Victor Hugo Gironda、五〇代、男性）氏を連れてきた。ヒロンダ氏が演奏に参加することは、少なくとも私には意外なことに思われた。というのも、私は兼ねてから、エンシーナス氏にヒロンダ氏のことを聞かされていたのだが、エンシーナス氏はヒロンダ氏に対して決して良い感情ばかりを抱いているわけではないように思っていたからである。ヒロンダ氏は、ムシカ・デ・マエストロスの元メンバーであったが、二〇年近く前にグループの方向性の違いなどから袂を分かつことになり、当時一緒に脱退した他のメンバーとともに新しいグループを作った。一般的に言って、新しいグループを作ることは新しい会社を立ち上げるのに匹敵するようなとても大変なことで、簡単な気持ちで決断できることではない。それだけ双方に腹に据えかねるものがあったのだと想像される。

エンシーナス氏とヒロンダ氏の訣別を決定づけた要因をめぐっては、出来事から二〇年ほど経過した今も人々の格好の話題となっており、私もいろいろな人から様々なバージョンの逸話を聞いた。お金の貸し借りで揉めていたとか、実は異性をめぐって対立したのが決定打となったとか、様々な話が存在していた。だが、多くの人々の間で一致しているのは、二人の音楽観が大きく違っていたということ、そしてヒロンダ氏の脱退の前にエンシーナス氏とヒロンダ氏の間で派手な喧嘩が行われたということである。

そのようなわけで、人々のアネクドタから理解される限りにおいて、エンシーナス氏とヒロンダ氏は因縁の関係にあり、ヒロンダ氏がエンシーナス氏の依頼に応じて演奏に参加するというのはちょっとした驚きだった。その上、ムシカ・デ・マエストロスが合同コンサートを企画していた頃、ヒロンダ氏は自身がリーダーを務めるまた別の新グループを設立したところで忙しく責任ある立場であり、先述のような「難しいわりに、目立たず、ギャラも少ない」仕事を引き受けるとは思われていなかった。さらに、国立オーケストラとのコラボレーション企画は、いわばエンシーナス氏の好む演奏スタイルの最たるものであり、それを引き受けることは、分裂の時に遡るヒロンダ氏の主義主張とは相容れないものと思われたのである。

しかし、ヒロンダ氏は演奏を快諾した。後にヒロンダ氏に「なぜあの時にサンポーニャの演奏を引き受けたのか」と質問したところ、ヒロンダ氏は以下のように答えた。

突然、エンシーナス氏が訪ねてきて、どうしたのかと思ったら、ただ「今度コンサートがあって、サンポーニャ奏者が足りないから助っ人に来てくれないか。たくさん金を払えるわけではないけども」って言うんだ。だから、こちらも頼まれたことを引き受けた。それだけさ。

ヒロンダ氏は気さくで陽気な性格の人物であった。練習に来るようになったヒロンダ氏はいつもにこやかな顔をしてやってきては、大げさにエンシーナス氏と挨拶を交わしていた。私もエンシーナス氏から、ヒロンダ氏の紹介を受け、「ベテランのサンポーニャ奏者だ。吹き方などの参考にするように」との指示を受けた。ヒロンダ氏は、この言葉の通り、ベテランとして最大限自由な振る舞いを見せていた。サンポーニャが難しいパートになると、突然、彼自身の判断で、演奏をしないこともあった。彼に言わせれば、「難しいパートは、無理をしない方がいい（no hay que exigir）。その方が自然に、きれいに聞こえるから」ということだった。逆に、大きなサンポーニャを持ち出してきて、楽譜の指示のないパートを演奏することもあった。

エンシーナス氏は、意外なことであったが、一貫して、このようなヒロンダ氏の行為を容認していた。私を含む若手サンポーニャ奏者も「ヒロンダ氏の演奏に合わせるように」という指示を受けていた。そのため、サンポーニャ・パートのメンバーは、みなヒロンダ氏に従って演奏をした。

コンサートとその舞台裏

ほどなくして本番の日となった。本番のリハーサルでは、マイクを使用した練習が行われた。国立オーケストラのクラシック音楽の演奏では音響機材を使用しないことが多いため、マイクを使うか使わないかに関しては、ちょっとした議論になっていたようだ。しかし、フォルクローレ楽器の音量が相対的に低かったため、最終的にはマイクを使用することになった。リハーサルとはいっても、日中別の仕事を持つ団員などは参加することができなかったため、全員都合をつけられたわけではなかった。そのため、人は三々五々と集まってくる形になった。

本番が行われたのは、寒さで有名なラパスの真冬の時期だった。会場の地下にあったリハーサル室兼控え室には、プロパンガスのボンベにそのまま小型コンロをつけて火が出るようにし、暖房代わりに使えるようにしたものが二台無造作に置いてあり、その一方にムシカ・デ・マエストロスのメンバーが集まり、もう一方で国立オーケストラの団員が暖を取っていた。二つの団体はほとんど交流することもなく、本番のベルが鳴るのを待った。

本番は二日制で行われた。一日目の会場はほぼ完全な満員であり、人々の期待が感じられた。私の意識はサンポーニャ奏者としてとりわけ難しいとされていた第二楽章の冒頭部分がどうなるかということに集中していた。というのも、サンポーニャ奏者たちは、前述の通りヒロンダ氏の独自の判断によって、第二楽章を吹こうとする時と、吹こうとしない時があり、それがどちらになるかは、その都度の雰囲気としかいいようがないもので決まっていたからである。サンポーニャは一般的に起立した状態で演奏するが、全編を通してサンポーニャ・パートがあるわけではないので、基本的には椅子に座り演奏がある時だけ立ち上がって演奏するということになっていた。サンポーニャ・パートは、ヒロンダ氏と私、若手奏者、中堅奏者の四人がいたが、特にパートリーダーがいるわけではないので、立ち上がるタイミングと座るタイミングについては、他の人が立ち上がるかどうかを見極めながら、足並みを揃えるしかなかった。

問題のパートにさしかかったとき、私と一緒にサンポーニャを演奏していた若手奏者がこちらを向いた。しぐさで「君は吹くかい？」と聞いてきているようだった。こちらからは視線で「ヒロンダ氏に合わせよう」と伝えた。これに若手奏者もうなずいた。私たち二人はヒロンダ氏の方を向いた。エンシーナス氏は自分の楽器である民俗管楽器ケーナの演奏に集中しているようで、目をつぶっており、サンポーニャ・パートからは背中しか見ることができなかった。

結局一日目は、問題のパートでヒロンダ氏は立ち上がらなかった。コンサートそれ自体はおおむね成功に終わり、客は終演後に振る舞われたホットコーヒーを飲みながら、満足そうに帰って行った。

二日目は、一日目よりもさらに多くの観客を集め、立ち見が出るほどであった。エンシーナス氏はとりあえず企画が成立したことにほっとしたようで、一日目よりも口数も多く、満足そうに出演者たちとしゃべっていた。これとは対照的に、一日目はかなり早く会場入りしていたヒロンダ氏は、二日目はなかなか現れず、本番開始のぎりぎりになってから控え室にやってきた。二日目の幕が上がり、前日と同じレパートリーに従ってコンサートは進んでいた。こうした二日目の演奏会においてありがちなことだが、一日目に通しで演奏をした分、全体として演奏はこなれたように聞こえた。

サンポーニャの問題のパートが近づいた。私と若手奏者は、前日のことがあったので今度は演奏しないつもりで、椅子にゆったりと座ったまま全体の演奏を聞いていた。するとおもむろにヒロンダ氏が立ち上がった。ヒロンダ氏はこちらを向いて、愉快そうな笑みを浮かべた。私と若手奏者はあわてて立ち上がり、演奏ができるようにマイクに近づいた。結局、その場で反応しきれなかった中堅のメンバー一人を除いた三人が問題のパートを吹いた。やはり難しいパートであり、なめらかというまではいかなかったが、それでも大崩れしない演奏がなされた。

演奏はそのまま最後の曲まで進んだ。いよいよプログラム上の最後の曲になると、感極まった客が、曲のコーダ（結尾部）に入った時点で拍手を始めた。最後の音が鳴った時にはすでに拍手と歓声は会場全体に広がっていた。その後、予定していた二曲のアンコールを演奏しても観客の拍手は鳴り止まなかった。国立オーケストラの指揮者はとびきり満足そうな顔をしてエンシーナス氏に目配せをし、小さい声で、「クエカを演奏しよう、「一一一支隊（Destacamento 111）」を」とその日のレパートリーの中から曲名を指定して、もう一曲指揮を振った。

演奏後、奏者の面々は、楽屋に戻った。演奏者は、お互いに口々にその日の演奏の成功を称え合っていた。私もヒロンダ氏を見つけて、握手をしようと話しかけた。ヒロンダ氏はひとしきり演奏の感想を言った後、私に小声で「あのパート、昨日家に帰ってからずいぶん練習したんだぞ」と言った。

リハーサル室ではしばらく記念撮影などが続いた後、グループ単位で打ち上げに行こうという話になった。そんな中、ヒロンダ氏は、エンシーナス氏も含めたメンバーににこやかに挨拶をするとひとり、会場を足早に去って行った。それ以降、ヒロンダ氏はムシカ・デ・マエストロスの練習に顔を出すことはなかった。

一方、エンシーナス氏は、後日私に会うと、当日の音響機材のセッティングの不備についてひとしきり文句を言った。「録音を聞いたら、サンポーニャもチャランゴも音量が全然足りてなくて聞こえないんだよ。マンドリン奏者のやつが、手元でボリュームを勝手に上げたから、他の音がかき消されたんだ」。その後、私はエンシーナス氏のマンドリン奏者に対する愚痴をしばらく聞くことになった。しかし、その話が一段落すると、エンシーナス氏はこう言った。「しかし、まあ、全体としてはとてもうまくいったと思う。また来年も何かやってもいいね。ただ来年はまた少し違うことをやりたいけれども……」。

3　アネクドタ的思考

音にならない音楽の世界

私にとってこの一連のエピソードは、現象としての音や身体の動きを追うだけでは見ることのできない、フォルクローレ音楽家たちの音楽実践の「アネクドタ的」なありようを示しているように思われる。そもそも「アネクドタ」とは、思いがけない出来事、つまりにわかには現実と思われないような現実についての語りであり、その現実の突飛さそのものを楽しむための語りである。この名詞としてのアネクドタの含意を踏まえると、ある出来事が思いがけない事態を迎える状況を、あるいはとても現実と思われないような突飛な現実をそれとして楽しむということを、それらがあたかもアネクドタのようであるという意味で、「アネクドタ的（anecdótico）」であると呼ぶことができるだろう。その意味で音楽実践が「アネクドタ的」であるというのは、実践というものが、ままならない現実を抱えているのだということであり、その実践のままならなさこそが、見えないところで実践の動機を作っていくのだということなのである。

エンシーナス氏は、パティーニョの娘との、美しくアネクドタ的な記憶から、パティーニョの遺作の演奏の実現に並々ならぬ情熱を持っていた。そして、その思いは、フォルクローレ楽器でパティーニョを演奏したいという思いにつながり、サンポーニャ・パートへのこだわりとなって表出する。しかし、その肝心のこだわりのパートは、難しすぎたがゆえになかなか演奏できる人が現れず、音としての実現に苦労することになる。ぎりぎりのところで手配した因縁の相手によっても、その音はなかなか実現されない。結局コンサートの一日目では、演奏は全くされず、二日目だけは音として実現するという結果になる。ところが、終わってみれば音響機材のセッティングの不備もあり、サンポーニャの音は結局、観客には音としてあまり届かなかった。

その意味で、エンシーナス氏の思いは現象的な音としては中途半端な形でしか実現しなかったし、音として実現していない以上、当然他の演奏者や聴衆との間でのグルーヴの生成にも寄与しなかったことは明白である。それに、仮に音として劇場に鳴り響いていたとしても、観客がそれだけのパートの音の羅列を聞いただけで、エンシーナス氏の思いを推測するのは無理であっただろう。そこに込める思いに思いをめぐらすことができていたのは、エンシーナス氏の語る数々のアネクドタに耳を傾ける同僚の音楽家たちだけだったと思われる。音楽人類学者もまた、グルーヴ研究や対面相互行為論のように演奏の中に起きたミクロな出来事の分析に終始する限り、エンシーナス氏の思いを推察することも、その意味を考察することもできないことになる。

しかし、私としては、エンシーナス氏がそうした不確実性の中でも自らの思いを実現しようとするための実践をやめようとしなかったことに、積極的に意味を見出してみたい。エンシーナス氏の奮闘の中で、思いがけないことに、部分的にはかねてからの因縁の相手との共演は実現し、演奏としても、二日目だけではあるが、ヒロンダ氏によってサンポーニャの演奏は部分的に実現された。このサンポーニャ・パートが十分な形で演奏されるかどうかはぎりぎりまで分からなかった。私と若手奏者は、ヒロンダ氏の動きを注視しながらぎりぎりまでその行方と可能性を追っていた。その意味で、サンポーニャが実現される可能性は、最後まであったのであり、音として実現されるかどうかは、最後の瞬間まで白黒ではっきりと判断できる問題ではなかった。

そしてこの最後まで現象として実現されるかあやふやな領域の存在の中にこそ、人々が裏話としてのアネクドタを語り合おうとすることの理由も存していると思われる。フォルクローレ音楽家には、音楽をしているだけでは見えない個々人の音楽家の思いが存在していて、それが潜在的に音楽イベントの不可視な部分を決定しているという感覚があるからこそ、それを動かそうとするし、それを語ろうとするのではないだろうか。現に、私に対して「ボリビアの音楽について知りたいのならば、こういうアネクドタを知らないといけないよ。音楽家たちの頭の中に何があるかを知るんだね」と言った音楽家は、まさに「ボリビア音楽」と「アネクドタ」、そして「頭の中にあるもの」を密接に関係づけているように思われる。

その意味で「アネクドタ的思考」というのは、現象としての音や身体の動きが実現されるか、実現されないかの瀬戸際で揺れ動く、成り行きの偶然さ、人々の思いについて思考をめぐらせることであり、そこにこそ音楽実践の重要な部分を見ようとすることなのである。

アネクドタ的思考と愛のイメージ

また、この事例は、ボリビアの音楽家たちの付かず離れずの微妙な関係性も明らかにしている。改めて確認するまでもなく、エンシーナス氏とヒロンダ氏は過去に起きたトラブルをきっかけに因縁の仲となっており、それは多くの人によってもアネクドタとして語られている公然の事実である。二人の間には、音楽観の違いもあった。しかし、今回のイベントにおいてはそれらの過去の出来事を乗り越えて、二人は共演することになる。それゆえエンシーナス氏にはサンポーニャ・パートへのこだわりがあったにもかかわらず、結局サンポーニャ・パートの具体的な演奏のあり方に関してはヒロンダ氏に一任することにする。

ここには、過去のトラブルはあっても、音楽的には旧知のヒロンダ氏に安心感があるという、一種の信頼があったように私には思われる。そして、ヒロンダ氏の側も、そこで自由に振る舞ったように見せておきながら、最終的には家で追い込みの練習をし、何とかフレーズを実現させようとして、エンシーナス氏の信頼に応えようとしたように見える。だが、それだけで事態は終わらない。ヒロンダ氏は自分の音楽的な務めを果たしただけで、コンサートの打ち上げには加わらず、またムシカ・デ・マエストロスにそのまま居続けることもなかった。ここには音楽家の付かず離れずの関係性が存在している。

前章で述べたように、そもそもボリビア・フォルクローレ音楽家は、同業者集団のような全体組織を持ってはいない。フォルクローレ音楽家は主にグループを単位に活動をしているが、ヒロンダ氏のムシカ・デ・マエストロス脱退の一件からも分かるように、そのグループですら極めて流動的な存在である。その意味で、彼らをつなげているのは、互いのことについて語り合うアネクドタの実践であり、それを支えるアネクドタ的思考、すなわち同業者たちの伝記的次元や個人的思いに対する並々ならぬ関心である。ただし、このアネクドタは、集団の歴史について語るわけではない。むしろあくまでも個々人の経験を話すというスタイルを取ることから、どこまでもばらばらな個人のイメージは同時に保持されるのである。

ここで、物語をお互い語り合うことによって形成・維持される人間関係というのは、たとえば、浜本の議論のモデルに近いといえる［浜本 2015］。浜本によれば、日常的実践とは「ちょっと半端でない」「物語好き」［浜本 2015：355］の人々が「それぞれの物語に突き動かされるように世界に働きかけていく」［浜本 2015：359］過程であり、人類学者が検討すべきはその物語が他の実践と絡み合いながら駆動する過程なのだと述べる。文化という全体システムに回収されない、個別の物語とそれが駆動する現実の過程への視点を持つべきだという点で、私もこの浜本のポジションには肯定的である。

しかし、本章で取りあげた「アネクドタ的思考」と浜本の取りあげている呪術に結びついた物語には差異もある。浜本は、物語が駆動した先にあるものを、「物語の生成や拡散を通じて、それらに絡みとられた人々が激しい義憤や憎悪で互いを傷つけあい、対立の構図を作り出し、ジェノサイドのような暴力すら生み出してしまう」［浜本 2015：359］と述べており、人々の義憤や嫉妬に基づいた語りが、いかに現実の暴力を具現化するかについて述べている。

しかし、ここでフォルクローレ音楽家について話を戻すと、重要なのは彼らが「音楽というのは、いつも美しい物語＝歴史を持っている」と述べてみせていることである。もしアネクドタが、嫉妬や憎悪だけに基づいているとしたら、それを「美しい物語＝歴史」と言ってみるものだろうか。私としては、これをフォルクローレ音楽家による物語への愛と信頼に満ちた「アネクドタ的思考」のポジティブさとして積極的に評価したい。

フォルクローレ音楽家は、経験をアネクドタとして語り、アネクドタにはある種の笑い話としてのオチがしばしば求められる。そこではあらゆる経験が、美しさや面白さ、そしてばかばかしさなどを含む愛ある物語として共有される。その意味で、フォルクローレ音楽家の「アネクドタ的思考」の持つ他者への関心のポジティブな側面は、エンシーナス氏とヒロンダ氏の間にある、良いところも悪いところも含めてお互いを見知っているという一定の安心感や信頼感を支えるものであるように思われる。その意味で、「アネクドタ的思考」は音楽実践と語りを通じて、フォルクローレ音楽家たちの間にある、人格的なつながりをイメージさせる思考となっているのである。アネクドタは、音楽実践という本質的に集合的な行為を実現させる上での、必要なコミュニケーションを提供しているのだ。

4　人生とその群像

以上のことを踏まえると、「アネクドタ的思考」とは、単純にフォルクローレ音楽家が音楽に対して抱いている価値観であるというだけでなく、偶有的な領域のイメージやポジティブなつながりのイメージを通じて、フォルクローレ音楽家たちの音楽実践を動機づけ、条件づける効果を持った在地論理になっているということが分かる。その意味で、「アネクドタ的思考」とは、フォルクローレ音楽家の実践の中で、音が鳴り響いていない瞬間にこそ作動し、再生産されていく論理となっているのである。

このように、フォルクローレ音楽家の実践から取り出された分析されるべきものとしての「アネクドタ的思考」が、今度は音楽人類学理論の中で分析するための理論として接合されていくことになれば、それは音楽実践が起きている場所についての音楽人類学のイメージを再想像し、そこにつながりを見出していくための方法となっていくはずである。その意味で、本章が示しているのは「アネクドタ＝逸話」がフォルクローレ音楽家の実践の論理であると同時に、音楽人類学自体を拡張していくひとつの可能性になるということなのである。

こうした可能性に気づいたこと、音楽家たちに気づかされたことによって、私のその後の調査の方針は大きく転換していくことになった。それまで念頭に置いていた生計戦略研究や、対面相互行為論に代わって、ライフヒストリーの聞き書きが私の中心的な課題にせり上がったのである。アネクドタが数奇な経験についての語りだとすれば、私が聞き取り、書こうとしたものも、数奇な経験を送った数奇な人生についての個々の人々の物語である。

私は、それをひとつの制御された枠組みの中で書こうと考えたわけではない。むしろ、つながるようでつながらない、全体について語らず個について語るようなアネクドタと同じように、語りの断片をそのままに「群像」として記述しようと考えるに至ったのである。以下に私が記述していくのは、フォルクローレ音楽とその五〇年の歴史と何らかの形で向き合った人々の生のアネクドタであり、そこに垣間見ることのできる彼らの愛の物語のありようなのである。

4章　孤独の内に立ち上がる者たち

「アネクドタ」というフォルクローレ音楽家にとって重要に思われるものに辿り着いた私は、少しだけ、フォルクローレ音楽家とフォルクローレ音楽を理解するための方法を手に入れられた気がした。物語を愛する人々が物語的な現実を生み出し、それが再び新しい物語を生んでいくような世界。フォルクローレ音楽を演奏する傍ら、フォルクローレ音楽家から様々な話を聞くにつれて、私はその世界にのめり込んでいった。本章では、そのような音楽家たちのアネクドタ的な生、人生史の断片を記述し、その内容を吟味することを通じて、フォルクローレ音楽家たちにとってのフォルクローレ音楽をすることの意味に接近してみたい。

フォルクローレ音楽家たちが語る逸話には、面白いものがたくさんある。恋愛や人間関係をめぐる、小説顔負けのエピソード。若い頃にしたちょっとした悪事の顚末。曲をどのように着想しているのかの裏話など。ひとつひとつ全てこの本に詰めてみたいほど、どの話も面白い。

しかし、あえて一種類だけ、私にとってとりわけ興味深い物語群を選ぶとしたら、それは、音楽家たちが経験した人生の「転機」に関わる物語だ。あるいは「回心譚」と呼んでもいいかもしれない、こうした「転機」についての語りは、当然ながら、それを語る人の人生にとって重要だと見なされているものを含んでいる。私のフォルクローレ音楽への理解は、こうした音楽家たちの転機についての語りを聞いていくにつれて、それ自体、大きく変わっていった。

本章では、こうした転機についての語りのうちいくつかを取りあげて、内容を考察していきたい。ただし、少し回り道にはなってしまうが、最初に少しだけ、近年盛んに議論されている「存在論的転回」について論じるということもしてみたい。これは、人類学が人々の転機というものについて考える上で、無視できない意味を持っていると考えるからである。こうした議論を通じて、最終的には、フォルクローレ音楽にとって、世界やつながりというものがどのように眺望されているのか、それはどのような形をしているのかということについて、少しでも見晴らしを得たいと思う。

1　他者の世界を記述すること

私の知らない世界

私はある時、調査を続ける中で、ソフィア・ママニという二〇代の音楽家の女性と知り合った。彼女は私が出会った時にはすでに精力的に音楽活動をしていたが、実は数年前まで楽器をまともに触ったことすらなかったという。ソフィアはその活動に傾倒するようになった経緯を以下のように語ってくれた。

ソフィアはもともとラジオキャスターになるのが夢で、ラジオ局でインターンをしていた。彼女の仕事は、ラジオ局でのアシスタント業務一般で、他のインターン生などと一緒に忙しく働いていた。そんなある日、彼女の働いていたラジオ局にとある音楽グループが取材を受けるために訪れた。ソフィアは、仕事の一環としてそのグループの案内と簡単な事前取材を任された。初めての仕事に緊張しながらも、ソフィアは番組の事前インタビューをこなした。そのグループは、女性だけでボリビア音楽をすることをコンセプトとするグループで、完成したばかりの新作CDの宣伝のためにラジオ局に来ていたのであった。ソフィアは、自分とそう年齢の変わらない女性が音楽活動をしていることに驚き、感心したという[1]。

放送が無事に終わり、ソフィアがグループの見送りに出たところ、グループのメンバーが思いがけないことをソフィアに言った。「すごく熱心に私たちの音楽に関心を持ってくれてありがとう。もし興味があったらうちのグループで演奏しない？　良い声をしているからきっとコーラスから始められるわ。同じ女性として、一緒に音楽をしましょうよ」。グループのメンバーは、その場でソフィアをグループのメンバーとして勧誘したのだった。

ソフィアは「その時のことは本当に鮮明に覚えている。だって忘れようがない！」と振り返る。というのも、もともと、ソフィアは父親の影響もあり、一九八〇年代のボリビア音楽をリスナーとしては聞いていたし、楽曲についての知識もあった。しかし、それまで彼女は趣味のレベルでも音楽活動をした経験はなく、まさか自分がアクティブなプレーヤーの方に回るなどということは想像もつかないようなことであったからだ。しかし、彼女は音楽グループのメンバーからの誘いに応じてグループに参加し、ラジオ局の仕事の傍ら、夢中になって少しずつ練習を重ねた。私がソフィアを知った時、彼女はすでにそのグループの一メンバーとして活動をしていた。

彼女は、音楽活動を少しずつしていく中で、大きな衝撃を受けたという。グループで練習をしたり、演奏をしたり、様々な活動をしていく中で、ソフィアには多くの音楽家の知り合いができた。そして、彼ら音楽家たちの人間性や、その内部の関係性も少しずつ見えてきた。また、彼らが活動の舞台にしている様々なホールやライブ会場も、そこに集う人々も、音楽家たちが使う楽器や衣装も、ソフィアには新しく知るものばかりだった。

その時の気持ちを振り返って、彼女は私にこう語ったことがある。

新しい人、場所、楽器や衣装、全てが私にとっては新しかったのよ！　こんなにもたくさんの人が音楽家として生きていて、その人たちが集まる場所があるなんて、私は全然知らなかったの。考えてみると不思議なことじゃない？　私、同じラパスにずっと住んでいたのに、そんな世界（mundo）が存在することすら全く知らなかったんだから（ni sabía que existía）！

ソフィアの日常生活は、偶然音楽グループの人々に出会い、音楽という実践に巻き込まれていく中で、大きく変化した。しかし、そこで変わったのは生活だけではなかった。ソフィアにとっての大きな驚きは、「同じラパスにずっと住んでいたのに」「存在することすら全く知らなかった」「世界」なるものが立ち現れたということであり、過去の自分にとってそれは存在していないも同然のものであった、ということにあった。

存在論的な転機とその記述

改めて考えてみると、このソフィアのような経験、すなわち全く新しい社会活動を始めていく時に、あたかもある「世界」が立ち現れ、その中に浸かっていくかのような経験というのは、決して珍しいことではなく、むしろ私たちの日常生活にありふれたことのように思われる。私たちは誰しも実践をする中で、ささやかではあるが自分たちの世界にどのようなものが存在しているのか、どのような形で存在しているのかということについての前提を更新し、さらに実践を深化させていくという過程を、多かれ少なかれ辿っているようにも思われる。

ソフィアの場合、この世界の立ち現れの経験には、すでに音楽の物語を紡ぎ、世界を作ってくれている先達たちがいた。しかしそれでは、フォルクローレ音楽という物語を始め、その世界を開始した張本人であるフォルクローレ音楽家たちにとって、この世界はどのように映っていたのだろうか。彼らには何が見えていたのだろうか。

ここで提起されるのは、このように世界や社会、歴史といった、つかみにくいが、時としてはっきりとあるようにも思える存在が、ささやかながらも日常的な実践の様々な場所で組み替わったり、新たな展開を持ちえたりするという前提に立った場合、人々の経験はいかに記述可能なのかという問題である。存在が立ち現れたり、別様に把握されたりするような瞬間——こういってよければ存在論的な転機——があるとして、それらは人々にどのように経験されるのだろうか。そのような経験は、どのような社会的条件のもとで生じ、どのような社会的帰結をもたらしうるのだろうか。

本章は、ここで示したソフィアの経験のイメージをひとつの出発点としつつ、この問題についての検討を深めていきたい。議論を先取りすれば、本章の主張は、そうした存在論的な転機が必ずしも調和的な間主観的なコミュニケーションにおいてのみ実現されるわけではなく、人間関係の網の目から距離が生じた、いわば「孤独」ともいえる状況においても見られることを示すことにある。

ここで私が取ろうとしている前提、すなわち漠とした大きな存在のありようがささやかながらも実践の様々な場所で組み替わったり、新たな展開を持ちえたりするという議論は、実は、人類学において存在論的転回の批判のひとつとして出てきた「存在論的個体発生論」と呼ばれる立場からの議論に着想を得ている。ここでは、まず存在論的個体発生論というのがどのような議論なのかを説明した後、存在論的個体発生論について批判的な検討を行い、それに対する本書の立場を確認したい。

「個体発生論」の示す人生

改めて強調するまでもなく、現在の人類学において、いわゆる「存在論的転回」をめぐる議論は新たな理論的動向として、注目を集めている。したがって「もし、現在の人類学の中で、肯定的であれ否定的であれ聴衆や読者に何らかの反応を呼び起こすことがほとんど確かだといえるような語があるとしたら、その語は「存在論」である」[Heywood 2018 : 224] とした、ヘイウッドの主張には首肯せざるをえないだろう。

ただしヘイウッドが適切にまとめている通り、存在論ないし存在論的転回について論じる者の間で、「存在論」という語が何を指すのかは厳密には一致していない [Heywood 2018 : 224]。しかし、それが何らかの形で存在について人々が持っている基礎的な前提を問題にしているということは、確かにいえるように思われる(2)。自ら存在論的転回の一連の議論の火つけ役でもある、ホルブラードとピーダーセン(3)は、近年の存在論的転回の議論をまとめた上で、それらの議論には「「どのようにものを見るか」という認識論的問いが、「何があるか」という存在論的問いに置き換えられ、先んじて検討される」という共通のテーゼがあると述べている [Holbraad & Pedersen 2017 : 5] [Holbraad & Pedersen 2017 : 1-6]。

こうした存在論的転回については、すでにいくつもの立場から批判的・発展的検討が行われており、積極的に議論のやり取りが行われている［e.g. Carrithers et al 2010; Graeber 2015］。本章が依拠するマッカラム［McCallum 2014］によって示された「個体発生論」も、そうした存在論的転回批判のうちのひとつである。マッカラムの議論を辿ると以下のようになる。

そもそも、存在論的問いや見立てが存在に関わる議論の基本的な前提なのだとすると、それはものの見え方以上に生活していく上で基礎的な問題であるように思われる。しかし、人類学者がフィールドに行くと、人類学者にはないように思われる存在をフィールドの人々は認めているようなことが往々にしてある。憑依や精霊などはその良い例である［e.g. de la Cadena 2015］。逆に言えば、そうした存在に関する差異を認めて初めて、存在について私たちが漠然と持っている前提が明らかになる。

そういうわけで、勢い、存在論を唱える人類学者が存在論について論じるのは、フィールドの人々と人類学者の間に、ラディカルな他者性（radical alterity）が認められる時［Willerslev 2016 : vi］ということになり、そこでは存在論が、「私たちの」存在論に対する「アマゾン先住民の」存在論［Viveiros de Castro 1998 : 471］のような形で表現されることになる。こうして、存在論は、何らかの人間集団が広く保持している前提のようなものとして捉えられることになる。

しかし、マッカラムはこれを批判する［McCallum 2014 : 506］。マッカラムにとって、存在論を固定的で集団的なものとして扱うことは問題である。マッカラムが引き合いに出すのは、ブラジルとペルーの国境を跨ぐアマゾンの熱帯雨林地帯に住むカシナワ（Cashinahua）[4]の人々が取り組む近代医療の研修プログラムの実践である［McCallum 2014］。

カシナワの人々は、独自の医療技術を持ち、身体は霊魂の働きによって成り立っているとの身体＝霊魂観を有していた［McCallum 2014 : 505-506］。しかし、カシナワの人々も近代化の波を受け入れ、次第にいわゆる近代生物医療を受け入れるようになった。そのような中で、マッカラムが注目するのは、カシナワの若い呪医たちに、近代医療のトレーニングを施そうというブラジル政府のプログラムである［McCallum 2014：505-506］。このプログラムは、都市から派遣された医者によってなされるのだが、医者たちは、カシナワの呪医たちの実践を「迷信」として切り捨てる。そこでは、カシナワの身体の存在論と、近代社会の身体の存在論が鋭く対立する。

しかし、カシナワの若い呪医たちは、プログラムの提供する解剖学の実習を通じて、カシナワの存在論と近代的な存在論のいずれでもない存在論を獲得することになった。プログラムに参加した呪医のセカは、解剖学の授業の際に顕微鏡を使い、微生物を見ることになった。その時、セカは初めて見る微生物の世界にいたく感動し、さらに「長老たちの言っている霊魂とは（顕微鏡で見た）微生物のようなものなのだろう」という理解に至る［McCallum 2014：512］。ここでは微生物というものが確かに「在る」ことが確信されることによって、霊魂という存在のリアリティーもが拡張している。こうしてカシナワの青年は、近代医療を推進するプログラムの中で、個人として異なる存在論を編み直し、新しい折衷的な存在論を導いているということになる。

このことから、マッカラムは、存在論はそもそも動的なもので、個人が他者と取り結ぶ間主観的な関係性の中で、変化しうるということを結論づける。このことを、マッカラムは「個体発生論的（ontogenetic）」なアプローチであると述べる［McCallum 2014：507-508］。「個体発生論」という言葉は、もともと生物学や発達心理学で用いられる単語であるが、人類学においても、子どもや青少年の成長過程にフォーカスした研究で用いられてきた概念である［e.g. Toren 2004］。マッカラムは、この概念を存在論の議論に応用することによって、存在論が個人のマイクロヒストリーの中で可塑的であるさまを記述しようとしたのだ。

個体発生とその「監督者」

インゴルドもまた、このマッカラムの議論を高く評価する［インゴルド 2018（2015）：240］。インゴルドによれば、個体発生は人類学の基本的前提にも関わる問題である。インゴルドは、これをよく知られたターナーの通過儀礼論［Turner 1967］を引用しつつ議論している。インゴルドによれば、人は生きている時に、様々な自己形成上の転機を迎える［インゴルド 2018（2015）：231-240］。そして、その人の持つ世界への存在論的な前提は揺るがされて変化していく。通過儀礼論に基づけば、それは移行の瞬間に立ち会う者の「監督下で」［インゴルド 2018（2015）：233］行われる。そして、その前提の変化は、実践の変化をもたらし、その人自身をラディカルに変える。こうして人は「成長」［インゴルド 2018（2015）：231］していく。この意味で、存在論は最初から個人の中で変化するものであり、変化するからこそ、その差異が立ち現れて問題になるのである。その意味で、インゴルドの立場に立てば、存在論の方が個人の考えを規定するのではなく、個体発生の過程こそが存在論のあり方を規定していくものだというのである。

ここで、マッカラムとインゴルドの議論を踏まえて、冒頭に挙げたソフィアの事例を振り返ってみよう。彼女は、もともとラジオ局で働き、音楽を聞きこそすれ、演奏活動とは無縁の生活をしていた。しかし、そこでたまたまとある女性ボリビア音楽グループのメンバーと知り合う。そして、彼女たちと活動をし、彼女たちに導かれて様々な人や場所、モノを知っていくことによって、それまで知らなかった「世界」の「存在」を実感することになる。冒頭で確認した通り、ここでは、確かに個人の生の中で、存在に関する基本的前提が変化している。「同じラパスにずっと住んでいたのに、そんな世界が存在することすら全く知らなかった」という彼女の驚きは、まさしくマッカラムの言うところの存在論の個体発生論的変化といって差し支えないだろう。さらに、この文脈においては、ソフィアを音楽の世界に誘った音楽グループのメンバーたちは、結果としてインゴルドの言う「監督者」としての役割を果たしたといえる。そして、ソフィアはこれらの一連の変化を通じて、音楽家としての個性を発揮していく。このように解釈すると、ソフィアの事例は、マッカラム゠インゴルドの個体発生論的立場に適合的で、その立場に説得力を与えているということができるだろう。

調和的なコミュニケーションは常に期待できるか?

しかし、ここで大きな疑問も残る。マッカラムの挙げたカシナワの若い呪医セカの場合も、ソフィアの場合も、それぞれの存在論には「監督者」がいて、基本的には「監督者」の存在論を受け入れたり、組み合わせたりすることによって、存在論に関する個体発生的な変化が成し遂げられた。カシナワの場合、若い呪医であるセカは、研修プログラムの結果「長老たちの言っている霊魂とは(顕微鏡で見た)微生物のようなものなのだろう」という結論に至ることによって、医者と長老の両方の存在論を折衷的に受け入れることに成功した。また、ソフィアの場合、偶然出会った音楽家の助けの中で、音楽活動をしている者ならば誰もが持っているような新しい存在論を手に入れた。しかし、全ての個体発生的な過程はこのように「監督者」の支えによってスムーズに進むものなのだろうか。

ここには、疑問が残る。セカもソフィアも、比較的素直に存在論を受け入れている。そこには長老や医者、音楽家たちに対する信頼がもともと存在しているように思われる。しかし、私たちが個体発生論的な過程を経る時——すなわち、形成的な転機を迎えつつ、「成長」する時——には、他の人の言っていることを懐疑したり、信頼できる人になかなか出会えなかったりするようなことも往々にしてあるのではないか。さらに言えば、他の人との関係から一次的に離れ、「孤独」とでもいえるような状況を経験することもあるのではないか。その場合、一体私たちはどのようにして、存在論に関する変化を経験するのだろうか。マッカラムやインゴルドの研究において、「成長」の過程でうまく調和的で間主観的なコミュニケーションが成立しないような事例は、そもそも対象から排除されてしまってはいないだろうか。この問題を解決するためには、より広い事例に基づいて、その個体発生的な過程を見ていく必要がありそうである。

2　フォルクローレ音楽家の肩越しに見える世界

本章では、こうした問題意識に立ち、個人における存在論的変化の経験について、フォルクローレ音楽家のライフヒストリーの事例を二つ挙げて検討してみたい。(5) ひとつ目の事例では、ここまでも私がすっかりお世話になっている、エンシーナス氏の青少年期のライフヒストリーを検討する。二つ目の事例では、前章で取りあげたムシカ・デ・マエストロスのコンサートで私と一緒に演奏をしていた若手サンポーニャ奏者であり、個人的にも私の同年代の友人であるマウリシオ・フローレス（Mauricio Flores）の語りを分析する。二人とも、本章が捉えようとした期間において、ある種の「孤独」を経験している。本章は、そうした「孤独」の中から、どのようなつながりが見出され、それが実感や形を伴った存在として彼らの中で立ち上がっていくのかということを記述していきたい。

先駆者世代の苦悩

エンシーナス氏はもともとラパスのソポカチ地区（Sopocachi）という古い住宅地区で生まれ育った。エンシーナス氏は幼い頃から、活発な少年だったという。ある日、エンシーナス氏は道ばたで二束三文で売られていたケーナに興味を持ち、学校で同級生たちを前に、当時の流行歌などを吹いて遊ぶようになった。「ケーナは安くて子どもでも買えたからね」とエンシーナス氏は言う。彼は放課後もケーナを持ってあちこちに遊びに行っていた。

そのうち、エンシーナス氏が一〇代になると、ケーナを吹くことでは飽き足らず、見よう見まねで自分でケーナを作るようになった。最初はケーナ職人に作り方を聞こうとしたが、当時ケーナを作り、売っていた職人たちは作り方を若きエンシーナス氏に教えようとはしなかった。そこで、エンシーナス氏は材料となる竹を「学校の工作で使う」と言ってこっそり別の所から入手し、自分の持っているケーナと見比べながら、見よう見まねでケーナを製作した。最初は音が出るのもやっとだったが、次第に楽器として音階が出せるようになった。ある程度のものができるようになってからは、ケーナを作っては同級生に売って、ちょっとした小遣い稼ぎにしていたという。

エンシーナス氏がケーナを作っていた当時、エンシーナス氏の他にもケーナに関心を持つ人はラパスの街に現れていた。ある時、エンシーナス氏よりも一回り年上の「先輩」たちがエンシーナス氏の話を聞きつけて探し出し、エンシーナス氏に一緒に演奏をしようともちかけた。エンシーナス氏は喜んでその先輩たちと一緒に演奏をするようになった。エンシーナス氏にとって、一緒に演奏する仲間を得られたことは、大きな喜びであった。おそらく私が想像するに、エンシーナス氏は、「若き才能」として集団の中でもとてもかわいがられていたのだろう。エンシーナス氏はその集団の中に入り浸っていた。

しかし、エンシーナス氏は次第にあることに気づくようになる。それは、自分の作ったケーナの音が、ひとりで聞いているときちんと聞こえるのに、どうも先輩たちの他の楽器と一緒に合奏しようとしたり、ラジオやレコードに合わせて演奏しようとすると、全然違う音を吹いているかのように感じられる、ということだった。エンシーナス氏は、最初、周囲の先輩たちがやっているように、それらを運指の工夫によって解決しようとしていた。しかし、運指の工夫をしようとすると、どうしても早いメロディーを吹こうとした時に、うまく指が回らなくなってしまう。

そこで、ケーナを自分で作ることができたエンシーナス氏はケーナの穴の位置をずらしたり、穴の大きさを変えたりすることによって「よりよくできる」のではないかという発想に至る。そうして、エンシーナス氏は、自分なりの改良を加えたケーナを作った。言ってみれば、こうした過程を経て、エンシーナス氏はケーナをいわゆる西洋音階に合わせて調律させていったのである。

エンシーナス氏は自分の作ったケーナの出来に喜んで、当時同じようにケーナを演奏していた先輩に、そのケーナを見せに行った。しかし、先輩はエンシーナス氏の努力を認めるどころか、できあがったエンシーナス氏のケーナを「何という不格好な楽器なんだ」と嘲笑の対象にした。当時、ケーナの指穴は等間隔に、同じ大きさの穴を配置することが当然とされていた。これだと、音階は西洋音階になりにくいのだが、エンシーナス氏の楽器のように、ばらばらの大きさの穴がばらばらの間隔で開けられた状態は、でき損ないのケーナにしか思われなかったのである。先輩たちはあらんことか「ロランド・エンシーナスはケーナは鳴らせるけれど、ケーナの作り方は全く分かっていない。いや本当は演奏できるかも疑わしい」などと言って、エンシーナス氏のことを馬鹿にしたという。

「今から思えば、あれは「いじめ（bullying）」と言っていいと思うよ。当時は私もまだまだ幼かったし、先輩たちは大きく見えたし、ひどく辛く感じたものだ」。エンシーナス氏は当時のことを思い出してこう語っている。エンシーナス氏は、しばらく先輩たちに会うものかと思ったという。当時のエンシーナス氏にとって、ようやく見つけることのできた先輩たちとのコンフントは、かけがえのないものであった。その場で、馬鹿にされてしまったこと、しかも自分よりもずいぶん年長の人々に「いじめ」られたことは、若いエンシーナス氏にとって辛い経験であったことは想像に難くない。

そうしてその後、エンシーナス氏はしばらく好きだったケーナの演奏や製作から遠ざかっていたという。ただ、エンシーナス氏はずっと音楽ばかりしていたので、演奏をやめたところですることもなく、暇になってしまった。そこで、エンシーナス氏はあまりの手もち無沙汰さにまかせて、何となく作りかけだったケーナの穴を削りつつ、あれこれ考えていた。するとそこで、ふとあるイメージが頭に浮かんだという。「ケーナの穴を削りながら、ある時ふと気づいたんだ、誰がなんと言おうと、このケーナさえあれば世界のどこでも音楽ができるんじゃないかって」。

「ボリビアの村々の音楽も、それはそれでいいけれど、結局彼らはみんな彼らの世界（mundo）に閉じこもっている」。エンシーナス氏はそう語りながら、手で小さな輪を作り、私の前で掲げてみせた。「彼らは外に何があるのか何も知らないんだ。だけど、ケーナはうまく調律された時、「普遍の水準（nivel universal）[6]」に到達したんだ。だから今は、ケーナはどんな楽器とも一緒に演奏できる、どんな音楽だってやりたければ演奏できる、そういう楽器になったんだ。当時、ふとそんな風に思ったのさ」。エンシーナス氏は、そう語りながら、私の前でずっと手を高く掲げて、「普遍の水準」の高みを手で示してみせた。私は、そのエンシーナス氏の手振りを見ながら、きっとエンシーナス氏にとって「普遍の水準」という言葉は、単なる比喩や言い回しではなく、実際にただそう見えた風景をそのままに語った言葉なのだろうと感じた。もちろん、エンシーナス氏の語りは回想であり、ある程度の美化が入っているのだろう。ただ、ケーナを通じて、普遍という高みのイメージを獲得したことは、確かにエンシーナス氏の経験に裏づけされたものなのではないか。身振り手振りも交えて、彼が私に示そうとしたのは、ケーナという楽器、それを調律し、小さな輪の外に出ようとした人にとって把握された世界であり、その世界の中に存在しているもの、その風景だったのではないか。

エンシーナス氏は、こうした転機を経て、再び精力的に音楽活動をしていくことになったという。彼は、結果として多くの著名なグループの演奏に参加し、多くのレコードやCDを出版した。さらには、彼自身の楽団も作り、フォルクローレ音楽の界隈において常に一定の地位を占めるに至ったのである。

普遍の水準に到達すること

さて、私たちはこのエンシーナス氏のエピソードから、何を考えることができるだろうか。

もし私がエンシーナス氏のエピソードを聞きながら解釈したように、エンシーナス氏にとって「普遍の水準」やボリビアの人々が閉じこもる「世界」が、経験上確かな実感と形をもって立ち現れた存在なのだったとしたら、エンシーナス氏がケーナを削りながら至ったその境地は、やはり存在論的個体発生のひとつの契機だったといえるのではないだろうか。エンシーナス氏の「普遍の水準」も「世界」も身振り手振りや、彼の語りの流れから推察されるように、具体的な形と質感、風景を持っている。私としては、エンシーナス氏のこの語りの中に、彼なりの社会に関する存在論(7)が見出されるのだと考えてみたい。

このエンシーナス氏の語りを存在論的個体発生の過程なのだと捉えてみる時、エンシーナス氏の思考が、先輩からの「いじめ」に遭い、そうした関係から遠ざかり、ケーナというモノに対面する中で生まれていったということは注目に値する。ここでは、存在論的な転機は、調和的な間主観的なコミュニケーションの中で獲得されておらず、ある種の「孤独」を契機にして生まれているからだ。

もちろん、彼の考えそのものは、実は彼がどこかですでに聞いたり、読んだりしたことのある考えだったものを無自覚的に受け売りしているだけなのかもしれない。あるいは、エンシーナス氏は意識的に話を誇張して私に話してみせたのかもしれない。しかし、少なくともエンシーナス氏自身にとって、彼が辿り着いた社会存在論は、孤独の中で生まれ、他の人と違う存在論だったからこそ意味を持ったといえる。

メキシコの思想家であり文学者でもあるルルフォは、同時代の作家について触れた文芸評論の中で「メキシコでは、こんにちまでただ孤独な人のみが何かを成し遂げることができたのだし、これからも彼らが良心を創造していく人たちなのだろう」[Rulfo 2011 (1956): 51] と述べているが、このエンシーナス氏にとっての孤独もまた、ボリビア・フォルクローレ音楽の先駆者であることの孤独だとなぞらえることができるだろう。エンシーナス氏にとって自信になったのは、「普通ではない」ということで周りから認められなかった自分のケーナは、逆に他の人には決して見ることのできない広い世界を自分に開示するものだという確信があったからである。これは、本章冒頭のソフィアの事例やマッカラム論文のセカの事例が見せる「監督者」の共在、および、他者との調和的な間主観的なコミュニケーションの中で得られるような契機とは、それらが不在であるという点で大きく異なっている。

さらに、エンシーナス氏がこうした存在論の変化の結果、音楽活動に動機を見出し、結果として最初に紹介したようにボリビア屈指のケーナ奏者になったということは、示唆的である。というのも、結果としてエンシーナス氏の音楽活動は、フォルクローレ音楽のジャンルとしての確立を促し、たくさんのフォルクローレ音楽家を誕生させ、冒頭でソフィアが言った意味の「世界」を立ち上げていくことになったからである。一見、思弁的とすらいえるエンシーナス氏の社会についての把握の仕方は、実践を通じて逆に間主観的なコミュニケーションの幅を広げていったのである。

ある若いフォルクローレ音楽家の葛藤

さて、ここまでフォルクローレ音楽の先駆者世代に属するエンシーナス氏の事例を見てきた。しかし、疑問も残る。私たちは、あまりにも音楽家としてうまくいった事例を見ているのではないか。しかも今という時間からそれを語ることは、畢竟、成功者による昔語りに過ぎないのではないか、ということである。

こうした疑問を一定程度解消するべく、本章ではもう一人、より若い世代に属するフォルクローレ音楽家であるマウリシオの事例を記述・分析したい。これから記述することは、先ほどのエンシーナス氏の話が全て聞き書きからの再構成になっていたのと違い、私がフィールドにいる際に同時進行で起こっていたことを含んでいる。そのため、直接の語りの引用を除けば、その記述は私の視点から行われている。

マウリシオはもともとラパス北部の郊外のビノ・ティント地区（Vino Tinto）に生まれ育った。彼もまたエンシーナス氏と同じように小さい頃からフォルクローレ楽器の演奏が好きだった。特に彼は、サンポーニャという笛の演奏に長けていた。

マウリシオは、フォルクローレ音楽のコンフントの中でも「ルミ・リャフタ」(Rumi Llajta, ケチュア語で「石の街」の意)というコンフントの音楽が好きだった。ルミ・リャフタはフォルクローレ音楽の数あるコンフントの中でも、とりわけ優れた器楽曲を多数生み出したことで有名で、一世を風靡した伝説的なグループである。マウリシオがルミ・リャフタの音楽をサンポーニャで見よう見まねで吹いていたとき、すでにルミ・リャフタというグループは事実上の解散状況にあった。度重なるグループ内での人間関係の軋轢や、メンバーの離散、音楽以外の活動への専念などを経て、リーダーであるホルヘ・ラウラ (Jorge Laura) 氏とそれを慕うごく少数のメンバーだけが残っている状態だったのだ。

しかし、そんなある日、一〇代後半だったマウリシオは父親の友人から思いがけないことを聞いた。彼はルミ・リャフタのメンバーとつながりがあり、休眠状態にあるルミ・リャフタは、残ったメンバーで会合と練習だけは細々と続けているということだった。マウリシオは、ぜひルミ・リャフタの練習に連れて行ってほしいと、その人物に懇願した。彼はマウリシオの熱意にほだされて、マウリシオをルミ・リャフタの練習に連れて行った。ルミ・リャフタのリーダーであるラウラ氏は、初めて来たマウリシオ少年に対して、せっかくだから何かサンポーニャで吹いてごらんと促した。そこでマウリシオはルミ・リャフタの曲を演奏した。ラウラ氏は、その時にマウリシオがあまりに上手に自分のコンフントの曲を吹くことに驚き、マウリシオに次の練習も一人で来るように言った。ラウラ氏はマウリシオをすっかり気に入り、マウリシオは次第に潜伏活動中のルミ・リャフタの最年少メンバーとして正式に定着していくことになった。新曲の作成やその録音などにも参加するようになっていった。マウリシオは、コンフントに欠けていたサンポーニャ奏者を補充する即戦力となることが期待されたのだ。

しかし、ラウラ氏はかなりの「完璧主義者（perfeccionista）」であり、コンフントは練習や新曲の調整を延々繰り返すばかりで、人前での演奏にはなかなか踏み切らなかった。とりわけ活動再開時に発表する予定となっていた新アルバムの曲目については、一切の妥協を許さなかった。編曲を組んでは作り直し、一から練習してはまた最初からやり直すということを繰り返していた。ラウラ氏は当時すでに音楽からの収入はほとんどなく、中等学校教師として働いていたのだが、そちらの仕事が忙しくなっていたということもあったようで、コンフントの活動は停滞しがちであった。マウリシオはこうして憧れのコンフントに参加したものの、ずっと演奏ができないまま、一〇年強の歳月が経つことになってしまった。

そんなマウリシオと私が出会ったのが、前章で記述した例の国立オーケストラとの合同コンサートの練習だった。マウリシオのことは、同年代であったこともあり、別の場所で一度見かけていたのだが、まさかムシカ・デ・マエストロスに姿を現すことは予想もしていなかったので、私は驚いた。エンシーナス氏が自分の楽団で演奏しないかとマウリシオをこっそり誘ったということだった。マウリシオは後に私に対して「ルミ・リャフタのことしか知らない。それが嫌だったんだ。一〇年以上コンフントにいて、ただの一度も演奏機会がない。ルミ・リャフタの外に出て、もっといろいろな人と知り合いたい、そう思ったんだ」と語った。マウリシオは、ムシカ・デ・マエストロスの練習に通って来るようになった。私もマウリシオと同じサンポーニャを吹いていたので、私とマウリシオは親交を深めていった。

私が驚いたのは、先述したようにフォルクローレ音楽の界隈の中では、同時に二つのコンフントに属することを良しとしない風潮があるからである。せっかくルミ・リャフタという有名グループにいる人が、他のコンフントの練習を見に行くのはあまりにリスクのある行動である。しかも、ルミ・リャフタのリーダーであるラウラ氏は、完璧主義者として有名であった。マウリシオは、「うまく説明するから大丈夫」と言っていた。

しかし、マウリシオがムシカ・デ・マエストロスの練習を見学に行った話は、マウリシオがラウラ氏に直接話すよりも先に、ラウラ氏の耳に入ってしまった。ラウラ氏はかんかんになってマウリシオを呼びつけ、他の楽団の練習に行くつもりなら自分のコンフントからは追い出すと通告したようだ。そして、そのまま二人は言い争いになり、勢いでマウリシオはグループをやめてきてしまったらしい。私は、エンシーナス氏の楽団の練習の終了後の時間にマウリシオからその話を聞いた。

ところが、マウリシオはルミ・リャフタから脱退した後も、エンシーナス氏の楽団に積極的に来るようになったわけではなく、ごく稀にしか練習には顔を出さなかった。他の音楽家から聞いた話だと、マウリシオは、その時ちょうど副鼻腔の持病を再発させてしまったようで、管楽器が吹けない状況だったという。マウリシオは結局どちらのグループとも疎遠になっていった。私は、突然フォルクローレ音楽から切り離された生活をすることになってしまったマウリシオのことが気がかりで、マウリシオは大丈夫だろうかと心配していた。

それから一ヶ月ほど経ったある日、マウリシオは徐々に再びエンシーナス氏の楽団の練習に参加するようになった。マウリシオと私は、練習後の帰る方面が途中まで一緒だったし、フォルクローレ音楽の趣味もよく合ったので、決まって一緒に帰って好きなグループや曲の話をした。「小さい時、カセットテープの音源に合わせてよくサンポーニャを吹いていた。それが、その音楽家たちと実際に演奏できるなんて夢のようだった。それだけで嬉しかった。だけど、今はちょっと違う。今は、自分だからこそできる音楽を目指したいように思うんだ」。私には、マウリシオが少し悩んでいたように見えた。
そのような話をした後、マウリシオはまたしばらくエンシーナス氏の楽団の練習から遠ざかっていた。私は、マウリシオが現れたり消えたりする行動の意図を図りかねていた。ところがある時、珍しく突然マウリシオから私に直接電話がかかってきた。話したいことがあるということだった。私は、待ち合わせをして、一緒にラパスの大通りで屋台料理を食べながら久々にマウリシオと話をした。お互いにフォルクローレ音楽に関わる話をしたいだけして、会話は大いに盛り上がった。話が佳境にさしかかった頃、マウリシオは次のようなことを語った。

僕は正直、ルミ・リャフタから脱退しなきゃいけなくなった時、どうしたらいいか分からなかった。いや、ルミ・リャフタにいた時からそうだったのかもしれない。だけど、今はもう大丈夫だと感じるんだ。なぜかというと、進むべき道がちゃんと見えてるから。僕はやっぱりフォルクローレ音楽が好きだ。この間ずっと、フォルクローレ音楽の昔の曲ばかり聴いていた。しかも、最初期のやつばかりね。インカス（Los Incas）やハイラスやライカス（Los Laikas）とかね……。

彼はそう言って、とりわけ七〇年代から九〇年代に活躍したいくつかのグループの名前を挙げた。

その時、思ったんだ。僕がつながっていたいのは、この線（línea）だ。そして、この線にちゃんと自分の根を持っている限り、ちゃんと進む方向が見えてくるんだ。そこで何が待っているかは全く分からない。それは何か新しいものでなければいけないから。でも僕は、その線を辿るし、僕がしたいのは、そこに自分たちの歴史（historia）を作っていく作業だってこと、それだけは確かなように思うんだ。


彼は語りながら、何度も宙に手振りで線を引いた。

彼はそうして、自分のコンフントを始めた。結局そこにはルミ・リャフタのメンバーも何人か参加することになった。「良いプロジェクトになりそうだ」と彼は嬉しそうに言っていた。

歴史の線を辿ること

マウリシオの事例についても解釈していこう。

私がマウリシオと知り合った時、マウリシオは音楽家としての岐路に立たされていた。マウリシオは、一〇年以上も身を置いていたコンフントと喧嘩別れをし、新しい楽団にもうまく入れず、さらには持病の問題も抱えて、明らかに音楽家としての孤立、孤独を経験していたはずである。

そんな中で、彼はフォルクローレ音楽を聴き続けた。彼の話を聞いた限り、彼はかなりいろいろなコンフントの様々な曲を聴いていたようだ。マウリシオは、そうした中で歴史の「線」という存在を確信し、その線を辿っていくことに確かな希望を見出していく。彼が必死にジェスチャーをしながら中空に描いた線のことを私はよく思い出す。マウリシオにとって、辿るべき「歴史」が存在していることへの確信は、自分の人生の一歩を踏み出す際に必要なことだった。その時、私はマウリシオの語りの中に、エンシーナス氏が経験したのと同じような孤独の中で、楽器や作品との対話が生まれる存在論的な転機を、まさにそれが起こりつつある瞬間に見ているという感覚を持った。

モノたちとの対話は、私たちに、モノの人類学やアクターネットワーク理論を基盤とした、音楽のアッサンブラージュ［Born 2012：267-268, 2013：139；本書序章2節も参照］という概念を思い出させる。しかし、私はここでエンシーナス氏やマウリシオが経験していることと、アッサンブラージュという概念には乖離があるようにも感じる。アッサンブラージュないしアセンブリとは、そのまま訳すと「組み立て」である。そこでイメージされているのは、たとえば自動車工場の中で、幾千もの部品が組み合わされて、ひとつの自動車が立ち現れてくる様子である。部品は部品であり、どんなに複雑であっても、それは一貫して部品として存在し続けている。しかし、エンシーナス氏やマウリシオのヴィジョンの中ではそうではない。モノとの対話は、それまで存在しなかった何かを出現させ、当たり前にあった何かを後景に退かせる。時には何かが増幅し、知らぬ間に何かが減衰する。そうして自身は成長し、別の何かになる。ここで起こっているのは、すでにあるものの組み立ての過程ではなく、いまだ見ぬものを含めた、存在それ自体の明滅なのだ。

エンシーナス氏がつかんだものが、仮に社会の存在論とでもいえるようなものだったとしたら、マウリシオにとって把握されたのは、デ・ラ・カデナの言う「歴史の存在論」［de la Cadena 2015：13］すなわち、歴史の存在のあり方についてのひとつの見方だろう。マウリシオにとっての転機は、歴史の見方を変えるというような認識論のレベルで起こったことではない。むしろ、そもそも認識の対象となるような、フォルクローレ音楽の「歴史」なるものが存在として立ち上がるというレベルで起こったことだ。さらに言えば、マウリシオにとって歴史は、自分が続きを製作していくようなものとして把握されている。

マウリシオは、確かに優秀なサンポーニャ奏者であるが、決してエンシーナス氏のようにすでに評価の固まった音楽家ではない。それでもマウリシオは自分にとっての歴史存在の像を作り出した。このエピソードから私が述べたいのは、存在論的な転機はいろいろな人のもとに起こりうるということだ。存在論的個体発生の契機は、様々な人の様々な日常的な実践の局面に現れ、ささやかではあるが、世界や存在についての基本的な想定の中に新たな存在の形をもたらしているのである。

3 「孤独」から立ち上がる世界

本章が記述した、エンシーナス氏とマウリシオの事例は、いずれにもボリビアのフォルクローレ音楽の音楽家が、周囲の音楽家コミュニティーからの孤立を経験しつつ、いかに新たな存在の立ち現れに出会うか、そしてそうした存在の立ち現れの経験がどのように新たな社会関係を生成しうるかということを示している。

この過程は、インゴルドが引き合いに出した、通過儀礼論と比較しながら理解できる。通過儀礼論が典型的に用いてきたモデル［Turner 1967］において、青少年は、一旦、日常的なコミュニティーから切り離されて、同年代の人だけが集められ、そこで様々な経験をすることによって、新しい地位を持って社会に戻っていく。このいわゆる、分離・コミュニタス・再統合というモデルは、本章がここまで書いてきたエンシーナス氏やマウリシオの経験を理解する上で類似点が認められる。エンシーナス氏やマウリシオの経験は、やはりいずれも青少年の経験について焦点を当てており、孤独・存在論的な転機・実践への動機という過程は、通過儀礼論の示す枠組みと相似的である。

しかし、改めて強調すると、決定的に違うのはエンシーナス氏もマウリシオもそれらを調和的なコミュニケーションが望めないような「孤独」な状況の中で、何とか変化のきっかけを摑まなければならなかったということである。いわゆる通過儀礼と違い、フォルクローレ音楽家の経験の場合、新しい自己に至るまでの仕掛けも、戻ってくるべき社会も、先行者ないし「監督者」によって与えられていたわけではなかった。

さらに言えば、同業者組合を持たずにコンフントの葛藤の中で生きる音楽家たちに、安定したつながりもなければ、そのヴィジョンもない。むしろ、フォルクローレ音楽家たちは、それを想像し、確かな実在として捉えていくことを通じて、新たな音楽世界を作っていったのであり、今も作り続けているのである。彼らは、音楽実践をすると同時に、確かに普遍的なるものを捉え、歴史を摑み、世界を作ってきたのだ。そうした創造性こそが、ボリビアのフォルクローレ音楽という新しい音楽ジャンルの生成と展開に貫かれたロジックだといえるのである。このようなロジックは、今ある関係性を言祝ぎ、温かな人間と人間のコミュニケーションだけに焦点を当てた人類学的態度からは引き出せないような、音楽家たちの開拓と賭けの試みなのだ。

もし、このように孤独から生まれる存在論的な転機のようなものが認められるとするならば、それは今後の研究において、様々な事例の検討とともに深められていくべきものである。孤独に向き合う人々は時として、こうした事態に対処するにあたり、社会が変わるまで待っていることはできず、自分が社会に先行して変わらなければいけないという経験をする。こうした大きな社会的要請に応えるためにも、また「関係論的思考」を超えるポスト関係論的人類学の構想のためにも、本章が記述した二人の音楽家の物語は、私たちの進むべき道を示してくれるだろう。

5章　他者に抗する戦士／旅人

フォルクローレ音楽家たちが孤独の内から世界を眺めるような、そのような物語に立ち会った私は、フォルクローレ音楽というものを理解するのにあたって、「孤独」というのは重要なテーマなのではないかと徐々に考えるようになっていった。フォルクローレ音楽家にとって、調和的なコミュニケーションだけでなく、孤独ともいえるようなモノや音源との対話こそ、新しい世界への見晴らしを獲得していく過程において大きな意義を持つのだと感じた。

しかし、このような観点から調査を続けていくと、「孤独」というのは、音楽家たちにとって単にやむにやまれず追い込まれた事態というよりは、むしろ時に積極的に目指されていたものなのではないかと思えるようにもなった。別の言い方をすれば、もしかしたら、フォルクローレ音楽家にとっては、つながりをうまく渡り歩く以上に、つながりを切り離したり、つながりに抗したりすることの方に何か賭けているものがあるのではないかと考えるようになったのである。

ここまで強く、「つながりを切り離す」「つながりに抗する」ものとしてのフォルクローレ音楽を考えてみたいと思ったのは、私が滞在した時のボリビア社会を支配していた、ある時代的な雰囲気にも契機があった。そこでは、音楽が「他者とつながるため」のものとされ、人々は音楽に「つながり」を期待していた。これは、序章でも述べた通り、後から考えるとボリビアのみならず、音楽に関する文化人類学的言説や、全世界的な音楽産業の動きとも無縁ではない事柄だった。

よって本章では、まずボリビア社会においてある転機を迎えていた音楽産業の状況について記述した上で、それに抗うようなフォルクローレ音楽家たちの音楽観について考えていくこととしたい。

1　フォルクローレ音楽をめぐるノスタルジアとブーム

フォルクローレ音楽はもはやかつてのようではない

私が調査を始めて間もない頃に、フォルクローレの音楽家たちの間をあるニュースが走った。ラウロ社のレコード部門が、ついに閉鎖したという知らせだった。1章で述べた通り、長らく、ボリビアではディスコランディア社とラウロ社の二社が二大国産レーベルとしてフォルクローレ音楽産業のひとつの中心を成していた。ディスコランディアは一九五八年にラパスで創業し、ラウロは同一九五八年にコチャバンバで創業した。どちらも同じくらいの歴史と力を持つ音楽出版社だったわけである。しかし、ラウロ社の経営が傾いているらしいという情報は、閉鎖の数年前からすでに音楽関係者の誰もが知るところとなっていた。

二〇一〇年代のボリビアでは、デジタル複製技術の浸透により、海賊版CDが大量に出回るようになっていた。また、USBメモリなどを持っていくと、数百件、数千件の音楽データを一度に販売してくれる、という商売も珍しくなくなっていた。また、録音機材もデジタル化が進み、比較的安価に個人で録音スタジオを構築できるようになったことから、高いスタジオ代や制作費を払って二大レーベルからCDを出すよりも、自前のレーベルでCDを作ってしまうというのが主流になりつつあった。

このような時代情勢の中で、二〇一五年に私が予備調査を実施した際には、すでにラウロ社は新しいCDの制作をほとんど行っておらず、ラウロ社の店舗は、すでにドイツの文房具メーカーであるファーバーカステルのボリビア輸入代理店として、文房具販売をする方向に経営のかじを切っていた。またラウロ・グループの本体としても、それらの輸入代理店業務に加え、すでに経営の中心となっていたラジオ・テレビなどの放送事業や、ホテル経営などに収益の柱は移っていた。

そんな中、ラウロ社の閉鎖は、ひとつにはすでにその当時予想されていた出来事であったし、また一方では音楽に関する、企画から録音、制作、広報、頒布までを一貫してひとつのレーベルが行うという旧来の音楽出版社主導のビジネスモデルの全世界的な転換を意味していたのに過ぎなかったともいえる(1)。しかし、一方で、このラウロ・レコードの破綻は、多くの関係者にとって、フォルクローレ音楽の凋落の象徴として受け止められていたことも確かである。

ある音楽家は以下のように漏らしていた。

若い人たちはもうフォルクローレ音楽を聞かないからね。みんなクンビア(2)とか、レゲトン(3)とかそんなのばっかりだ。

フォルクローレ音楽家は、ラウロ・レコードのニュースを引き合いに出しながら、口々に「フォルクローレ音楽の衰退」について口にしていた。こうした全般的な見方は、いわゆる音楽関係者だけに留まってはいなかった。ある日、私はラパス市内で日系ボリビア人の音楽家にインタビュー調査をしていたのだが、話が長引いて夜遅くなり、乗り合いバスがなくなってしまった。そこで、仕方なくタクシーに乗ったところ、思いがけず、フォルクローレ音楽の有名グループ、サビア・アンディーナの一九八〇年代の曲が流れていた。そこで、私は運転手にフォルクローレ音楽をよく聞くのか尋ねた。すると、運転手は以下のように語った。

ああ、そうだよ。この頃のフォルクローレ音楽はよかったね。でもフォルクローレ音楽はもはやかつてのようではないね。若い人は聴かないし、いい曲も出てこないし。もうおしまいだな。

こうした運転手の発言は、音楽関係者のみならず、いわゆる一般のリスナーに至っても「フォルクローレはもはや衰退している」との捨てがたい印象を共有していることを示しているように思われた。事実、このケースに留まらず、「フォルクローレの凋落」はしばしば音楽に直接携わっていない友人たちからも聞かれた。

またコンサートでは、たとえ往年の有名グループでもなかなか客が入らないことがよくあった。たとえば、私も演奏に参加していたムシカ・デ・マエストロスもラパス市で行ったコンサートのおよその集客率は三〇%ほどだったことがあった。これについて、かつてムシカ・デ・マエストロスで演奏していたメンバーは以下のように語った。

かつてのグループはこんなものじゃなかった。三日間、マチネとソワレをやって、合計六回公演をして、どの回も超満員、人がいっぱいでいっぱいで入りきらないくらいだった。チケット代だって当時の物価から考えたら決して安くはなかったのに。どんどんグループのクオリティーが下がったということもあるけど、今の時代、とにかくどんなグループでも、商売するのは大変だよ。

また、他のコンフントでは、コンサートの集客率は、一〇％以下という驚異的な状況であった。

彼らは長らく活動していなかったし、宣伝もちゃんとしてはいなかった。曲のセットリストも、自分たちのやりたい曲が中心で、一般の客に訴えるようなものではなかった。それにしても、往年のコンフントがあれだけしか集客できないというのはやはりショックだね。

このように、かつては人気を博していたコンフントが、人を集められなくなり、もはやかつてのように活動できなくなっているのは、誰の目から見ても明らかだった。こうしたことから言っても、私がフィールド調査を行った二〇一〇年代のボリビア・ラパスの状況下において、フォルクローレ音楽が大きな転機を迎えつつあること、フォルクローレ音楽が「もはやかつてのようではない」のは確かなように感じられた。そして、その時代的な雰囲気は、フォルクローレ音楽家にも切実に感じられるもののようであった。

「踊るための音楽」の隆盛

しかし、こうしたフォルクローレ音楽家たちの「もはやかつてのようではない」という実感は、必ずしもフォルクローレ音楽が業界として実際に衰退していることを意味するわけではない。フィールドにしばらく滞在するうちに私が目の当たりにしたのは、むしろフォルクローレ音楽が、かつてない程の盛り上がりを見せているという状況であった。

たとえば、ラパス市内では、フォルクローレ楽器の音楽学校が、習い事として人気を博していた。とりわけ弦楽器のチャランゴは人気が高く、多くの親たちが子どもをチャランゴ教室に通わせていた。今やボリビアにおいて全国の小学校でフォルクローレ楽器の習得は必修となっており、中学・高校の班活動や、職場等に至るまで、あちこちにアマチュアのフォルクローレ音楽グループが結成されていた。

また、私が調査を行っていた二〇一六年から二〇一九年にかけては、とりわけ若者たちの間でサライ（salay）という新しい形式のフォルクローレ音楽が大流行し、街のどこにいっても乗合バスのラジオや、露店の店先のスピーカーから大音量でサライが流れていた。ラパスには、ペーニャ（peña）ないしボリーチェ（boliche）と呼ばれる、フォルクローレ音楽の演奏を聞かせるライブハウスやディスコのようなものが何軒かあるのだが、この社交場に行くことは、若者たちが週末の夜を過ごすのにあたって、有力な選択肢のひとつだった。

また、最も顕著で最も見逃せない動向として、モレナダ（morenada）という形式の音楽がアイマラ資本家たちの間で大流行していたことが挙げられる。タッシ［Tassi 2016］が述べている通り、とりわけ二〇〇六年に初の先住民系大統領エボ・モラレスによる政権が樹立されて以降、アイマラ語を母語とする先住民系の人々の商活動が活性化し、まとまった財を成す者が出てきた。特に中国製品を輸入して、売って儲けた人々は、莫大な富を手にするようになった。

彼らは、もともとアイマラにある「豊富さ（abundancia）」［Tassi 2012：302-305］を肯定する思想と、カトリック的な祝祭を組み合わせ、豊富な資金を投じてフォルクローレ音楽のダンスチームを作り、カトリックの暦上の祝祭に合わせて踊るようになった。踊り自体はごくごく単純なものであるが、きらびやかな衣装を身にまとい、街を練り歩く。また、実際の祝祭の前も、月に一度ほど練習と称して、集まる機会があり、そこでも大きな野外会場で、酒を飲みながらフォルクローレ音楽を踊るのが定番となっているのである。

フォルクローレ音楽家たちから見ると、こうしたアイマラ資本家のダンスグループに楽曲提供したり、彼らの会合で演奏することは、とても良い稼ぎになる。「もともとものすごい額の契約金をもらえる上に、踊り手たちはだんだんに酔っ払ってきて、「もう一時間演奏してくれたら一〇〇〇ドルやる」と言うわけさ。それが朝まで延々と続くんだよ」とある音楽家は語っていた。

このような状況を見るに、どちらかと言えば、実際に起こっているのは、フォルクローレ音楽というのが衰退しているということではなくて、ますます制度化／大衆化しているということなのではないかと考えられる。先にも述べたように、音響機器・録音機器の低廉化から、一方で、より一般の人でもアクティブな演奏者としてフォルクローレ音楽に関わることのハードルは低くなっている。フォルクローレ音楽に関する市場は、大手レーベルとその契約ミュージシャンが主体となっていた時代から、プロとアマチュアの垣根がなくなり、あらゆるグループにチャンスがある時代となってきたということだろう。そしてまたもう一方にあるのは、音楽が踊りや集いといった身体的なつながりと結びつき、ライブ中心、「参加型音楽」[Turino 2008] のさらなる活性化が起きてきたということなのだろう。こうした点は、いずれも、全世界的な音楽産業の趨勢としての「つながるための音楽」としてのあり方を反映したものとなっているのである。

このような情勢の中で、「フォルクローレ音楽はもはやかつてのようではない」と嘆く音楽家たち、特に黎明期のフォルクローレ音楽を支えてきた音楽家たちは、もはや「時代遅れ（fuera de moda）」、すなわち「時代錯誤的（anachronic）」な存在となりつつある。若い音楽家たちからは、「おじいさん（abuelo）」と言って馬鹿にされることもある。一方で、フォルクローレ音楽家たちの少なからぬ人々が、とりわけダンスグループへの演奏ばかりして荒稼ぎする音楽家たちに批判的な態度を取ることも多い。彼らはそうした場で演奏される音楽を「踊りのための音楽（música para bailar）」と呼び、ありうべき「聴くための音楽（música para escuchar）」になっていないとして批判するのである。

音楽が「もはやかつてのようではない」という感覚は、何もボリビアに限ったものではない。フィッシャーは、二一世紀に入る少し前から、音楽というものがかつて持っていた「未来の衝撃がもはや失われてしまった」と述べる［フィッシャー 2019（2014）: 25］。デリダの憑在論［デリダ 2007（1993）］を引きつつ彼が言うには、二一世紀の音楽産業に残されているのは、ノスタルジー、メランコリー、そしてアナクロニズムだけなのだという。

結局、ここで問題になっているのは、ボリビア・フォルクローレ音楽というものの内実が少しずつ変化し、音楽産業として成熟していく中で、大きな転換点を迎えているという事実なのであり、それを音楽家たちの側も受け止めつつ、その「時代」に向き合っているということなのである。

リバイバル・ブーム

そして、あたかもフィッシャーのこの「予感」を再現するかのように、長らく活動を休止していたフォルクローレ音楽のコンフントが、同時に、様々な場所で、突如として活動を再開するようになっている。また、オリジナル曲が好まれてきたこれまでのフォルクローレ音楽の潮流に反して、有名音楽家の古い作曲が再度取りあげられるようにもなっている。フォルクローレ音楽のシーンの中で、「リバイバル」がひとつのキーワードになりつつあるのだ。このことは注目に値する。

そのひとつの象徴的な事例が、クシス（Los Kusis）というコンフントの復活公演である。クシスは、一九六七年に結成されたコンフントであり、ハイラスやパヤスなど最初期のコンフントとほぼ同時期にあたる最古参コンフントで、いわばコンフントを主体にしたフォルクローレ音楽の基礎を作ったコンフントである。しかしクシスは、あまり現在のボリビアでは認知されていない。というのも、他のコンフントとは違って、最初のヒットの後にメンバーのほぼ全員がヨーロッパに渡航して、その後、ばらばらに活動していたからである。

しかし、そのグループがリーダーの働きかけもあり、二〇一六年一〇月にメンバーの離散後初めてのコンサートを、ラパスで行うことになった。コンサートが行われる二〇一六年という年は、彼らにとって特別な意味があった。それは、彼らのコンフントの結成から四〇周年の節目にあたる年であったからである。

コンサートは、ラパス市営の「文化の家」で行われた。会場は超満員で、客層は当時のクシスを知っているのではないかと思われるような年配層から、もっと年が下の人々まで幅広かった。思いの外、若い世代も多い印象を受けた。

実際の演奏は、何名かの若手音楽家のサポートを入れて行われた。演奏の中には、やや危うげなところもあったものの、基本的には往年の演奏を思わせる力強さが感じられるものであった。また、客席を巻き込み、盛り上げるパフォーマンス能力は、長年ヨーロッパという異文化の中で音楽活動を続けてきた彼らの本領発揮というべきか、とても完成度の高いものがあった。

そんな中、興奮のうちに、一幕が終わった。そして二幕が始まる前、司会は以下のようにクシスを紹介した。

みなさんもご存じの通り、クシスというグループは、まさに四〇年前にフォルクローレという音楽の歴史を作り出した、とても大事な存在です。彼らの音楽は私たちにとって、まさに文化遺産というべきものです。

第二幕は、第一幕に比べても安定した演奏であった。予定の演目が終わってもアンコールの声がやまず、すでに演奏した曲を繰り返す場面もあった。最終的にはリーダーからの「ボリビアでコンサートができて本当に嬉しかった。またぜひ来年もやりたいと思いました」という言葉でコンサートは締めくくられた。

このように、フォルクローレ音楽の黎明期を支えつつも、長い活動休止をしていたグループが音楽活動を再開するという事例は、私がボリビアに滞在していた期間、非常に際立ったトレンドを形成していた。ルミ・リャフタの新アルバム発売の噂、同じくらい古いグループであるグルーポ・アイマラ（Grupo Aymara）の再結成、チャランゴの巨匠であり、六〇代前半で早くも没したウイリアム・エルネスト・センテージャス（William Ernesto Centellas）の「ひなげしの花が咲く頃に」のフル・オーケストラ化など、いずれも「先駆者」世代とでも言うべき音楽家たちの音楽活動が活性化していたのである。

老いと転機

こうした「リバイバル」は、単純にフォルクローレ音楽が迎えた時代的な変化ということに由来するだけでなく、フォルクローレ音楽家たちのライフステージの変化と大きく関わっているようであった。先述のクシスが、若手のサポートにより演奏が成り立っていた側面があるように、先駆者世代の身体的な衰えもまた、確かに彼らの音楽に影響を与えていた。

こうした問題を考える時、有用と思われるひとりの音楽家、カルロス・ポンセ（Carlos Ponce）氏の語りを紹介したい。ポンセ氏は、サンポーニャのソロ奏法を切り開いてきた人物のうちのひとりである。とりわけ、サンポーニャでジャズ音楽を演奏するということに関して努力してきた人物であるといえる。

ポンセ氏に言わせれば、音楽家には三つのタイプの人間がいるという。

いいかい、音楽家には三つのタイプの人間がいる。演奏者（intérprete）、アーティスト（artista）、マエストロ（maestro）だ。演奏者というのは、すでにある音楽を、すでにあるスタイル（estilo）で演奏するだけの人だ。この人がどんなに演奏がうまくても、それは新しい何かを提案したということにはならない。その人はいつまでたっても演奏者のままだ。これに対して、アーティストと呼べるような人は、自分のスタイル、自分にしかできない音楽を持っている。そこに来て初めて、自分のことを表現したということがいえる。さらに、マエストロというのは、そのスタイルを真似する人、そのスタイルに学ぼうとする人ができて、ひとつの楽派（escuela）を形成するような人のことだ。そういう意味で、今のボリビアにサンポーニャのマエストロと呼べるような人は、せいぜいヒメネス氏と私くらいのものだ。若手にもうまいやつはいろいろいる。けれど、だいたいがみんな私かヒメネス氏のコピーをしているに過ぎない。そういう意味で、彼らは演奏者でしかないんだ。

このようにして、ポンセ氏は、若手に対しての問題点を指摘していた。またある時、ポンセ氏は、以下のようにも語った。

君はまだ家族を持ったことがないから分からないかもしれないけど、家族ができると人生の中の優先順位っていうのはいろいろ変わるものなんだ。子どもや妻のために働かなきゃいけないからね。だけど、私は今、子どももようやく大きくなってきて、もう手間がかからないようになってきた。だから、これからは、もう一度、音楽活動に力を入れていきたいと思っている。逆に、これから何年も今のように演奏ができるとも思わないから、できれば、ヨーロッパや日本にも演奏しに行ってみたいと思っている。そしてそこでは、コンサートをするだけじゃなくて、サンポーニャの歴史とか、その背景にある文化的な意味も交えて、レクチャーみたいなこともしてみたいと思っている。前にも言ったけれど、音楽家っていうのは、自分の確立したスタイルが広がっていって初めて意味があるんだ。私も自分が学んできたことが、ちょっとずつ世界の中に広がっていって、次の世代の種をまいていくことができたらいいと思っているんだ。

子どものひとり立ちとともに、再び自分の音楽に向き合うことになったという語り、あるいは「これから何年も今のように演奏ができるとも思わない」という語りは、リバイバル・ブームという社会的トレンドが、少なくとも部分的にはフォルクローレ音楽の時代的変化だけでなく、フォルクローレ音楽家のライフステージの変化と身体的変化——有り体に言えば、老い——によってももたらされているということを示唆するものだ。ともすればこれは、時代に遅れてしまった老いた音楽家たちの、ノスタルジーの実践、音楽的なアナクロニズムであるかのようだ。

しかし、本章が以下で対話を試みる二人の音楽家の人生史は、いずれも単なるノスタルジーや時代錯誤に収まらない、あるオルタナティブな「音楽観」とでもいえるものを示しているように私には思われる。いや、より正確に言えば、それらが徹底的に「時代錯誤的＝時間をばらばらにするもの」であればあるほど、それは現在の音楽観を超える何かを示しうるのだと主張したい。

2　他者に抗うための音楽

「伝説」のケーナ奏者、エディ・リマ

さて、このような背景を念頭に置きつつ、まず一人目の「リバイバリスト」である音楽家としてエディ・リマ（Eddy Lima）氏のライフヒストリーと語りを取りあげたい。リマ氏は、六〇歳前後の男性である。年齢については、何度か彼に直接尋ねたが、結局はっきりと教えてもらうことはなかった。「誰だって若く見られたいし、私だってそうだ」というのが彼の言であった。彼はラパス市の古い住宅街のうちのひとつ、ミラフローレス（Miraflores）地区に生まれた。リマ氏は、私の知る限りスペイン語モノリンガルで、アイマラ語やケチュア語などの先住民言語については断片的な知識を持つのみのようである。

リマ氏は、一九七〇年代後半から若くしてケーナ奏者として活躍してきた。フォルクローレの中でも先駆者世代といえる人物であり、先駆者世代のケーナ奏者としてボリビアの中でも五本の指に入るとされる人物である。特に、リマ氏は、その強烈な音圧や、早いフレーズを吹ききる超絶技巧

などにおいて有名であり、現在にまで続くボリビアのパワフルなケーナ演奏のひとつのモデルを作った人物である。

リマ氏は、いくつかの有名グループを転々としながら音楽活動をしていたが、一九九〇年代半ばに突如、単独コンサートを行うと、そのまま表舞台から姿を消してしまった。その単独コンサートは、もはや「伝説的」とも言われるようになっており、コンサート録音は、ボリビアのケーナ奏者の多くが一度は聞いたことがあるようなものになっている。

私がフィールドを初めて訪れた二〇一六年には、リマ氏が音楽活動をしているという話はほとんど聞かれなかった。知りえた情報といえば、「リマ氏は自己中心的で、高慢ちきで、気取り屋だ」という噂程度のことだった。しかし、フィールド滞在の二年目となる二〇一七年になると、突如リマ氏がフェイスブックで発信をするようになった。音楽活動の再開に意欲を燃やしている様子であった。そこで、私はリマ氏に対して、おそらく返信は返って来ないだろうと思いつつも、ダイレクトメッセージを送った。すると数日後、予想に反して「ぜひ会おう」というメッセージが届いた。日時と場所が指定されていた。

「伝説」のケーナ奏者との対面に緊張しつつも、待ち合わせの場所に行くと、そこには小さなレンガ作りの建物が建っていた。その建物は四階立てとなっており、どうもリマ氏が全体の所有者であるらしかった。一階と二階は他の家族に貸しているとのことで、彼の家は三階にあり、四階には音楽スタジオを作っているところだった。

リマ氏は、私という日本人の来訪に満足してくれたようで、自分の身の上話から演奏上のテクニック、これからの展望など、いろいろなことを話してくれた。リマ氏は一九九〇年代に、グループのメンバーや親族との間でいくつかのトラブルを抱え、くだんの「伝説」の引退コンサートをすることを決意したとのことだった。その後彼はフランスに渡り、そこでフランス人女性と結婚して生活をしていたという。フランスで音楽活動をしていたのか、と尋ねた私に対して、「音楽もしていたけれど、主にこれだな」と言ってハンドルを回すしぐさをしてみせた。彼はフランスで長距離トラックの運転手をしていたということだった。

しかし、二〇〇〇年過ぎに母親が病気だという知らせを聞いて、彼はボリビアへの帰国を決める。「兄弟たちは誰も母親を看病しようとしなかったし、母親の家を守ろうともしなかった」と彼は言う。母親の病気につけ込んで、近隣の住民の中に、リマ氏の生家の権利を書き換えて自分のものにしようとした人がいたということで、リマ氏は母親の死後、裁判に注力することになる。そして、裁判に勝ち、母親名義だったその家を独占して相続することになった。フランス人の妻は、母親を優先して無理矢理ボリビアに帰国しようとするリマ氏に最後まで理解を示さず、リマ氏がボリビアへの帰国を決めた時に離婚したということだった。私がリマ氏の家に訪問した際、リマ氏は年格好が近いボリビア人女性のパートナーと一緒に暮らしている状況だった。

リマ氏は、大いに彼の人生の「アネクドタ」を語った上で、私にそれなりに好印象を抱いたようで、「また来てくれ、今度はスタジオも見せるから」と言った。こうして、私は、定期的にリマ氏の家を訪ねて、彼の話を聞いたり、ケーナを教えてもらったりするようになった。

「反抗」のための音楽

リマ氏は、ボリビアに帰国し、身辺の整理と相続に伴う経済的安定を得た今、再び音楽活動を再開したいと考えているようであった。リマ氏は「音楽活動を再開したい。けれどやるならば本当に最高の品質のものでなければいけない。いい演奏家を集めたい」と話していた。彼は、すでに音楽活動を想定して、自身の曲を多数作曲していた。そして、それらの曲をSNSなどを使って大々的に発表して、まずはボリビア国内で大規模コンサートを行い、その勢いで海外にも進出していくというのが彼の構想だった。

しかし、リマ氏は音楽家を集めることに苦戦しているようでもあった。彼は、同世代の音楽家と一緒に演奏することを嫌っていた。散々周りの音楽家とトラブルを起こしている上、同世代の音楽家とはスタイルが合わないと感じているようだった。そこで、若い音楽家を集めようとしたが、彼の要求する能力に見合う人物はそう簡単に見つかるものではなかった。技術のある若者は、すでに他のグループに所属していることが多かったからである。

そんな中で、私もまた、サンポーニャ奏者としてリマ氏のコンフントで演奏をするようになった。コンフントは、何回か人数がうまく集まった回があり、練習が行われることもあった。しかし、練習のたびに厳しい指示をしたこともあってか、定着するメンバーは多くはなく、練習がうまく回っていない状況だった。リマ氏の曲は良曲ばかりで、彼自身の演奏技術もほとんど衰えやブランクを感じさせない状況だったが、いかんせんプロジェクトとしては、彼の思い通りにはなかなか進んでいないというのが実情だった。

そんな中、練習の合間の雑談で、リマ氏は「今の若い人たちはフォルクローレ音楽のことを何も分かっていない」と発言した。プロジェクトがうまく進まないいらだちもあったのだろうし、もとより音楽についての強い自負と要求水準を持つ、彼らしい発言だと私は感じた。リマ氏は、続けて私に「フォルクローレ音楽で一番大事なことは何だと思うか」と問いかけた。私は、思わず投げかけられた核心を突いた問いにうまく答えることができず、「何でしょう？　どう思うのですか？」と聞いた。するとリマ氏は以下のように力説した。

フォルクローレ音楽で一番大事なのは反抗（rebeldía）の精神だ。ケーナは、アイマラの戦士がインカやスペインに反抗する時に使った楽器だ。だから演奏の時は力を込めて強く吹き込まなければいけない（hay que soplar fuerte）。音は強くなくてはいけない（se necesita gran intensidad）。

リマ氏は、身振り手振りを交えて、いかにアイマラの戦士たちがスペイン人をケーナによって、吹き飛ばしたとされているのかを、私に対して説明した。そして、結局若い人に足りないのは、その精神なのであり、思いっきり楽器を鳴らすための技術なのだという自説を展開した。大切なのは、反抗なのであり、強度（intensidad）なのだ、とリマ氏は繰り返し言った。

私は、結局フィールド調査を終えるまでに、リマ氏と本番で演奏することは叶わなかった。リマ氏のプロジェクトは私とは別のところで現在も進行しているようである。しかし、この時にリマ氏が述べた「フォルクローレ音楽で一番大事なこと」は、私に強い印象を残した。そこには、リマ氏のみならず、多くのフォルクローレ音楽家が、フォルクローレ音楽をすることに賭けているものが表現されているように考えたのである。

カウンターカルチャーと親への反抗

そもそもフィールドワークを始めた当初の私は、トゥリノなどの影響から、音楽を「他者とつながるため」のものとして考えていた。序章の内容を踏まえて言い換えれば、関係論的に音楽を捉えようとしていたのだ。その私にとって、リマ氏がフォルクローレ音楽を「他者とつながるための音楽」というよりも「他者に抗うための音楽」として捉えていることは、強いインパクトがあったのである。

しかし、ここで改めてリマ氏が言っている「反抗」について考えてみると、そこで語られている「反抗」とは、一体何に対するどのような反抗のことなのだろうか。言い換えれば、リマ氏は一体どのような他者に抗おうとしたのだろうか？

「反抗」という言葉から一番最初に着想されるのは、カウンターカルチャーの文脈である。1章で述べた通り、フォルクローレ音楽は、バンセルによる軍事政権の影響で、「新しい歌」運動などの同時代の左派文化運動からは、切り離されていくことになるのだが、それでも大衆文化としてのカウンターカルチャーの影響は強く受けていた。特にロック文化の影響を強く受けていたことは間違いない。

それは、彼らの取った身だしなみのあり方からしてもそうだった。一九六〇年代から七〇年代にかけて活躍した当時の若い音楽家たちの間では、髪を長く伸ばすのが流行した。それを彼らは、かつてアイマラの人々がしていた「アイマラ風」の風貌であると自称していた。しかし、それは同時に、当時の欧米のロックミュージシャンたちに追随する運動であったともいえる。私がとある音楽家に当時の話を聞いていたところ「私たちは髪を伸ばしたものだよ。ビートルズみたいにね！」と言っていたのが印象に残っている。

当時、フォルクローレ音楽、先住民文化由来の楽器を演奏することには、強い社会的な偏見があった。チャランゴ音楽家であり、フォルクローレ楽器の販売店の店主でもあるカルロス・トリコ（Carlos Torrico）氏は以下のように語っている。

昔は今と違った。チャランゴを演奏しようものなら、「どうしてそんなインディオの楽器を演奏するんだ」と親に怒られたものさ。だから親には隠して演奏していたんだ。家の近くにある石のところにそっとチャランゴを隠していたのさ。

こうしたことを踏まえると、彼らは「先住民的なもの」に対する世間的な見方に抗って、あえてそれを自らの身なりや日常実践に取り入れることによって、他の人とは違うものとして自己表現をしていったのである。

しかし、繰り返しになるが、1章で述べた通り、ボリビア・フォルクローレ音楽は、一九七〇年代には軍政下において保護を受けると同時に、「新しい歌」運動を中心とする汎ラテンアメリカ主義的な左派文化運動からは、切断されてしまうことになる。そのため、カウンターカルチャーとしてのフォルクローレ音楽における「反抗」は、主流社会とその社会的不正義に対する反抗という形を取らなかった。むしろその反抗の矛先は、若い世代の最も身近な人間関係である、家族へ、特に一九五二年のボリビア革命を精神的に主導し、自由と平等を重視しつつも、日常生活の上で「先住民的なもの」の価値を認めようとしない「親世代」への私的領域での「反抗」へと向かった［cf. Bigenho 2012 : 44-45］。

ボリビア家族の愛と孤独

チャランゴを石に隠して演奏していたトリコ氏については、その妻からも話を聞いたことがある。ある時、私がトリコ氏を訪ねてトリコ氏の店に行ったところ、彼は不在で、その妻だけがいた。私は、改めて出直そうとしたが、トリコ氏はすぐに戻ってくるから、と言われたのでしばらく店で待たせてもらうことにした。彼の妻は「あなたはカルロスが若かった頃のことに興味があって話を聞いているんでしょう」と私に言った。私は、そうですと答えた上で、冗談半分で、トリコ氏とその妻の馴れそめについて聞いてみた。すると、トリコ氏の妻は、「それにはちょっとしたアネクドタがあるのよ」と言って、私にその顚末を話してくれた。

私と彼はたまたまコチャバンバの市場で何度か出会ってね。それでお互いに惹かれて、付き合うようになったのよ。彼はコチャバンバ市の少し先の村の出身で、ケチュア語も話せたの。私の両親も農村の出身だったけれど、決して家ではケチュア語を話さなかったから、私はケチュア語は何も分からなくて。ある日、私は彼に「ねえ、私にケチュア語の名前をつけて」と言ったの。そうしたら、彼は「アンチャタ・ムナクイキ（anchata munakuyki, ケチュア語で「あなたのことが大好きです」の意）なんてどうだい?」と言って。それで、私意味は分からないけどすごく素敵な響きだと思って、その日はずっと嬉しくてね。それで、家に帰って親に「私、友達（amigo, 男性の友人）に「アンチャタ・ムナクイキ」って名前をつけてもらったんだけど、どういう意味かしら」と聞いたのよ。そうしたら、両親がかんかんに怒り出して。「お前一体誰と付き合っているんだ！　インディオとは今すぐ別れなさい！」と言ったのよ……それから私たちはしばらくして駆け落ちしてね。ラパスまで来て、楽器店を開くことになったのよ。

このひとつのアネクドタは、当時の時代の雰囲気を劇的な仕方で示しているように思われる。一九五二年のボリビア革命以降、一気に農村人口が都市に流入した一方で、農村から移住した先住民的ルーツを持つ彼らは言語も音楽もおよそ「先住民的なもの」を隠して生きようとした。そのためトリコ氏の妻の両親も、一方では一九五二年革命の最たる当事者でありながら、娘にはケチュア語を一切話さないように育て、ケチュア語を話さないような男性と結婚することを望んだのである。しかし、逆に娘の方は、親世代が隠し、その痕跡を消そうとすればするほど、その隠されたケチュア文化に魅力を感じ、最後には駆け落ちという仕方で、親世代への「反抗」が成し遂げられることになるのである。

くだんのリマ氏もまた、「私が吹くケーナを学校の同級生はみんな喜んだ。学校の管理人のおじさんもね。だけど、親は私がケーナを吹くことを快く思っていなかった」と述べている。リマ氏もまた少年期には、親や兄弟との不和があり、音楽家としてそれなりの収入を得られるようになってからは、ひとり暮らしをしていたという。

私は、ボリビア滞在中、とある家庭のかつて物置だった一室を間借りして下宿をしていた。私はあちこちで、「家族はどこにいるんだ」「まさかひとりで暮らしているなんて!」と言われ、時には「なんてかわいそう!」と哀れみの目で見られることすらあった。ワグナーにも研究中にひとりで暮らしていることを驚かれたというエピソードがある通り［Wagner 1981 (1975): 19］、こうした事態は決してボリビア固有の文脈ではないのだが、いずれにせよ、ボリビアでひとり暮らしをするということは、日本におけるそれとは意味合いが大きく違うことには留意しなければならないだろう。こうしたことを踏まえると、リマ氏がひとり暮らしをしていたというのは、それだけ社会文脈的には特殊な事態だったということである。さらに言えば、最終的にリマ氏はボリビアという国そのものを抜け出して、外国に向かっている。

また、リマ氏はその後も自分の音楽的スタイルを貫くことを徹底し、各所で他の音楽家と衝突を繰り返した。リマ氏は、一貫して職業音楽家としてのプライドを持っているが、連帯行動よりも、個人行動を好み、同業者と群れようとはしなかった。ひとり暮らしをすることも同業者との組合的なつながりを持たないことも、ボリビア社会の中では「普通」ではないのである。

こうしたことを見れば、リマ氏がフォルクローレ音楽の中で一番大事なものを「反抗」の精神だと言う時、それはカウンターカルチャー的な「時代精神」を大いに含んでいるということができるだろう。しかし、それだけではなく、ボリビア・フォルクローレ音楽的な「カウンター」のあり方、「反抗」のあり方とは、親族関係や、同業者関係といったボリビアにおける基盤となる社会ネットワークに対してすら「抗って」生きるという意味合いを持っていたのである。

音響兵器というロジック

しかし、それではリマ氏の「反抗」のイメージが含意するものは世界的なカウンターカルチャー運動とそのボリビア的な受容というロジックだけで説明できるのだろうか。リマ氏の発言のうち、「ケーナは、アイマラの戦士がインカやスペインに反抗する時に使った楽器だ」という部分に改めて注目してみよう。リマ氏にとって、反抗はどんな反抗でもいいわけではない。その基底にはアイマラの戦士による「反抗」のイメージがある。その意味で、ケーナを吹くこと、フォルクローレ音楽をすることは、リマ氏にとって、「アイマラ的」な振る舞いでもあるのだ。そこに世界的なカウンターカルチャーとそのボリビア的なバリエーションだけでは説明しきれない部分がある。

リマ氏は、アイマラ語を母語としているわけではなく、そもそもどの程度アイマラ語を理解できるのかも、アイマラ文化に対して適切な理解とリスペクトを持っているのかも甚だあやしい部分がある。しかし、実際にラパス周辺農村部のアイマラの人々の間でも、「楽器によって敵に打ち勝った」という説話はたくさんある。

ラパスから六時間ほどチチカカ湖岸を進んだところにある村、タイピ・リヒリヒ村（Taypi Lijilliji）で、伝統的な音楽を演奏してきた人々に言わせると、彼らの音楽は、インカによるアイマラ王国の征服以前から存在していたという。そして、その音楽のあまりの強さにインカは撤退し、それ以降タイピ・リヒリヒの人々を勇猛な戦士として厚遇したとされる。

同様のエピソードは、チチカカ湖岸を中心に様々なバリエーションで語られている。スペイン人の征服に対して戦ったというものもあるし、結末としても追い払うパターンのものから、力を認められて兵士として雇われたという顚末のものまで様々なものがある。いずれにしても、ここでは楽器が、敵を吹き飛ばしたり、敵に恐れを抱かせたりして、直接的な兵器・武器としてイメージされている。

こうしたイメージと少なからず影響しあっているのは、近代のボリビアが民俗楽器を実際に軍用としてしばしば組織化したり、徴用したりした歴史であろう。1章で述べたように、ボリビア国家の「民俗」の利用は、戦争と強く結びついたものであった。一九二〇年代にボリビア陸軍「ペレス第三歩兵連隊軍楽隊」にはサンポーニャの軍楽隊が設立されていた。また、一九三二〜三五年にボリビアとパラグアイの間で戦われたチャコ戦争において、ボリビア陸軍はいくつかの村落のサンポーニャ楽団を徴用し、軍楽隊として使用した。右に例を挙げたタイピ・リヒリヒの人々も、チャコ戦争において軍楽隊として徴用された。そのため、タイピ・リヒリヒの人々は、いまだに当時演奏されていた曲を作曲者の人物とともに記憶しているし、軍事行進の時に用いられた曲を国家の祭日などに必ず演奏している。

このように、近代ボリビアにおいて、楽器は確かに「音響兵器（sonic warfare）」［Goodman 2010］として使われていたのであり、その裏にはインカやスペインを撃退したという音楽に対するイメージが存在しているのである。まさにアイマラ的文脈において、音楽とは「他者に抗するため」の機能を持っているのであり、「反抗」のための道具なのである。

このことに鑑みると、リマ氏がアイマラの戦士を引き合いに出しつつ、フォルクローレ楽器の演奏を「反抗」と言ったのもあながち間違いではないように思われる。リマ氏のテーゼに基づけば、フォルクローレ音楽の中心的価値とはまさに「反抗」なのであり、それは、フォルクローレ音楽が成立していった黎明期の時代背景におけるカウンターカルチャーのボリビア的受容と、アイマラ的な口承伝統、二〇世紀前半のボリビアの軍事＝娯楽複合［Goodman 2010 : 31-34］の交点にある、ハイブリッドな言説としての「反抗」の思考なのである。そしてここに私たちは、「他者とつながるための音楽」とは少なくとも別の含意を持った「他者に抗するための音楽」という主題が見られるのである。

3　個が個であるための音楽

若き天才、フェルナンド・ヒメネス

「他者に抗するための音楽」は、反抗する側と反抗される側の中にある関係に切れ込みを入れる。ここには確かに反―関係的な契機が見られる。しかし、一方で、まさにカウンターカルチャーがある世代的運動になっていったように、あるいはタイピ・リヒリヒの音楽がチャコ戦争という国家総力戦において使われたように、それは「抗する」というまさにその行為によって、人と人をつなげるための音楽としての力も持つものになりうる。その意味では、前節で見出された「反抗」という

音楽観は、「関係論的音楽観」に一定の留保をつけこそすれ、それと完全に対極にある何かとまではいえないように思われる。

しかし、私はフォルクローレ音楽家にとっての「反抗」とは、さらに私的・個的な実践としての含意を持ち、関係論の先にある「孤独」に向かっていくものだと考えている。こうした考えに至った経緯を説明するためにも、もうひとり別の音楽家のライフヒストリーをここで取りあげてみたい。

フェルナンド・ヒメネス（Fernando Jimenez）氏は五〇代後半の男性で、リマ氏と同じくラパス市のミラフローレス地区出身、生粋の「ラパスっ子」である。彼は基本的に普段の生活はスペイン語モノリンガルだが、両親がスペイン語とアイマラ語のバイリンガルだったようで、複雑な話にならない限りアイマラ語でコミュニケーションをすることができるようである。

ヒメネス氏は、誰もが認めるサンポーニャ奏者の第一人者であり、「黄金のサンポーニャ（zampoña de oro）」の異名を持つ。カブール帰国以降の新生ハイラスの参加メンバーであり、カブールとともに三列（クロマティック・）サンポーニャ(4)を開発した人物といわれている。

彼の生家は鉱山経営で財を成したパティーニョ家とも取引関係があったという錫《すず》鉱山関連の商売をする家で、小規模経営で豊かとはいえないまでも決して貧しくはなかったという。彼は、兄弟とともに幸福な少年時代を送った。

そんな彼の転機は意外なところで訪れた。彼がまだ一〇代前半の時、家族のバイクをこっそり乗り回していたところ、道にあった大きな段差（減速帯）でうまくスピードを落とせずに事故を起こし、全治一ヶ月の大けがを負ってしまった。フェルナンド・ヒメネス少年は、足を骨折してしまったため歩いたり走ったりすることができず、大好きだったサッカーがまるでできなくなってしまい、友だちとの交流もなくなってしまった。彼は病室で孤独な時間を過ごした。

そんな中、兄がせめてもの気晴らしにと、サンポーニャを病室に持って来た。当時まだサンポーニャは農村音楽に使われる楽器という色彩が強かった。農村音楽では、一般的に二列のサンポーニャを二人一組で別々に持ち、交互に吹いて演奏することが普通である。ヒメネス氏も、兄が見舞いに来るたびに吹いて遊んでいたという。しかし、兄は決して毎日病室に来たわけでもないし、来たとしても少しの面会時間が終われば帰ってしまっていた。それでもひとりで病室にいて暇をもてあましていたヒメネス氏は、ひとりで二列のサンポーニャをひとつに束ねてそれを気晴らしに吹いていたという。

一ヶ月ほどで退院したものの、その後もしばらくフェルナンド少年はサッカーができずに鬱々とした生活を送っていた。そんなフェルナンド少年のところに、新生ハイラスのリーダーであるエルネスト・カブール氏が訪れる。「サンポーニャを上手に吹く少年がいる」という噂が回っていたのだ。それから、ヒメネス氏は、カブール氏と一緒にラパスとエルアルトをつなぐ自動車専用道路、アウトピスタ（autopista）の横の森で毎日練習をしていたという。そこでならば、どれだけの音を出しても森と車によって音がかき消され、文句を言う人はいなかったからである。ヒメネス氏はカブール氏に言われるままに練習をし、食事もほとんど取らずに、毎日一〇時間以上練習をして、家に帰る頃はへとへとだったという。

こうした練習の成果もあって、ヒメネス氏はカブール氏のグループの一員としてサンポーニャの演奏を始めていく。初めての演奏は、カブール氏が活動の拠点としていたライブハウス、ペーニャ・ナイラでの演奏だった。ヒメネス氏はその時の体験を以下のように語った。

初めて演奏する時は緊張して緊張して。当時はペーニャ・ナイラもヨーロッパだのアメリカだのから来た人たちもたくさんいて。しかも当時のペーニャっていうのは、そういう外国人が来て一晩中お酒を飲むようなところだったんだ。だから、やっぱり子どもの行くようなところではなくて、それも含めてとても緊張したんだ。まだ小さかったし。それでもみんなの前で何とか一曲演奏して、わーっと拍手が来た時の感覚は今でも忘れられないね。嬉しさと怖さで、足がすくんで動かなかったんだ。

当時、まだサンポーニャをソロ楽器として演奏するスタイルは確立されていたとはいえず、その奏法も決して洗練されたものではなかった。それが、ヒメネス氏とカブール氏の手によって、次第にソロ楽器としての地位を確立していく。ヒメネス氏は若い天才サンポーニャ奏者として、名を馳せていくことになる。また、このソロ楽器としてのサンポーニャの使用は、とりわけ隣国であるアルゼンチンやペルーで行われていたケーナを主体とした音楽に対して独自性をもたらし、ボリビア発の独自性のある音楽が創造されていく過程に大きく寄与した。まさにカブール氏とヒメネス氏は「ボリビア・フォルクローレ音楽」の生成に寄与したといえるのである。

ヒメネス氏は、こうした人気も背景にあって、新生ハイラスのヨーロッパツアーに同行することになる。これに対して母親は賛成したが、父親は大反対した。父親はもともと厳しい人物で、息子には家業を継いでほしいと考えていた。音楽を趣味でするならばともかく、プロの演奏家としてやるのはもってのほかだと考えていた。しかし、母親はカブール氏の説得を受けたこともあって、父親には内緒でパスポートの準備から荷造りまでありとあらゆることを行い、ヒメネス氏をヨーロッパに送り出す。

ヒメネス氏はツアー先のヨーロッパに着いた際、意気揚々として父親に国際電話をかけたという。

今でも思い出すよ、あの爽快な気持ち！　父親は驚いて電話口で「何してるんだ」とか、「今すぐ帰ってこい」とか、ごちゃごちゃいろいろ言っていたんだけど、「国際電話は高いから切るね！」って言って切ってやったんだ。

こうして、まだ一〇代半ばのフェルナンド少年の「反抗」はうまく成立した。そしてその後、次第にフェルナンドは若き才能としてボリビアを代表するサンポーニャ奏者としての名声を獲得するようになる。彼の音楽家としての最初の履歴は、一〇代が終わるまでの間に三枚のソロアルバムを出すなど、大変充実したものであった。

ヨーロッパですら一時期は、どこに行っても自分の名前は売れていたんだ。ある時ヨーロッパのとあるレコードショップに行って自分のレコードが並べられているところを見に行ったんだ。そのレコードショップでは、ミュージシャンの名字のアルファベット順にレコードが並べてあった。それで、ヒメネス(Jimenez)のJのところを探していたら、自分のレコードはマイケル・「ジャ」クソンの隣に並べてあったんだ！

こうして音楽家としての成功を収めていく中で、ヒメネス氏はますます若き天才として持ち上げられていく。しかし、一方では音楽活動を続けたことによって、父親や兄弟との確執は決定的なものとなってしまい、次第に彼は家族とは疎遠になっていった。ヒメネス氏には、音楽活動の結果得たまとまった金があり、女性にももてた。彼はひとり暮らしを始めた。

友好的な出会い

しかし、彼は自己主張が強く、しばしばグループの仲間と仲違いを起こすことになった。順調だったはずの音楽家人生にはだんだんに影も現れ始めた。結局、結婚も四度して全部離婚という形に終わってしまった。人々の話によれば「離婚することに対して人々が今よりずっと悪く思ってた」そんな時代の出来事である。仲間との不和や結婚生活の行き詰まりを迎えるたびに、彼は酒に溺れる生活に陥っていった。

浮いては沈み、浮いては沈みを繰り返す生活の中で、特にゼロ年代半ばに入ってからの間は、ほとんど音楽活動もせず、生活にも困窮する。金を周りに無心しては、踏み倒し、周囲との関係はますますこじれていったという。彼はその孤独を深めていった。

そんなヒメネス氏に私が会ったのは、二〇一六年八月だった。私はヒメネス氏に対しても、フェイスブックで連絡先を探して、メッセージを送ってみた。それで、意外にもあっさりとアポイントが取れて、会えることになった。しかし、正直に言って、その時私はヒメネス氏に会うことに緊張していた。というのも、音楽家の間では、ある「噂」が流れていたからである。

ヒメネス氏は、金遣いが悪く、ボリビア人からも外国人からもいつも高額のレッスン料を取ったり、高値で楽器を売りつけたりして、しかもお金だけ取って実際にはレッスンをしなかったり、楽器を渡さなかったりすることもある。さらに、詐欺まがいの事件を起こして謹慎中らしい、嫌なことに巻き込まれたくなかったら関わらない方がいい等々。こうしたことの詳細や真偽について私は判断できる立場にないが、音楽家として成功した後の金遣いの荒さなどは、本人も語っているので、少なからず真実に近いものはあるのだろう。

待ち合わせ場所に現れたヒメネス氏は、会うなり、私に「サンポーニャのレッスンを君にしたい」と言ってきた。おそるおそるレッスン料を聞くと、「いくらでもいいんだけど、そうしたら一〇回のレッスンで七〇〇ボリビアーノスでどうだい」と聞いてきた。一般に、それなりのプロのアーティストであれば、たとえ有名でなくても個人でのレッスン料には一回一〇〇ボリビアーノスくらい支払うのが相場である。それがトップアーティストにもなれば、一四〇ボリビアーノスくらいは普通である。そんな中、ヒメネス氏の提示した金額は「破格」ともいえるものだった。そこで私は少し心配になって、それは相場より安いけれど大丈夫か、と聞いた。

音楽はお金のためにやるんじゃないよ。音楽は言ってみれば私にとって「癒し（terapia）」なんだ。遠くから来てくれた君にぜひ私の伝えられることを伝えたいんだ。

それでも私はその時はまだ疑心暗鬼だったので、金だけ先に取って後はレッスンをしない可能性について考えていた。しかし、彼は週三回、ほぼ一ヶ月の間、レッスンをしに私の住んでいた下宿までわざわざ来てくれるようになった。そしてその間、サンポーニャの奏法を教えてくれた他に、毎回多くの思い出話をしながら帰って行った。むしろレッスンといいながら、ほとんどが思い出話で終わることもあった。それらの思い出話の多くは、一部すでに紹介したような彼の「アネクドタ」の数々であった。どれだけボリビア中で自分の音楽が売れていたか。若い頃、当時のボリビアで最も人気があった歌手二人と同時に恋におちて、浮気をした話……。

ある時、ヒメネス氏は言った。

最近思うことがある。自分ももう五〇代だ。やがて「おじいさん（abuelito）」だ。どんどんサンポーニャが吹けなくなっていくのを感じる。もう音楽家として自分が満足してやっていけるのは、あと長くても一〇年かと思っている。あと一〇年経ったら、きっぱり音楽はやめたいんだ。楽しみでは吹くかもしれないけど、もうプロとしてはおしまいにしたい。だからその前に、もう一度、何か大きな仕事をしておきたいし、これからの世代に対してインパクトがあることをしておきたいんだ。

さらに彼はこう言った。

これから自分は、「サンポーニャの歴史」っていうCDを出したい。これは、まだ誰も考えたことがないアイデアだから絶対うまくいくと思う。フォルクローレ以前のサンポーニャ音楽から、フォルクローレの名曲を網羅して、それから今流行っているような音楽、さらにもっと現代的な試みまで一枚のCDにまとめて出すんだ。いいアイデアだろう。これは、まだ誰も考えたことがないことなんだ。

彼は私と会う数年前には、古巣だったコンフントのひとつで、メンバーに自ら頭を下げて自分のこれまでの素行の悪さを認め、謝罪し、再びメンバーにしてもらえるように頼み込んだらしい。彼はこの「和解」の結果、少しずつそのグループでの活動を始めていた。また彼は、若手の奏者を育てる大きなプロジェクトを文化観光省や農業開発省に働きかけて、立ち上げようともしていた。また自分の息子をサンポーニャ奏者に育てることにも熱心に取り組んでいたようだった。おそらく私がフィールドに到着した時、予想外に受け入れられたのも、こうした彼のライフステージ上の動機に基づくものであったのだろうと私は後に考えた。

下を向いて吹くこととその意味

レッスンが進んでいくに従ってヒメネス氏は、「もう教えることはない。実際に人前で演奏しなくちゃだめだ」と私に言うようになった。そこで、自分のコンフントの演奏がある時に、一曲か二曲だけ、私にもサンポーニャを吹かせるようになった。ここでも、よく素性の知れないアジア人が突然サンポーニャを吹くというのは、観客にとってもちょっとしたアトラクションになったと見られ、反応は悪くなかったので、ヒメネス氏は自分のアイデアに満足したようだった。次第に、ヒメネス氏がグループ以外のところで演奏する時にも、私は呼ばれて一緒に演奏するようになった。レッスンのことは、だんだんにうやむやになり、会う時にはレッスンというよりもステージ前に演奏を仕上げていく練習がメインになっていった。

このようにヒメネス氏が演奏している姿を、同じステージ上で、真横に立って見るようになってから、私は気になっていたことがあった。それは、彼がサンポーニャを吹く時にずっと下を向いていることだった。これはレッスンの時から一貫した傾向ではあったのだが、レッスンの際には、本番はきっと下を向かずに吹くのだろうと考えていたのだ。それまで私が見たヒメネス氏の演奏以外のステージ、特に若手のグループの演奏では、音楽家たちはサンポーニャ奏者も含めて、観客や演奏メンバーとのアイコンタクトを意識して、視線を上にあげていることが多かった。そのため、レッスンを受けている時は、ヒメネス氏は本番になったら視線を上げるのだろうと思っていた。しかし、実際に演奏を真横で聴き、見るようになって、ヒメネス氏がステージ上でもずっと下を向いていることが気になったのである。
このことは技術的な側面からいっても、ぜひとも私にとっては解決したい問題だった。そこで、ある時演奏前の練習として、サンポーニャを教わっている際に「ステージで演奏をしている時にどこを見るようにしているのですか？」とヒメネス氏に聞いてみることにした。すると、ヒメネス氏は、ほんの一瞬私の方を強いまなざしで見つめてから、まるで準備していたかのように、こう語った。

サンポーニャを吹いている時は必ず足元のところを見るんだ。大地のエネルギーであるチュイマ（chuyma）を引き出すために。ステージで他の音楽家の音を聴いたり、見たりしたらいけない。自分自身の音だけを聴いて、強く吹くんだ。強く、強く……（sólo escuchá tu propio sonido y soplá fuerte, fuerte, fuerte……）。

私は、この発言に驚いた。私は、正直に言えばヒメネス氏が演奏中に下を向いているのはただの無意識の癖――しかも、観客に与える印象やメンバーとのグルーヴを考えるならば「悪い」癖――だと思っていた節があった。その意味で質問はやや「意地悪な」質問であるように思っていた。しかし、ヒメネス氏の答えは明らかにそこにセオリーないしロジックがあることを示していた。この理論／論理はひょっとしたらその場で即興で作られたものであったのかもしれないし、彼がずっと前から考え、用意されていたものなのかもしれない。しかし、そこにある種の理論／論理があることは明らかだった。
また、ステージでは当然ながら他の人の音を聴いてそのグルーヴの中に入るよう言われると考えていたので、それとは真反対を行く「他の人の音を聴くな、他の人を見るな」というアドバイスは私にとってとても印象的だった。サンポーニャは強く吹き込めば強く吹き込むほど、当然ながら大きな音量が出ることになり、大きな音量が出ることは他人の音を聴くのを難しくする。これは一歩間違えると他人の音が聴こえなくなって合奏が崩壊することを招きかねない。

しかし、ヒメネス氏は、ステージで演奏が行われるまさにその「今ここ」ですら他人とのつながりを切ること、ただ自分の音だけを聴くこと、チュイマに集中すること、それこそが大事なことだと言うのである。ヒメネス氏にとって、音楽はステージの上ですら「ひとり」の世界で行われるものなのである。

一方でヒメネス氏の言った「チュイマ(chuyma)」という語彙には違和感もあった。というのも、チュイマとはアイマラ語で「心/力」のことなのだが、これは言ってみればあまりにできすぎた説明で、私という「異文化」から来たゲストに対する、一種の演出を含む説明なのではないかと考えたからである。

他方、ヒメネス氏は、その破天荒さとは裏腹に、アイマラの人々が農村で演奏するサンポーニャ型の楽器の奏法については、奏者としての視点からある時期かなり真剣に研究をした経験もあるようだった。彼はアイマラの村落に祝祭の時期に出かけていっては、そこでの伝統音楽をこっそり録音したり、演奏の様子を直接観察したりしたらしい。「お土産をいっぱい持っていくのが何より大事なコツさ!」と彼は言っていた。

こうしたことから、仮に「チュイマ」というのが、ある程度ヒメネス氏の再構成した「アイマラ的なもの」であったとしても、それがアイマラ的な音楽の把握の仕方に全く根拠を持たないわけではないのではないかとも考えられた。そういうわけで、ヒメネス氏のくだんの発言以来、私は、果たして、アイマラの人々にとって、音楽における「心／力」とはどのようなものとしてイメージされているのか、強い関心を抱いていた。

ひとりで安全に旅をすること

そのような状況の中、私は全く別の関心から、ラパス県バウティスタ・サアベドラ（Bautista Saavedra）郡にあるウピヌアヤ（Upinuaya）というアイマラ村落に訪れる機会を持った。ウピヌアヤ村では、トゥワイリュ（tuwayllu）と呼ばれる音楽がかつて演奏されていた。この音楽は一九五三年にはフランスの民族学者のルイ・ジローによって録音も行われているように［Girault 1958］、一帯ではよく知られた音楽だった。しかし、その後トゥワイリュを決定的に有名にしたのは、トゥワイリュが全く消失してしまったことの方が大きいだろう。ウピヌアヤ村にはプロテスタントが流入したことにより、カトリックの祝祭は禁止され、トゥワイリュの演奏も禁止されてしまったのだ。私は、この音楽について関心を持ち、村での聞き取りを試みたのである。

しかし、その時、私は村に知り合いがいたわけでもなく、仲介してくれる人も見つけることができなかった。仕方なく、村から一番近い長距離バスが出る集落であるチャラサニ村から、たまたまウピヌアヤ方面に行こうとしていた警察車両の荷台に載せてもらい、ウピヌアヤ村に行くことにした。

ウピヌアヤ村に着いて、最初に出会った中年の男性に村に来た事情を説明すると、その村の村長の家に案内された。村長は、妻と二人暮らしをしていて、子どもは家をすでに離れているということだった。村長は、私のために自宅の納屋に寝床を作ってくれ、食事を与えてくれた。「この村はペルーから近くて旅人がよく訪ねてくるんだ。そういう時に私たちは必ず受け入れる。しかし、日本から人が来るとは驚きだ」と村長は笑いながら話した。私はその村に数日間滞在し、かつてトゥワイリュを演奏したことがあるという人々から——村長自身もそのひとりであった——音楽とその記憶についての聞き取りをすることができた。

数日が経ち、調査が一段落したところ、近いうちに久々にバスが村を通るという話を聞いた。そのため、私は一旦調査を切り上げようと考えた。その旨を村長とその妻に伝えると、彼らは「ぜひまた来るように」と言ってくれた。

その次の日、バスを待つために村長の家を出ようとしたところ、村長の妻が思い出したように、家の中に入り、その後庭を通って、私のところに駆け寄ってきた。彼女が持っていたのは、一本の笛と庭から引き抜かれたばかりのネギだった。


道中、ひょっとしたらカリカリ（kari kari）が現れるかもしれない。ひとりで旅するのは危険なことよ。ネギや笛さえあれば、カリカリはあなたを襲うのをためらうはず。しっかり身につけていきなさい。また必ず遊びに来るのよ。


カリカリとは、広くアンデス高地で存在するとされている脂肪を取る悪霊／悪漢である。地域によってカリシリ（karisiri）、ナカフ（nakaq）、ピシュタコ（pishtaco）等とも呼ばれる。いずれもアイマラ語やケチュア語で「切り取る者」を意味する。カリカリは、ひとりで旅をする人や、旅の途中に眠くなり意識がしっかりしていない人を標的にしてその人に傷をつけ、脂肪を抜き取る。脂肪を抜き取られた人は、数日の間に原因不明と思われる高熱を出し、治療をしないと死に至る。

このカリカリは、アンデス研究においても長く研究の対象になってきたもので、私もボリビアを訪れる前からカリカリについての予備知識を持っていた［cf. Taussig 1987：221-241; ワシュテル 1997(1992); 加藤 1998］。しかし、それが音楽とネギによって撃退できるものだということは、初めて知ったことだった。ウピヌアヤ村の村長の妻は、カリカリがいかにおそろしいか、それに対していかに笛の音とネギの匂いが予防策になるかを丁寧に説明してくれた。チャリャと呼ばれる出発の儀礼も済ませて、私は「気をつけて行ってきます」と述べた。私はその後無事、チャラサニ村へ、そしてラパス市へと戻ることができた。

この一連の経験は、私の中でヒメネス氏の「チュイマ」の話に結びついた。笛というものが、単に他者に対して奏で、聴かせるものであるというだけでなく、特別な「力」を引き出すこと。そしてその「力」を借りることで、カリカリという他者に抗することができること。これらは「チュイマ」の話と大いに接続する語りであった。

またある時、私は、ラパスの旧市街の境界部にあるガリータ・デ・リマ広場（La Plaza de Garita de Lima）に、農村楽器の露店が集積している場所があり、そこで農村楽器の製作者の店主であるラウレアーノ・ママニ（Laureano Mamani）氏に話を聞いていた。その時、ママニ氏は「お前は、なぜここにこんなに楽器店がたくさんあるか知っているか？」と私に尋ねた。「全く分かりません。ぜひ教えてください」と言う私に対して、ママニ氏はこう語った。

ここに民俗楽器の店がたくさんあるのは、かつて田舎からラパスに来た旅人がここで笛を買ったからだ。ひとりで旅をする際には悪霊を追い払うために、笛を吹くか、犬を連れている必要がある。

ここでも、ひとりで旅をすることは、危険なことである。アンデスをひとりで旅している時、逆説的ではあるが、私たちはひとりではない。そこには悪霊／悪人など、すぐには見出すことのできない諸存在に私たちは囲まれている。その時、ユカギールの猟師が、動物の霊との関係をうまく切り離すのと同じように［ウィラースレフ 2018（2007）：11-55］、私たちは私たちを取り囲む諸存在から関係を切り離し、適切にひとりにならなければならない。さもなければ、ユカギールの場合と同じく「死」あるのみなのである。そして、その関係の切り離しはアンデスにおいては、「音楽とその力」によって行われるのである。

私は、ここでアンデス・アイマラ的なものと、ヒメネス氏の言葉を少なくとも並行的なものとして見なそうとしている。アンデスにおいて、ひとりで旅をすることとは、音楽の霊的な力を使って、うまく他なるものとのつながりを切ること。そのことによってうまくひとりになること。そして、ヒメネス氏にとってサンポーニャを吹くこととは、音楽の霊的な力によって自分の音に集中し他の音楽家とのつながりを切ること、ステージにおいてうまくひとりになること、なのである。

もちろん、繰り返すように、ヒメネス氏がどこまでアイマラ的な音楽観を踏まえて「チュイマ」について言及しているかは分からない。ひょっとしたら、ヒメネス氏は、アイマラ村落出身の両親や、アイマラ村落への訪問を通じて実際にその音楽観を自分のものにしているのかもしれないし、そこにある程度自分の創作を交えているのかもしれない。その両方でもありうるし、どちらか一方のみである可能性もある。また大地にある「チュイマ」的なものと、笛の音楽的力とは、厳密には別の力である。ここで私が見出すのは、あくまでも、音楽の霊的な力とひとりになることの間にある並行性である。

ただ、それでも「他者につながるための音楽」に対して、「他者に抗するための音楽」という思考を取り出し、展開するのには十分だと思われる。改めてヒメネス氏の発言に立ち戻った時、彼が述べたいのは、サンポーニャを強く吹き込むことによって、他者との関係を切り離し、自分を作り出すこと、ステージの上ですらそれを行うこと、それが彼にとって、音楽をすること、フォルクローレ音楽をすることなのである。

4 反抗、世代、強度

他者に抗する音楽とその強度

ここまでに見てきた事例をまとめよう。本章では音楽実践の多様な局面を切り取ってきた。主流社会に反抗するための音楽。家族や他の音楽家に抗うための音楽。インカやスペインに対抗するための音楽。ステージで自分の音に集中する演奏。「悪霊」を払うための楽器。それらの音楽実践の担い手は様々で、ボリビア・フォルクローレ音楽の中心に近いものもあれば、それを下支えする音楽世界についてのものもあった。

しかし、改めて強調すると、これら多様な音楽実践の中にはひとつの共通点がある。それは、これらの音楽実践がいずれの事例も他人とつながるためではなく、他者に抗し、他者を遠ざけるための音楽として捉えられるということである。そして、他者に抗し、他者を遠ざけるための音楽について思いをめぐらせる時、それは関係を肯定し、つながることを言祝ぐ関係論的思考では捉えることのできない、別様の音楽への賭け金[5]、ポスト関係論的な音楽への思考へと私たちの思考を導く。

そして、この他者を切断する音楽にとって重要とされるのが「とにかく強く吹くこと」だということが、私にとっては示唆的に思われる。ヒメネス氏が述べている通り、サンポーニャを吹くということは、ほとんど他者の音が聞こえなくなるほどに、強く、強く、強く、息を吹き込むことである。そして、それはリマ氏に言わせれば、音の強さ＝強度（intensidad）の問題なのである。ヒメネス氏とリマ氏に限らず、フォルクローレ音楽家は、しばしばひとつひとつの音の「強度」に言及する。曰く、大切なのは、リズムやメロディー、テクニックでもなく、まずもって「強度」のある音を出すことなのである。

音楽人類学の祖ともいえるブラッキングは、かつて音楽を「人間によって組織づけられた音（humanly organized sound）」と定義した［Blacking 1973 : 3］。そこで意識されているのは、音楽とは人によって秩序づけられ、結びつけられた音としての音楽であり、端的にはメロディーやリズム、ハーモニーなのである。しかし、ここでフォルクローレ音楽家にとって一番重要なのが、音の結びつきとしてのメロディーやリズム、ハーモニーでなく、他者との間に生まれるグルーヴでもなく、それぞれの単音が持つ「強度」なのだとしたら、もはやフォルクローレ音楽はその中心的な部分において「組織づけられた音」だとはいえないだろう。そこで問題になっているのは「人間によって強められた音（humanly intensified sound）」なのである。他者に抗する音楽は、ひとつの楽音の強度、というそれ自体非関係論的な方法論に支えられていることになる。

この論点は、グッドマンによる『音響兵器――音、情動、恐怖のエコロジー』［Goodman 2010］の音楽情動論を想起させる。グッドマンは、ソニックブーム、音響兵器、イタリア未来派の音響実験、超低音を使用する電子音楽など、音と技術の交点にある事例を次々に取り出してきては分析を加えている。ここでグッドマンが見ようとしているのは、奏でる―聴かれるのとは、別の仕方で、力として他者に影響を及ぼすものとしての音響であり、その音響が世界にインパクトを与えるモーメントである。このグッドマンの議論に関しては、人類学においても、台湾の都市における騒音とその規制に関する研究［Hsieh 2021］や、近年のアイルランドのプロテストソングに関する研究［Millar 2018］など、様々な研究が出てきているところである。

しかし、ここで強調しておきたいのは、グッドマンがメタファーとしての「音響兵器」を近代、特に近代の軍事＝娯楽複合の産物としているのに対して、アンデスにおいては、音楽とは最初からインカやスペインを撃退したり、悪霊／悪人を退ける機能を持ったものであり、最初から「音響兵器」だったということである。そして、フォルクローレ音楽もまた、一九七〇年代以降、カウンターカルチャーの影響などを受けつつも、独自に力や強度としての音楽という問題にアプローチしてきたということなのである。ある一面において、フォルクローレ音楽もまた音の強度によって、自分という個体を守り、悪しきものを破砕するために用いられる道具だと理解すべきなのである。

時代に抗い続けること

しかし、ここで出た結論については、すぐさまいくつか吟味の余地があることが想定されるだろう。

第一に、私たちが達した結論、「力」や「強度」としての音楽や、他者を排するものとしての音楽観は、あまりに男性中心主義的ないしマチスモ的な音楽観とはいえないだろうか。現にフォルクローレ音楽に限らず、在来の音楽においても、楽器の演奏を担っているのはほとんどが男性である。ボリビアの人々は――女性も男性も――女性は非力なので器楽には向いていない、と判断をすることが多い。そもそもラテンアメリカ社会全般においてマチスモ（machismo）は大きな問題であり、芸術表現の場においてもマチスモは権力性として姿を現すことがある。ここで私たちが出した結論は、こうした権力的な言説に加担し、それを強めてしまうことにはならないだろうか。

また、全く別の角度から第二の疑問も生じる。ここでフォルクローレ音楽家たちは、本当に「他者とのつながりを断とうとしている」と解釈することはできるのだろうか。リマ氏は、音楽で重要なのは反抗であると言い、同時代の音楽家との関係を切り離そうとしているのだとしても、しかしそのことによって、アイマラの音楽家と精神的な同一化をしているのではないか？　その意味で、音楽家はむしろ積極的に過去の匿名の音楽家と「つながろう」としているとはいえないのだろうか。あるいは、ヒメネス氏が言うように、人の音を聴かずに自分の音に集中して、それでも合奏が崩壊しないのは、他の音楽家と（相対的ではなく）絶対的なノリ（ないし音楽的コード）の共有があるからなのではないか。その意味では最初から音楽家は強く「つながって」いるのではないか。

こうした論点はいずれもそれぞれに妥当性を持つものであり、吟味の余地は十分にあるだろう。ただし、私としてはそれでもなお、「他者に抗する」ものとしてのフォルクローレ音楽という側面を取り出すことには意味があると考えたい。

ここで想起したいのは、今フォルクローレ音楽が音楽的に大きな転換期にあるということ。今回紹介した音楽家たちは、世間的には世代交代を迫られ、自分たち自身もすでに老いの予感を感じているような主体であるということである。今や、そのほとんどが男性である彼らは、若い世代の音楽家たちから「おじいさん」と揶揄されるようになり、マチスモが男性に要請する「男性的な強さ」を誇示できなくなっている。

彼らは、親世代や、その世代が有してきた価値観、周囲との仲間意識など様々なものに「抗って」音楽をしてきた。それは自ら選び取った時代に先んじる者としての「孤独」であった。しかし、時代の悲愴的ともいえる転換や老いが迫る中で彼らは今度は時代に遅れる者としての「孤独」に追い込まれているといえる。そこで再び音楽活動を再開しようとする彼らは、今度は「時代」や「老い」というものに抗って音楽をしようとする主体となっているのである。

そして、「反抗」する生を選んできた彼らが、あえて今、音楽は「反抗」のためにあるという。力を込めて、自分の音に集中せよという。私はそこに彼らなりに貫かれた音楽への思考を読み取り、十分に尊重したい。彼らが、新しい音楽を作ってきただけでなく、別様の音楽観を育んできたことに、私自身が賭けてみたいと感じるのである。

また、ひとりになること、孤独であることを選び続けた音楽家にとって、つながる先にあったものが身近な人々ではなく、歴史の遠い先にある匿名の音楽家や大地の力そのものといった「思弁的」ともいえる他者であったということはそれ自体示唆的である。これは確かに音楽家にとっての「つながり」の希求だと解釈することはできても、それは音楽人類学がしばしば想定するような、対面的・社会的なつながりとはもはや別種のつながりなのである。彼らのつながりは「今ここ」という確かな現在を超えて、遠い過去の彼方にいる音楽家や悪霊のように世界の中に漂い「憑在」［デリダ 2007（1993）］する力とのつながりに及んでいる。時間の流れの中にうまく安住することができなかった彼らは、時間をもっとばらばらにするアナクロニズムの中で、世界の中に自分をつなぎ止めているのである。ここで重要なことは、こうしたつながりについての分析は、ポスト関係論的分析を通じて初めて吟味できるということなのである。音楽に魅せられ、そこに何かを賭すとは、かくまでも「孤独」な営みであるといえるのだ。

他者とつながるために奏でられるのではなく、他者とのつながりを切り離し、個が個であるために奏でられる音楽がある。音楽には確かに、非関係論的な一面があり、そこには豊かな人々の音楽実践や音楽への思考が存在している。こうしたことを、リマ氏とヒメネス氏の生と実践は私たちに示してくれているように思う。

私の日本への帰国が迫ったある日、ヒメネス氏はラパス市文化観光局の主催するイベントの演奏依頼の話を友人を通じてもらった。そして、私にも演奏するように言った。

それはそれなりに大きなイベントであったが、ヒメネス氏が全盛期に相手にしただろう何千、何万の観客に比べたら比較対象にすらならなかっただろう。それでも彼は演奏をした。かつて大きなサンポーニャを轟音で演奏することを売りにしていた彼は、今やその体力の限界からそれをひとりで吹ききる自信はなく、大きなサンポーニャを私と二人一組になって吹いた。観客は大いに喜び、演奏は成功に終わった。

ステージを下りる時に、彼は私にこう言った。「音楽はこうでなくては、こうでなくては……(Así tiene que ser la música, así tiene que ser……)」。

6章 「不真面目」なひとりの楽器職人

前章で、私はフォルクローレ音楽家の「他者に抗する音楽」という音楽観を記述した。それは「関係論的思考」では見ることのできない音楽の重大な一側面を見えるようにするものであった。言ってみれば、ここまでで、フォルクローレ音楽家の「ポスト関係論的思考」をめぐる記述は、ひとつの結論に到達したのである。

しかし、私としては、ここにとまどいが残る。私は、そもそも人としてのフォルクローレ音楽家を理解したいというところからフィールドワークを開始した。これまでも本書の所々で言及してきたように、フォルクローレ音楽家の日常的実践の中に参与し、自らも音楽活動をすることによってフォルクローレ音楽家と某かのラポールなるものを築き、フォルクローレ音楽家の語りを聞いた。そしてそれをもとに人類学の先行研究との間に関係づけを行い、フォルクローレ音楽家の語りをある一貫した関係性のもとで理解し、提示するという作業を行った。

こうしたこれまでの議論の組み立てを、もう一歩メタな視点から捉えた時、実はここまでの章で記述してきたことそれ自体、暗黙裏に、調和的で安定的で肯定的な「つながり」のうちに書かれてきたとはいえないだろうか。つまり、私がフォルクローレ音楽家の「ポスト関係論的思考」を記述するのに際して取った方法は、あまりに「関係論的」方法だったとはいえないだろうか。「他者に抗する音楽」などについて書いておきながら、それが暗黙裏に示してきたのは、私とフォルクローレ音楽家の「絆」をほのめかすような言説だったのではないか。そのことに矛盾はないのだろうか。

もちろん、対象の「ポスト関係論的思考」について記述したり考察したりすることと、その方法が「ポスト関係論的」であるかどうかとは、元来別の問題である。しかし、本書は序章で示した通り、あくまで「彼らの理論」を「私たちの理論」と同レベルに扱おうとする立場から出発している[cf. ヴィヴェイロス・デ・カストロ 2015 (2009); Ingold 2018]。そうであるならば、人類学の方法論と、フォルクローレ音楽家の音楽論とは全く別の次元にあるとして棄却してしまうことは、少なくとも積極的には肯定できないだろう。

こうしたことを踏まえた上で、本章ではこれまでの議論の内容と議論の立て方そのものを相対化して、別様の議論の可能性について検討してみたい。人類学において、人類学の方法論の中心にフィールドワークという営みがあり、このフィールドワークという営みの中心には、人と人の出会いの中で他者を理解ないし諒解していこうとする試みがあるということは、広く共有されていることだろう[鏡味 2011 : 9-10]。この前提を留保したら、どうなるだろうか。もちろん、本章の議論もまたフィールドワークに基づいている時点で、ここでの関係性の前提を全て無化することはできない。しかし、ある程度相対化し、音楽家に寄り添って「真剣に理解する」のとは別の仕方で、フィールドの人々と向き合うことはできるかもしれない。本章は、こうした目論見のもと、あえて一旦フォルクローレ音楽家からフォルクローレ楽器の製作者に事例の重心をずらして、音楽家と楽器製作者の「奇妙」ともいえる関係性について考えることで、この問題に取り組んでみたい。

1　近代の孤独とポスト多文化主義時代の孤独

「ボリビア式」の近代

ここまで本書は、ボリビア・フォルクローレ音楽家たちの孤独を物語るような「アネクドタ」について記述を積み重ねてきた。フォルクローレ音楽家たちは、親や兄弟など親族との関係を断ち切り、同業者たちとの関わりあいも希薄な状況の中で——時にはやむにやまれずそこに追い込まれる形で、時にはそれを自ら選択する形で——音楽活動を続けてきたのである。その背景には、親世代に対する価値観への反抗を持ちつつ、「何か新しいもの」「何か自分だけのもの」を求めるという基本的な姿勢が一貫していた。

しかし、このような主張については、ただちに以下のような疑問が生じる可能性があるだろう。すなわち、フォルクローレ音楽家たちの新規性と独自性を追求しようとする振る舞いは、本当にボリビア・フォルクローレ音楽家に固有のものなのだろうか、という問いである。むしろ、それは天才的で自由な個人が作品を創造するという、近代西洋音楽ないしは近代西洋芸術そのものが持つ傾向なのではないだろうか［渡辺 2014：4］。つまるところ、ここまでにボリビア・フォルクローレ音楽家の孤独として記述されてきたものというのは、典型的な西洋近代音楽家のそれ、ないしはそもそも西洋近代の個人主義が持つ孤独ということになりはしないだろうか。実は、ボリビア・フォルクローレ音楽とは、近代西洋音楽なのだということになるのではないか。

この問題に対して、本書は、否と言いたい。ボリビア・フォルクローレ音楽は、こうした単純な近代化論のナラティブでは記述することができないものである。たとえば、4章で記述した「普遍の水準」はラテンアメリカという場所から西欧を見ることの複雑さを表現しているといえるだろうし、5章では、フォルクローレ音楽家の孤独の根源が、一方ではアイマラ的な音楽観や、それを取り巻くボリビア史的事情にあることを示してきたつもりである。こうしたことによって、フォルクローレ音楽家的な孤独というものが、少なくとも完全に近代的個人の問題に還元しきることはできないこと、そこにはより複相的な理解が必要であることを論じてきたつもりでもある。

ただし、「ボリビア・フォルクローレ音楽は西洋近代音楽なのではないか」と問いを立ててみることは、思うに、別の興味深い問いにつながっていく余地がある。そして、この問いは、フォルクローレ音楽について本書のこれまでの視点とは全く別の視野を与えるものになると考えられる。

どういうことか。ここで仮に、ボリビア・フォルクローレ音楽で起きたことが、西洋近代音楽の音楽観の素朴な受容であると考えてみることにしよう。その場合、しかしそれでは、なぜボリビアでは、クラシックやポップスなどの西洋近代音楽そのものが受容されなかったのかという疑問が出てきはしないだろうか。もし音楽家たちが、近代的な音楽に憧れ、近代的な音楽家になることを目指したのであれば、なぜ素直にクラシックやロック、ポップス、ジャズなどの演奏家になることを志さなかったのであろうか。なぜ彼らはわざわざ民俗楽器を再調律した上で、新しい音楽ジャンルを一から作るなどという困難を選択したのだろうか。

同じラテンアメリカを見渡してみても、たとえばキューバにおいては、クラシック音楽が受容され、盛んに演奏されているし[cf. 田中 2014]、アルゼンチンにおいては、一九七〇年代後半の軍政期をひとつのきっかけにロック文化が広く浸透し、現在に至るまで主要な音楽ジャンルとしての地位を占めている［cf. 比嘉 2010］。

つまり、ラテンアメリカで西洋近代音楽を演奏することが不可能だったわけでは全くないということだ。しかし、ボリビアに関して言えば、たとえば3章で部分的に示したように、クラシック音楽は決して充実した発展を見せたというわけではなく、いわゆるロック文化やポップス文化が定着しているともいいきれない。これは一体どのような事態なのだろうか。

この問いは、歴史学的な探究によって、様々な要因を検討されるべき問いであり、それを全体的に解決することは、私の能力を超えるものである。しかし、少なくとも、極めて重要な要因であっただろうポイントを一点挙げて検討することはできる。そのポイントとは、フォルクローレ楽器の「安価さ」である。ボリビア・ラパス市で、たとえばバイオリンを購入しようと思う場合、あるいはエレキベースを買おうとする場合、安価なものでも一〇〇ドル（七〇〇ボリビアーノス）は下らないだろう。しかし、これが民俗弦楽器のチャランゴとなると安価なものだと三〇ドル（二一〇ボリビアーノス）未満で購入することができ、管楽器に至っては二ドル（一四ボリビアーノス）程度で購入することができる。これはもちろん、需要がない西洋楽器は供給量が少なく価格が下がらないということも一要因としてあるだろうが、それにしても、フォルクローレ楽器は安価なのである。

4章で音楽家自身による楽器製作の工夫について言及したが、極論、適当な竹材や葦材さえ手に入れることができれば、穴を開けたり切りそろえたりして、とりあえずの管楽器を作ることはできる。実際に、ボリビアで――少なくともラパス市で――クラシック音楽やロック音楽を嗜んだり演奏したりできるのは、比較的経済的に余裕がある層に限られている。ボリビア・フォルクローレ音楽の発明とは、部分的には、この手元にある安価で単純な構造の楽器によって、西洋音楽と同じようなことが実現できるという発明だったということができるのである。

古典的には、ガルシアがフランスのイチゴ競売所の例で論じているように［Garcia 1986］、近代的な経済システムは、具体的なモノや装置で実現されてきた。アクターネットワーク理論の提唱者のひとりであるカロンが言うところの「経済学の遂行性」［Callon 1998］の問題である［cf. 中川 2011：79-80］。これにならっていえば、ボリビア・フォルクローレ音楽とは、民俗楽器というモノ／装置によって近代音楽システムが実現したという事態なのであり、真鍮や金、銀の機構ではなく、竹の管や彫られた木で近代を実装するというプロジェクトなのである。つまるところそれは、「ボリビア式」の近代なのである。

少なくとも、フォルクローレ音楽が一九七〇年代の若者たちを魅了したのは、誰もが、すぐ身近にある楽器を少しいじるだけで、「普遍」の音楽世界に参与しうるという、その可能性なのである。ここで、レヴィ＝ストロースによる著名なブリコラージュの実践［レヴィ＝ストロース 1976（1962）：1-41］とは言わないまでも、「身近にあるもの」「手の届くところにあるもの」のイメージがフォルクローレ音楽の中で重要な意味を持っているのである。

楽器製作者へ

こうしたことを踏まえた上で、本章では、フォルクローレ音楽家の実践や思考を相対化しつつ、改めてフォルクローレ音楽というものについて考えてみるために、フォルクローレ音楽の楽器を作る楽器製作者たちと、彼らの音楽家との関係性に焦点を当ててみたい。フォルクローレ音楽家は楽器について調整したり、ある程度製作したりする能力を持ち、時には自分のブランドで楽器を売り出すこともあるが、ボリビアで生産・流通・消費される楽器の大半は、楽器製作を専門とする楽器製作者たちによって担われている。彼らこそは、ボリビアというネイションの隅々にまで行き渡るような、比較的安価で大量の楽器を供給した、その担い手であり、ある面においてボリビア・フォルクローレ音楽がボリビアの日常風景となるのにあたっての立役者であるといえるのだ。

しかし、ここで興味深い事実がある。それは、フォルクローレ音楽において、ここまで音楽の演奏と楽器製作というものは緊密な関係を持っているのにもかかわらず、音楽家と楽器製作者の間には極めて大きな溝があるという事実である。

ボリビアのフォルクローレ音楽家は、私が知る限り、大半の人たちが大半の楽器製作者たちに対して否定的な感情を持っており、楽器製作者のことを見下している。もちろんごく少数の楽器製作者に対して敬意を払う発言が見られることはあるのだが、全体から見るとこうした発言は稀であるといわざるをえないだろう。

ある時、音楽家と話していると、その音楽家が使っている楽器の話になり、そのまま話題は楽器製作者へと移っていった。彼は、首を振ってため息をつくと、「楽器製作者は音楽のことなど何も分かっていないのだ」と言った。彼曰く、今ボリビアに出回っているフォルクローレ音楽の楽器のほとんどは使い物にならず、せいぜい出来が良いものを見分けて、自分で調整をして使わないといけないということだった。「彼らには進歩しようとか、物事を良くしようという考えが全くないのだよ」とその音楽家は言いきった。普段は温厚で社交的ともいえる彼が、そこまで他者に対しての否定的な言動をすることに、私は少なからず驚きを覚えた。とりわけここでの「彼らには進歩しようとか、物事を良くしようという考えが全くない」という言葉は、一九八〇年代のボリビアの支配階級が語っていた「インディオ」観と居心地が悪いまでに一致しているようにも思われた［cf. Palacios 2005］。

本書では、ここまで基本的にフォルクローレ音楽家に対して、好意的な態度で、その思考から私たちが学びうることを取り出していくことに注力してきた。しかし、ことこの楽器製作者に対する言説についていては、留保をつけざるをえないように感じられた。私としては、音楽家から楽器製作者に対する否定的な発言を聞けば聞くほど、かえって楽器製作者自身は音楽についてどのように考えているのか、彼らにとっての音楽とは一体どのようなものであるのかということへの関心が深まっていった。

ポスト多文化主義時代の村

ここでの音楽家の楽器製作者に対する「蔑み」は、「ポスト多文化主義」［Bessire 2014：277］時代のボリビアという文脈に置いた際に、独特の意味合いを持つように思える。

ポスト多文化主義という言葉で、私は何を言おうとしているのか。まず、それを具体的に示すひとつのエピソードを紹介したい。

ラパス県ロアイサ郡（Loayza）の谷間の奥にある、霧深い集落であるムルムンタニ村（Murmuntani）を訪問した時のことである。私は、そこで行われるモセニャーダ（mohoseñada）と呼ばれる音楽が演奏される祝祭について調査しようとしていた。モセニャーダの演奏については一通り知識があったので、楽器を持参し、おそるおそるモセニャーダの楽団が演奏していた村の広場に行った。そして、少しでも奏法を見て学びたいと広場の隅に身を落ち着けて、楽団を眺めていた。すると、早速に私の姿を認めた楽団のメンバーのひとりが近づいてきて、演奏に加わるように言った。「楽器があるなら人数は多ければ多い方がいい。音は大きければ大きいほど良いのだから」と彼は言った。私は、演奏に加わり、メロディーや周りの人々の運指を追いながら、その場の演奏に必死についていった。

四〇分ほど演奏をして、楽団は休憩に入った。初めは私の方を怪訝そうに見ていた楽団のメンバーたちも、私に対して「思ったよりできるな！　チノ！（chino,「中国人」の意、東アジア系の人全般に対する呼びかけに使われる）」と声をかけた。しばらく広場の草むらで思い思いに休憩していた楽団のメンバーたちであったが、その中でもおそらくかなり年長と見られる六〇代ほどの年格好の男性が、私に近づいてきた。この男性は、私に対して「ボリビアには最近来たのか」と質問をした。私が「そうです、二年前に来ました」と答えると、さらに家族はどこにいるのか、何をしにボリビアに来たのか、日本というのはどこにあるのか等々という、よく私が調査地で投げかけられる質問をした。私はそれらひとつひとつに答え、男性は納得したようだった。そしてその男性はその後うなずくようにしながらこのように言った。

しかし、この国は住みやすい国だろう。この国には差別（discriminación）がもうないんだよ。昔は私たちアイマラやケチュアも差別されていた。「このインディオめ！」と言われたものだ。でも、もう誰も私たちを差別しない。私たちも差別しない。お前もチノだけど、チノだからということで、誰も差別はしないんだ。私たちも差別しない。ボリビアは住みやすい国だろう。

この年配の男性の言葉は、一緒に楽団の演奏に参加させてもらった直後だったということもあって、強く私の印象に残った。確かに、二〇〇六年に、ボリビア初の先住民系大統領とされるエボ・モラレス大統領による政権が樹立して以降、一気にボリビアという国が「多文化主義（pluriculturalismo）」「多民族主義（plurinacionalismo）」の名のもとで、先住民差別の撤廃に向けて思い切った改革を行ってきたことは、ボリビアに住む人々の誰しもが体感するところだっただろう。人類学者としての私は、それでも経済的な格差や、見えにくい階級構造など先住民差別がなくなったとまでいうことができるか判断を迷う部分がある。それでも、モセニャーダの楽団の男性にとって「この国にはもう差別がない」と感じられていることは、重要なことであるように思われた。

いずれにせよ、ここで強調したいのは、私がフィールドに着いた時、確かにボリビアはある大きな変革を通過した後の時代にあったということである。このように、先住民差別がなくなり、「人種的」平等が国家制度から国民の生活のすみずみに至るまで行き渡ったかのように感じられる時代のことを、ベシーレは、ボリビアの「ポスト多文化主義（post-multicultural）」時代と呼んでいる[Bessire 2014：277][1]。

もっとも、ベシーレ自身は、このポスト多文化主義時代において、新たな差別の構造が生まれていることを鋭く指摘している。ベシーレは、ボリビアの中でもアンデス高地ではなく、チャコ平原のアヨレオ（Ayoreo）の人々のもとで長期にわたって研究をしてきた。そのため、ボリビアの多文化主義政策は、先住民の圧倒的多数を占める高地先住民のアイマラ・ケチュア主導で行われてきたゆえに、そうでない先住民のことを忘却し、周縁的な立場に押しやっていると指摘する。そこでは、先住民の差別の撤廃という現象とともに、今度は社会の別様の形で存在していた周縁性――この場合はアイマラ・ケチュア以外の先住民――が浮き彫りになっていくという現象が起きている。このことをベシーレは「超周縁性（hyper-marginality）」[Bessire 2014：287]と呼ぶ。

そもそもアンデス高地の先住民が、アマゾン低地やチャコ平原の先住民を「野蛮人（chunchu）」と名指し、蔑視してきたことは、これまでもアンデス研究の中で指摘されてきた[cf. Taussig 1987]。つまり、ここで問題になっているのは、一方で白人／先住民の間にあった植民地主義的「差別」がなくなったように見えるボリビアにおいて、それよりももっと「古い」差別や弁別の関係性が顕在化しつつある――より見えるようになっている――という事態なのである。

別なる差異の顕在化

これと同型の問題は、兒島［2014］の民族誌の中にも見出せる。兒島の調査したオルロのカーニバルにおいては、その中核を担ってきた二つのグループが存在していた。それは精肉解体業者の同業者組合を中心としたアウテンティカ（Gran Tradicional Auténtica “Diablada Oruro”）というグループと、様々な職種の市民が混合したフラテルニダ（Fraternidad Artística y Cultural “La Diablada”）というグループである。この二つのグループの努力もあり、オルロのカーニバルはボリビアを代表する祝祭行事となり、二〇〇一年にはユネスコの無形文化遺産に登録されるに至る。こうした流れの中で、フラテルニダは国やオルロ県、オルロ市からの表彰を受けることになる。しかし、フラテルニダより設立が古いはずのアウテンティカは、表彰されることがないどころか、市営の精肉解体場の移転と立ち退き政策が進められるなど、露骨な冷遇を受ける。

兒島によれば、こうした事態の推移の中で、アウテンティカのメンバーは、「カーニバルが世界遺産に登録されても、まだ、自分たちに対する偏見があるのか……」と漏らしたという［兒島2014：287］。ここでは、ベシーレが指摘したようなエスニシティーによる区分ではないものの、同じように多文化主義政策の一方で、別の種類の社会的差別が可視化されるという現象が起きている。兒島の場合、その「超周縁性」は、職業間差別という形になって現れているのである。

音楽家の楽器製作者に対する「蔑み」には、これらポスト多文化主義的な問題と同じような構造を看取することができるように私には思われる。「差別がなくなったはず」のボリビアで「まだ偏見がある」という事態、いやむしろ「差別がなくなった」ように見えることそのものが可視化する

「偏見」が、ここでは問題になってはいないだろうか。もちろん、そこで起こっているのは、ベシーレや兒島が指摘するほど、厳しい差別の問題ではないかもしれない。しかし、一方では「先住民的なるもの」に対する価値づけに抗い、積極的にその価値の再認につながる文化活動をしてきたフォルクローレ音楽家の中で、楽器製作者に対するかなり強い蔑みの意識が共存しうるということは、もはや「先住民」とその他という形では捉えきれない現代ボリビア社会の社会意識の一端を覗かせていると考えても問題はないだろう。

結局のところ、多文化主義が続いたとしても、すぐ隣にいる他者と共に生きつつも交わりきらないというラテンアメリカ的／アンデス的なテーマがここでも反復されているのかもしれない。デ・ラ・カデナは、クスコという場所において、先住民と非先住民が関わりあいつつも、決して共約が可能ではない二つの全く異なった世界（world）に住んでいるようであることを、ストラザーンの概念を借りつつ「部分的につながりあった（partially connected）」「単数でも複数でもなかった（never〔……〕singular or plural）」状態としている［de la Cadena 2015 : 1-5］。デ・ラ・カデナは、「私の友人の棲まう世界の中に私の世界も含まれていて、逆もそうなのだが、彼らの世界は私の世界に還元されないし、私の世界も彼らの世界に還元されない」と述べる［de la Cadena 2015 : 4］。彼女の議論は、その二つのあまりにかけ離れた世界――ないしは存在論――がどのようにつながりうるのか、という形で問いが立てられていく。

さらに遡れば、序章でも引用したオクタビオ・パスによる「我々は本当に異なっている。しかも本当にひとりぼっちである」［パス 2007（1950）: 11］という嘆きが、この問題には通底しているだろう。ベシーレや兒島の研究が明らかにしているのは、そうしたラテンアメリカ／アンデスの「単数でも複数でもない世界」ないし「孤独の迷宮」は、多文化主義という大きな変革を経ても反復する、ガルシア＝マルケスがマコンドという架空の町について書いた小説のように、「百年の孤独を運命づけられた」［ガルシア＝マルケス 2006（1967）：472］かのような社会のあり方である。錯時的な世界の中で、それぞれが別の時間を生き、永遠にすれ違い続けるようなボリビア社会のあり方がここに見て取れるのだ。

さて本章がこうした問題を踏まえた上で、引き受け、記述しようとしているのは、ポスト多文化主義時代にも残り続ける、別様の形でのボリビア社会の錯時的なばらばらさであり、フォルクローレ音楽家と楽器製作者に関わる限りにおいてのその様態なのである。彼らにとって音楽とは何なのか。個人主義とは近代とは何なのか。彼らはいかに共存し、一方ですれ違っているのか。それを記述する人類学者の営みとはどうあるべきなのか。これらの問いについて、十分でないまでも、できる限りにおいて記述と考察を尽くそうとするのが本章の企図である。

2　民族誌的背景——アイキレという場所

アイキレとは

さて、本章では、以下楽器製作者の具体的な事例として、アイキレという町で民俗楽器チャランゴを製作する、チャランゴ製作者を取りあげて論じていきたい。

アイキレは人口八〇〇〇人ほどの小さな町である。行政区分としては、コチャバンバ県カンペロ郡に位置しており、その三つある郡役場所在地のひとつを成している。県庁所在地であり、国内第三の都市圏を形成するコチャバンバ市から二〇〇キロメートルほどのところに位置している。ただし、ボリビアの憲法上の首都であるスクレからもおよそ一五〇キロ、国内第二の都市圏を形成するサンタクルス市からも三〇〇キロほどと、周囲にある主要都市から見てどこからも比較的近い距離に位置しており、行政区分としてはコチャバンバ県に属しているが、他の都市とのつながりも大きい。

ボリビアの気候は西部の高原(アンデス)地帯、中部の渓谷地帯、東部のサバナ(アマゾン)地帯に分けることができるが、アイキレは渓谷地帯に属しているといえる。アンデスの中腹に位置するアイキレの標高は二一〇〇メートルほどで、日本でいえば十分寒冷に思われる高さだが、緯度が低いこともあり、気候は年間を通じて比較的温暖で、とりわけ寒さの厳しい高地の人々からは、しばしば「常春の町(el pueblo de la eterna primavera)」と呼ばれることもある。

アイキレは先述の通り、人口八〇〇〇人ほどを抱える町であり、周囲にはおよそ一〇〇個の大小の集落が点在している。アイキレ市街の人口の多くはスペイン語とケチュア語の二言語併用者によって構成されているが、周辺の集落における日常会話はほとんどケチュア語で行われている。厳密な行政区分ではアイキレと呼べるのは市街地だけであるが、周囲の集落の出身者も自称他称ともに「アイキレ在住」あるいは「アイキレ出身」とされることがあるため、本章でもアイキレという地名を場合によって市街地に周辺の集落を含めたものとして使用することとする。

ある意味で何の変哲もない、このボリビアの一地方を特徴づけるのは、その地場産業である。アイキレは国内外でも有名かつ有数の民俗楽器チャランゴの生産地なのである。ほとんど「寡占」状態にあるといっても過言ではない。正確な統計は存在していないが、試みに県庁所在地のコチャバンバ市にある最大の市場であるカンチャにある楽器店一五店舗を調査すると、ほぼ全てのチャランゴがアイキレ在住者あるいはアイキレ出身者によって作られたものであるという回答を得た。あるいは首都ラパスにおける楽器店の集積地であるリナーレス通り沿い（周辺も含む）で調査を行った二一店舗のうち、約九〇％にあたる一九店舗でアイキレ産チャランゴの取り扱いがあった。

アイキレのできたわけ

一体いつからアイキレにおいてこのようなチャランゴ産業が成立したのだろうか。それはずっと昔のことなのだろうか。それとも遡れる程度に最近のことなのだろうか。

アイキレのあるコチャバンバ県の隣のポトシ県に生まれ、現在は首都でチャランゴ製作を行っているある職人は以下のように語っている。

私は以前アイキレでどうしてチャランゴ職人がこんなに多いのかいろんな人に聞き取りをして調べたんだ。そうしたら、実際はこういう話だった。アイキレはかねてより、コチャバンバやスクレ、サンタクルスといった主要都市の中間に位置する交通の要所だった。それでそこをたくさんトラックが通ったんだ。それで、そこでは女性たちが運転手相手に食事を提供する商売をしていたんだが、ある人が思いついて夫が仕事の合間に作っていたチャランゴを食事と一緒にお土産として売るようにしたんだ。そうしたら運転手たちはいろんなところに行って、チャランゴをアイキレで買ったと言うわけだ。それがいわば宣伝になって、アイキレといえばチャランゴということになった。アイキレは決してチャランゴの伝統的な生産地ではない。ただ商売がうまかっただけで、本当に最近になってチャランゴ、チャランゴと言い出しただけなんだ。

この職人のある意味で「神話的」な語りが事実であるかどうかはやや留保する余地があろうが、

この語りに象徴的なようにアイキレでチャランゴ産業が起こったのは、決して遡ることができないほどの昔ではないと推定できる。

アイキレのある集落の「長老」とされるチャランゴ職人も、以下のように語っている。

私がここでチャランゴを仕事として作り始めたころ、チャランゴ職人はせいぜい私を含めて二人か、三人くらいだった。それが今やこんなに多くなったんだ。一九八三年にチャランゴの品評会が行われるようになってこんなに増えたんだよ。昔はとてもこんな様子ではなかった……。

アイキレ以外の出身者であれば、ひょっとしたらアイキレの「伝統性」「真正性」を排除する意図で、場合によって誇張された表現などを使うこともあろうが、アイキレの職人自身が言及している以上、アイキレにおけるチャランゴ産業の起源はおおよそ一九八〇年代頃だと考えていいだろう。ではなぜその時、アイキレという場所においてチャランゴ産業が発展したのだろうか。多くの関係者の聞き取りからは、アイキレがチャランゴ産業に有利だったことについては、地の利の良さや、品評会の成功以外にも、いくつかの仮説が立てられる。とりわけ有力なのは、アイキレは渓谷部に位置するためにチャランゴに適した木材が入手しやすかった、といったことである。アイキレの位置するアンデス東斜面は、アンデス高原では手に入りにくいチャランゴ製作に適した木材を入手することができるのである。こうした地理的な位置の良さをきっかけに、口コミや展示会などを通じて「チャランゴといえばアイキレ」というイメージが定着していったことが、アイキレにおけるチャランゴ産業発展の理由だろうと推定することができる。

「普通」の商品が現れるまで

しかし、こうした優位性だけでは、アイキレが競争において有利だった理由をある程度説明する可能性を持っていたとしても、なぜそもそも最近になってチャランゴがアイキレで作られるようになったかの歴史的な説明は得られない。大きな気候変動や環境変化を前提にしない限り、ずっとアイキレは気候的に条件が良かったはずで、その限りにおいてずっとチャランゴ産業が成立する可能性があったからだ。

このことをうまく説明するためには、そもそもチャランゴがボリビアにおいて「商品」になりえたのが最近だということが理解されなければならない。

アイキレに住むある職人は以下のように語っている。

今から八〇年も前には、チャランゴを作ってもとても商売にはならなかった。とても安かった……うーんというかそもそも売り物ではなかったんだ。でも、今は違う、ひとつのチャランゴが三〇〇ボリビアーノスや四〇〇ボリビアーノスで売れる。しかもどんどん値段が良くなっているんだ。だからみんなチャランゴ職人になりたいんだよ。儲かるからね。

私たちが注目すべきなのは彼の語りの「そもそも売り物ではなかった」という部分である。チャランゴが売り物にならないとはどういうことか。これについて、あるチャランゴ奏者は以下のように語っている。

私がチャランゴの演奏家になりたいと思った時、いろいろな人にチャランゴを売ってほしいと頼みに行ったんだ。だけど、入手するのはとても大変だった。プレスト(2)のある農民にチャランゴを売ってほしいと頼んだんだけど、「いやいやこれを売ることはできない。売るようなものではないから。あげることならできるけれど」と言われたんだ。それで頼み込んで譲ってもらうことにしたんだ。こうしたことは当時は一般的だったんだ。

この語りからは、「そもそも売り物ではなかった」ということの意味がより明確になるだろう。当該のプレストの農民にとって、チャランゴはそもそも物々交換や贈与交換の原理の中で取引されるべきもので、市場交換的な原理で売買されるべきものではなかったのである。ここからも、そもそもチャランゴがモノとして「商品化」されるのには、大きな経済観念上の変化が必要だったことを推察することができるだろう。

そもそも「先住民的なもの」の価値が見直されたこと、「先住民的なもの」である民俗楽器を使った音楽が成立したことを受けて、その音楽的需要を物理的に支える楽器の需要も高まっていった。こうして「チャランゴ」は商品化され、独自の市場を形成するに至ったということが窺える。アイキレでチャランゴ産業が成立するためには、そもそもの基盤としてこのようにチャランゴが商品化されるという過程が必要不可欠だったのである。

このアイキレに関するストーリーは、世界中で確認されてきた、「先住民文化の資源化」あるいは「戦略的本質主義」のひとつの典型的なストーリーに過ぎないようにも思われる［cf. 山下 1999］。しかし、こうした枠組みではアイキレをうまく捉えることはできない。このことについて説明していこう。

アイキレには、普段外国人はほとんどおらず、私が調査者として歩いていると好奇の目で見られる。こうした人たちにはよく、「なぜわざわざアイキレに来ているのだ」と質問を受ける。私の調査目的を「チャランゴやそれを作る人たちの習慣や歴史について調べている」と言うと、おおよその場合、納得してもらえる。「チャランゴはこの町の地場産業だからね」という答えが返ってくる。そして、その後「日本では車がたくさん生産されているんだろう。トヨタとか、ホンダとか……」という話題になることもしばしばである。しかし、これと同時によく質問されることに、以下のようなことがある。

それで、日本ではチャランゴはどのくらい生産されているの?

この問いかけは、ある意味で人類学的な予想を裏切っている。この問いかけから逆に読み取られることは、「チャランゴが日本で生産されてもおかしくない」、という認識である。つまりチャランゴは彼らの中で「トヨタとかホンダとかの車」と同じように、一方ではどこで生産されていてもおかしくない「普通」の財であるということなのだ。もちろん、どこでも作られうる「車」でもトヨタやホンダは良いものを作るから、たくさん作るから有名である。アイキレのチャランゴとは、彼らの視点に立ってみれば、そのようなものなのである。

つまり、アイキレにおけるチャランゴ産業の発展は、外部社会において「先住民的なものの価値」が大きく変わっていく中で、チャランゴが「売るに値しないもの」という特殊性から、トヨタの車と同じくらい普遍的でありふれた「普通」の財に変わったということが、その基盤としてあるのだ。

チャランゴ職人とその社会組織

アイキレのチャランゴ職人は、「アイキレ（Aiquile）」「サン・ペドロ（San Pedro）」「コムン・パンパ（Comun Pampa）」とそれぞれ名前のついた三つの同業者組合を形成している。組合では定期的な会合が持たれている他、材料や工具の融通や、製作過程での相互補助など、様々な協力関係が持たれている。このうち、アイキレ組合にはアイキレ市街地のチャランゴ職人が属している。サン・ペドロとコムン・パンパは、市街地のすぐ隣にそれぞれ組合の成員だけで集落を形成している。つまり、アイキレから一五分ほどバイクで行ったところには、チャランゴ職人だけで形成されている隣接集落が二つあるということになる。

これらアイキレの三つの組合の成員の数は、職人でも人によって認識がまちまちであるが（少ないもので八五名、多いもので一二〇名であった）、おおよそ一〇〇名前後であるといえるだろう。ただし、聞き取りを行った多くの職人が注意を促したように、これは組合員として登録されている製作家のみの数であり、実際のチャランゴ製作は、その配偶者や子ども、場合によってはその他の親戚などを合わせた世帯単位で行われることが一般的なため、チャランゴ産業への従事者数は、これよりもずっと多くなる。ここで仮に平均的な世帯構成人数を三〜五名とすると、チャランゴ産業への従事者数は二五五〜六〇〇名ということになり、アイキレ市街地とその隣接集落の人口に比しておよそ五％弱にあたる数の人々がチャランゴの製作に直接関わっていると見積もることができる。さらに、これに合わせて、チャランゴの取引や運送を行う者、製作や演奏に関する技術を教える教師等々の関連産業を加えると、さらに従事人口は多くなる。

ここで生産されたチャランゴは首都ラパス市や、コチャバンバ市、スクレ市などを中心として、各地に送られ、販売されていく。こうした送品や販売は時に職人やその家族自身で行われるが、仲買人によって行われることもある。

さらに、アイキレはボリビア国内で最大のチャランゴの品評会・見本市の開催でもその名を馳せている。正式名称を「全国・国際チャランゴ市《いち》フェスティバル（Feria y Festival Nacional e Internacional del Charango）」というこのイベントにはアイキレの職人の他、国内外から様々なチャランゴ職人が集まってくる。品評会では三位までの順位を持つものに、それぞれ金賞、銀賞、銅賞が与えられ、立派な賞状と賞金が与えられる。この賞の決定は、ボリビア国内の有名な奏者数名による合議によってなされる。楽器としての音の完成度だけではなく、その美術品としての美しさも大事な評価基準となっている。

ここで賞を獲得した職人は、単純に名誉が得られるだけでなく、職人の腕前に一定の保証が得られることになるため、都市からの注文や良い値段での取引につながる。そのため、職人たちは普段の仕事とは違う、格別の注意をこの品評会に払っている。

たとえば、このコンクールについて、ある職人は次のように語っている。

> 見て、このハカランダ[3]、きれいな材料だろう。これは特別だからコンクールのために取ってあるんだ。普段のチャランゴと違って、ゆっくり時間をかけて丁寧に仕事をするんだ。

この職人は普段は一週間におよそ三台のペースでチャランゴを製作し、販売している。しかし、このコンクール用のチャランゴは、大会の開催される一一月の三ヶ月も前の八月からすでに準備を始め、念入りに各工程を進めている。

また、「全国・国際チャランゴ市フェスティバル」においては品評会と並行してチャランゴ演奏のコンクールも行われる。こちらも「子どもの部」「青少年の部」「大人の部」「伝統奏法の部」「女性奏者の部」に分かれて大会が行われ、上位入賞者には賞金がある。そのため、アイキレにおいては、チャランゴを演奏する人々の数も多いし、子どもにチャランゴを習わせたいという親も多い。アイキレ町役場では、こうした人々の要請に応える意味もあって、無料でチャランゴの演奏や製作が学べる学校を開校している。この学校には小学生から高校生くらいの生徒が通っている。このチャランゴ学校の生徒である八歳の少女は以下のように語っている。

このアイキレにはチャランゴ・フェスティバルがあってボリビアからも外国からもたくさんの人が集まってくる。だから、一生懸命練習してコンクールで一番を取りたいの！

アイキレの「全国・国際チャランゴ市フェスティバル」は、もともと数名の職人が発起人となって始めたイベントであったが、現在の主催はアイキレ町役場になっている。そのため、アイキレ町役場にはチャランゴを担当する公務員が常在している。

以上のように、アイキレという町は、その経済や文化シーン、地域行政に至るまで様々な場で「チャランゴ」という楽器が重要な意味を持ち、多くの人がチャランゴに関わることによって日常的な生活を送っている。

3　ある女性楽器製作者「モニカ」のアネクドタ

ある女性楽器製作者の噂

私は、このアイキレという場所についての噂をフィールドに入ったかなり初期の段階から聞いていた。1節ですでに記述したように、フォルクローレ音楽において、音楽家から楽器製作者への蔑みは特筆すべきものがある。しかし、その中でも、とりわけ顕著なのが、アイキレのチャランゴ製作者に対するまなざしである。音楽家たちは、「アイキレのやつらはチャランゴを重さで量り売りするらしい」と噂する。アイキレのチャランゴは、ボリビアのチャランゴ流通の大半を占める一方で、「安かろう悪かろう」のチャランゴとして名高いのである。結果として、アイキレのチャランゴ製作者もまた「音楽について何も分かっていない」人々だと見なされているのである。このことに対して、私は個人的に強い関心を寄せていた。

しかし、結果として私をしてアイキレに向かわせたのは、ある噂話を聞いたことがきっかけだった。どうも最近アイキレには、新進気鋭の女性楽器製作家がいるらしい。（男性である音楽家たちに言わせれば）女性にもかかわらず相当に腕が良く、音程も正確で良い音色の楽器を作り、それなりに演奏もできるという。その女性製作家の名前は「モニカ（Mónica）」だというのだ。モニカは時々ラパスにまで来てはチャランゴを売っているらしい。私は、実際にモニカという人物からチャランゴを購入したという人物にも出会った。確かに見せてもらった楽器の仕上がりは良く、良い音が鳴るように私にも感じられた。私はこのモニカという人物に多大なる関心を抱いた。楽器製作者は音楽家と同様、基本的に男性がなるものであり、チャランゴ以外の楽器を含めても女性の楽器製作者というのはまるで聞いたこともなかった。しかも、あれだけ評判の悪いアイキレのチャランゴ製作者の中で、音楽家の評価が一様に高いというのは驚きの事態である。アイキレに女性の楽器製作者が誕生しつつあるということは、ボリビアにおけるジェンダーの問題について考える上でも興味深い事例になるのではないかという「下心」もあった。私は、モニカからチャランゴを買ったという人物に頼み込んで彼女の連絡先を教えてもらい、数日後にはアイキレに向かうことにした。

私が当時調査の拠点としていたラパス市からアイキレに向かうためには、コチャバンバ市に向かった後、さらに地元のバスに乗らなければならなかった。アイキレ行きのバスは、コチャバンバ市のバスターミナルから出発するわけではないので、まずアイキレ行きのバスの発着所を見つけるところから調査を始めなければならなかった。アイキレのような地方の町に自力で行くのはそれまでの調査の中でも初めての経験だったので、私はそのバス発着所の位置と出発日時を調べるだけでほとんど一週間コチャバンバに滞在しなければいけなかった。

ラパス市からコチャバンバ市に向かうバスに乗る際は、いつもコチャバンバ市に「下りていく」という感覚がある。ラパスから出発したバスは「アルティパンパ（altipampa）」と呼ばれる広大なアンデス高原平地を何時間か進んだ後、最後コチャバンバ市が地図上ではほとんど目の前に迫ったところで、一度にくねくねとした山道を下っていく。この最後の道のりには時間がかかる。ラパスのバスターミナルの標高は三七〇〇メートル、途中のアルティパンパの標高が四一〇〇メートルほどなのに対して、コチャバンバ市のターミナルの標高はそれよりも九〇〇メートルも低い、三二〇〇メートルにもなる。それゆえ、コチャバンバ市に近づくにつれて、木々や草花も多少増えるし、空気の冷たさも少しやわらぐ。しかし、コチャバンバ市からアイキレ行きのバスに乗った時は、それ以上にずっと一直線にアンデス東斜面を下っていくという感覚があった。アイキレの標高は二一〇〇メートルほどで、アルティパンパと比べれば実に二〇〇〇メートルほども低い。道中はところどころ霧がかかり、道はぬかるみ、バスは増水した川の前で立ち往生した。途中いくつかの町や村を通過したが、アイキレよりも規模が大きいだろうと思われるミスケ（Mizque）の町も含めて、日干しレンガの土壁と藁葺きの屋根の建物が多かったこと、アイキレに近づくにつれて明らかに植生が変わり、木々や背の高い草花が生い茂っていくのが強く印象に残った。

意外な出会い

到着したアイキレの町の第一印象は、なんとも小綺麗な町だということだった。人口が八〇〇〇人程度の小さな町ではあるが、町の中心広場から周囲の一般の人の住居に至るまで、かなりの建物が焼成レンガ建てで[4]、壁なども色とりどりのペンキで塗られていて真新しい風貌を維持しているようであった。人通りはまばらではあったが、時折子どもたちが遊び回っている姿は町の「若さ」を感じさせた。この規模の町としては信じられないことに町の主要道路には信号機が設置されており――そして、また、これはボリビアにおいては例外的なことであるのだが――この信号機は夜になっても機能していた。

市場は広場に青いビニールシートと鉄のポールで組み立てるような出来合いのものではなく、コンクリート造の二階立ての建物があった。そして、中心広場から少しだけ離れたところにある教会に至っては、映画のセットをそのまま立ち上げたような建物で、周りに芝生まで整備されているという状況だった。少し高い建物に上ってアイキレの全景を見るとその町の整備された景観は一望できた。町の周りは、アイキレに至るまでに通過してきた町が木々に覆われていたのと違い、比較的赤茶けた大地と背の低い草原が取り囲んでおり、町は浮いて見えるようだった。それまでバスで通ってきたどの町よりもさっぱりした景観で、そこだけ歴史から切り離されたような「人工的」とでも言いたくなるような雰囲気を持つ、不思議な町だった。

私は、町の中を歩き、レシデンシアル・カンペロ（Residencial Campero）という安宿を見つけてそこに滞在することにした。この宿も、その後行った同規模の町のどこよりもきれいに整備された施設だった。

部屋に落ち着いてしばらくした後で、思い切ってメモしてあったモニカの電話番号に電話をかけてみることにした。今から考えてみれば、アイキレに到着する前に事前に連絡をしておけばよかったと思うのだが、その頃はなぜか現場に着いてから電話をかけようとばかり思っていたので、モニカと初めて話すことに緊張していた。

最初に電話をかけた時は、電話をしばらく鳴らしたが誰も出ることがなかった。私は電話番号が間違っていたか、あるいは相手に出るつもりがないという可能性を考えて、少し落胆した。しかし、それから五分ほど待ってからもう一度電話をかけたところ、相手からの応答があった。

もしもし誰の電話ですか？

私はその声を聞いて驚いた。明らかに男性の声だったのだ。私は番号を間違えてダイヤルしたと考えた。私は「すみません、モニカさんとお話ししたくてこの番号に電話をしたのですが……」と言った。

あーモニカね。はいはい、それであなたは誰ですか？

私が日本人で、チャランゴのことを知りたくてラパスからアイキレに来たのだということを伝えた。相手は十分に合点がいった様子で「あーなるほど、それで今もうアイキレにいるって？　アイキレのどこにいるのさ？」と聞いてきた。そこで私は「レシデンシアル・カンペロ」にいると伝えると、その電話先の相手は、「オッケー。了解。そうしたら今からそっちに行くから、宿の入り口でちょっと待ってて。五分……いや一〇分……うーん一五分で着くから！」と言って電話を切った。ボリビアでは電話代の節約のために電話を早めに切ることは普通のことではあるのだが、あまりにも急な展開に私は驚いた。

急いで最低限の準備をして宿の前の道で待っていると、二五分ほど経った頃に、ひとりの男性がバイクに乗って現れた。年格好は三〇代半ばくらいで、恰幅が良く、温和そうな男性だった。「君が電話の人だろう。私のことはエコって呼んでくれ。みんなそう呼ぶから。君の名前は？」私は、自分の名前を名乗った。すると「じゃあとりあえずうちの工房に行こう、バイクの後ろに乗って！」と言われた。私は言われるがままにエコにしがみつくようにしてバイクに乗った。一体、エコとは誰でモニカとはどのような関係で、今から行こうとしているのはどこなのか、頭の中でぐるぐると考えながら、流れるアイキレの街並みを見ていた。

商売上手の「からくり」

エコは小さな建物の前にバイクを停めると、周りにいたニワトリをあしらいながら、私を建物の中に案内した。その小屋の中には、木片や木くず、様々な工具、作りかけのチャランゴがところ狭しと置かれていた。そこには二つ木製の小さな椅子があり、エコはその椅子の木くずとほこりを作業台の上にあった布きれでさっと払うと、私に対して座るように促した。ひとつの椅子に私が座り、もうひとつにエコが座った。

エコは、「遠いところから来たんだなあ。チャランゴについて知りたいんだって？ 分かることは何でも答えるから言ってくれよ」と言った。私はまず「えーと、ここがつまり君の工房？ それともモニカの？」と聞いた。エコは「そう、ここが私の工房だよ。それでモニカは私の妻だ」と答えた。それに対して私は正直に「実はラパスで、モニカが作ったチャランゴを買ったという人がいて、それでぜひ会いたいと思って来たんだ」といきさつを説明した。するとエコはにやりと笑って、「あーそうそう。私がここでチャランゴを作って、妻がそれを売るんだ。妻が作ったことにして売ることもある。今もちょうどラパスやコチャバンバまでチャランゴを売りに行っているから妻はここにはいないよ」と言った。「つまりチャランゴを作っているのは私なんだ」。

私は、二重の意味でとても驚いた。つまり、ラパスでちょっとした話題になっていた「モニカ」という女性楽器製作家は実は現実の人間としては存在しておらず、チャランゴを実際に作っているのはエコだったのだ。別の言い方をすれば、エコとモニカが「モニカ」という女性楽器製作家を演出していたのだ。

そして、私をさらに驚かせたのは、その「からくり」を初対面で素性も知れない私に対してエコがためらいなく、愉快そうに話したことだった。このからくりを話してしまえば、いってみればモニカという女性楽器製作家のチャランゴという「ブランド」の神話が崩れてしまうことになる。エコは言った。「そういうことを面白がって買う人もいる。そうでない人もいる。私たちは彼らに合わせるだけだよ」。

後に分かったことだが、このエコとモニカのアイデアは、確かに彼らのオリジナリティーが存分に発揮されたものだった。というのも、かなり多くのアイキレのチャランゴ製作者は、同業者組合にチャランゴを売り、同業者組合がまとめてそれを大都市に行って売却するという方法を取っていたからである。チャランゴは時に一〇〇台以上もトラックに詰め込まれて出荷されているので、「アイキレの人々はチャランゴを量り売りしている」という音楽家の噂も全く根拠がないものではないのだ。それだけに、独自に顧客を開拓するエコとモニカの戦略は全く彼らだけの取り組みではないにしても、それなりに独自の取り組みだったのである。

当初、私は、エコが私のことを重要な顧客として考えているのではないかと思っていた。しかし、エコの行動はどうもそれだけではないようだった。私が「チャランゴを売ってほしい」と実際に頼んだ時も、「今はちょうど完成品を持ってないから無理だ」と言われるだけだった。エコは、それでも私がアイキレに滞在している間、私をしばしば自分の工房に呼び出しては、私にいろいろなことを語ってくれた。

エコは、アイキレの町に生まれ、もともと大工の仕事をしていた。「あの教会を建てたのも、私なんだ」とエコは自慢した。しかし、大工の仕事が一段落すると、エコは当時次第にアイキレの一大産業になりつつあったチャランゴに目を向けた。エコに言わせれば「ものを正確に計って、正確に組み立てるという意味では大工も、チャランゴの製作も同じことだ」という。エコはたちまち製作の質とスピードを上げて、アイキレの中でも腕利きで名の通るチャランゴ製作家になったという。

エコは、アイキレの品評会に毎回自分のチャランゴを出品するようになった。彼のチャランゴは出品されるたびに素晴らしい評価を得た。「金賞が二回、銀賞が一回、銅賞もあったかな」とエコは言いながら、工房の作業台の奥の雑然とものが積まれたところを掘り返して、金賞の受賞者に与えられる賞状とトロフィーを私に見せた。「銀賞と銅賞のトロフィーは全部売っちゃって、金賞も頼まれて一個は売ってしまったんだ。だからこれしかないけど。いいものだろう」。エコは、せっかく取った賞状やトロフィーをいろいろな楽器製作者に売っていた。曰く、賞状があればチャランゴを売りやすくなるから、買い手はいくらでもいるのだという。ただでさえも「女性楽器製作家」の「偽装」の件で驚いていた私は、さらに驚かされることになった。

エコは、この他にも彼の取っているチャランゴの製作・販売に関するからくりを私に話すことに、ためらいはほとんど感じていないように思われた。むしろ、愉快そうに話すその口ぶりは、私との会話をただ単純に楽しんでいるようにも見えた。後になって町役場で品評会の資料を見せてもらった時に入賞者として彼の名前が記録されていたので、確かにエコはトロフィーを売ったのだろう。エコは、それまでに見てきた音楽家とあまりに違い、徹底的な「経済的合理人」であるように思われた。

エコの作ったチャランゴの多くは、無記名のまま出荷されていた。そこに、ラパスやコチャバンバの音楽家が自分の名前やブランド名のついた紙を貼って、その音楽家の名前で販売するということが常態化していた。この話題についても、エコは「ほしい人にほしい形で売る。買いたい人がいるから売れる。それだけのことさ」と言っていた。

音楽と闘鶏

エコは、地位や名声や自己表現に関心がないだけではなく、音楽そのものにもほとんど関心がなかった。「チャランゴの製作に演奏技術は関係ない。正確に計って、正確に組み立てるだけだ」と彼は言った。それでも何か演奏できる曲はあるだろうと言った私に対して、エコはしぶしぶ一本のチャランゴを取り出してきて、「私はポトシの生まれ（Potosino Soy）」というチャランゴ練習曲の定番曲の演奏を試みた。しかし、彼の演奏は、正直に言ってお世辞にもうまくはなかった。つっかえつっかえ進んだかと思うと、途中で音を間違え、よく分からない部分に飛び、メロディーもリズムもまるで体を成していなかった。演奏に関しては全くの初心者であることは明らかだった。彼は曲の半ばで演奏をやめると、肩をすくめて「まあ、そういうわけだよ。演奏とチャランゴの出来には何の関係もないんだ」と言った。そう言ってからエコはチャランゴを元の場所に戻しがてら、工房にあったラジオのボリュームを少し上げたが、そこで流れていた音楽も、フォルクローレ音楽ではなく、クンビアだった。

結局のところ、少なくとも私に見せる限りにおいて、エコにとってチャランゴの製作は収入源を得るための割の良い仕事に過ぎず、フォルクローレ音楽については、ほとんど無関心ということのようだった。

しかし、そんな彼は決して情熱を持たずに暮らしていたわけではない。むしろ彼には全情熱を傾けているといっても過言ではない活動があった。それは闘鶏であった。闘鶏は、ボリビアでは特にコチャバンバ県やポトシ県の渓谷部を中心に嗜まれている文化となっている。アイキレでも闘鶏は、極めて盛んな人々の（ただしもっぱら男性の）娯楽であった。

エコは、ある時、「どうしても見せたいものがある」と言って私に電話をかけてきて、くだんのバイクでやってきて私を乗せ、闘鶏場に連れて行った。闘鶏場は、全体が簡易的なベニヤの高い屋根で覆われている体育館のような場所であり、その中心には直径七メートルほどの囲いがあって、それを取り巻くように階段状の座席が設置されていた。アイキレでは闘鶏は、鶏の足にかぎ爪をつけて行われた。二匹の鶏が囲いに入れられると、鶏は双方に威嚇と攻撃を始める。それを見て観客は、大きな声で「白に一〇ボリビアーノス！」「まだらに一五ボリビアーノス」などと叫びながら、勝つと思う方に金を賭ける。闘鶏場の家主の子どもと思しき少年が、それぞれの賭け金をメモして回る。最初から賭け金をコールしてもよいし、ある程度試合が展開してからコールしてもいい。そして、かぎ爪をつけられた鶏は攻撃しあう間に血まみれになっていく。どちらかが力尽きて脚を折り、体を地面につけた時点で勝敗が決する。そして、賭け金の倍額が払い戻される。また、鶏の所有者、出品者は、自分の鶏が勝てばまとまった金を手にすることができる（五〇〜一〇〇ドル〈三五〇〜七〇〇ボリビアーノス〉程度）という。闘鶏場は、闘鶏の賭け金そのものというよりも、入場料や、そこで販売されるやや割高の飲食物やコカ、たばこなどによって利益を得ている様子であった。

エコは、この闘鶏に並々ならぬ情熱を持っていた。彼は試合が進むたびに、こぶしを握りしめ、自分の賭けた鶏が負け始めると、まるで自分が傷つけられた鶏であるかのように苦しい表情を浮かべた。それは、チャランゴの話をしている時には決して見せないエコの顔であった。

エコは、その後も何回も私を闘鶏に誘った。ある時、私に対して、「お前も賭けてみろ」と言った。私は声を落として、「黒の鶏と、まだらの鶏とどちらに賭ければいい？」と聞いてみた。エコは、自信満々に「今回はまだらだ。活きが良いし、毛並みも良い」と言った。そこで、私は、試合開始とともに、エコと一緒に「まだらに一〇ボリビアーノス！」と叫んだ。試合の展開は、五分五分に進んでいるように見えた。しかし、鶏が一瞬蹴り合いをやめ、間が空いた瞬間、エコは、はっとしたような顔をして「黒に三〇ボリビアーノス！」と叫んだ。私はエコの突然の「変節」に驚いて、「黒なの？　黒の方なの？」と聞いた。エコは、「黒、黒！」と返した。そこで私も続いて同じように「黒に三〇！」と叫んだ。少年がそれをノートに取ったのが見えた。勝負は一進一退で、周囲からは「黒！」「まだら！」とコールが続いた。全体の賭け金が多くなっていることもあって、その試合は大いに盛り上がった。しかし、試合も膠着状態かと思われた時、ふいにまだらの鶏の動きが止まった。それは本当に突然だった。まだらの鶏はしばらく苦しそうに身体を上下させた後、脚を折って地面に完全に腹をつけた。まだらが負け、黒が勝ったのだった。エコと私は、それぞれ五〇ボリビアーノスの払い戻しを受けた。「ほら、言った通りに賭けてよかっただろう！」とエコは、笑いながら言った(5)。

また、エコは、単に闘鶏に観客として参加するだけでなく、自分自身もブリーダーとして鶏を育てていた。ある時、エコは工房とは別のところにある自宅に私を案内してくれたのだが、その家の裏にある広い庭には、鶏を入れた大きな檻がいくつもあって、さらに庭に放し飼いにされている鶏も何羽もいた。彼は、卵やヒナの厳選から、飼料のこだわり、運動のさせ方や試合前の仕上げ方に至るまで、やはりその「コツ」を惜しげもなく私に語った。少なくともチャランゴを語る時以上にエコの目は真剣だった。

闘鶏は週に二、三度開催されるらしかった。エコは、その全てに行くわけではなかった。「今日の試合はたぶん大したことはない」。しかし、ある時「今日の土曜日は、本当に重要な試合がある。自分も鶏を連れて行くから、ぜひ行こう」と私を誘った。やはりその時も私は、エコの中古の日本製バイクに乗って闘鶏場に行った。その日、彼は自分の鶏を囲いに入れる時、それまで見たこともないほどの緊張した面持ちをしていた。身振りこそほとんどなかったものの、彼の緊張した面持ちは彼の体に力が入ってこわばっていることを示していた。試合は当初、エコの鶏にとって不安な展開になった。しかし、ある一撃を境にエコの鶏の方が勢いを盛り返した。エコはその辺りではもう必死になって叫んでいた。賭け金をエコの方に戻そうとする観客のものすごい叫び声にエコの声はかき消された。結局、エコの鶏は血まみれになりながらも大地を踏みしめ続け、勝者となった。

その後、エコはとてつもなく上機嫌だった。懸賞金の一部を使って、ビールとコカ、タバコを買ってきて、私とその他の闘鶏仲間たちと飲み始めた。便乗してエコの鶏に賭けて勝利した私も、そのお金でビールを買い足した。その後試合を観戦しながら、エコとその仲間たちは、アイキレと「文化」そしてチャランゴ、闘鶏に関して、いくつかとても重要なことを言っていた。しかし、その頃には私は泥酔しており、次の日に気づいた時には、その内容を思い出せなくなってしまった。(6)

自慢の鶏の前で

アイキレに滞在してしばらく経った頃、ついにエコの妻であるモニカがアイキレに戻ってきた。モニカは、ラパスやコチャバンバにいる親戚のところに滞在しながらチャランゴを売りつつ、旅をしてきたという。モニカは、持っていったチャランゴを全て売り切っていた。エコとモニカは、私を昼食に招待してくれた。思えばそれまでエコとは工房や闘鶏場でばかり顔を合わせていたので、彼の自宅に行くのは初めてのことだった。

昼食を食べながら、自分が「女性楽器製作家」の話を聞いてアイキレに到着し、エコと知り合った経緯をモニカに話すとモニカは笑ってこう話した。「彼より私の方が売るのがうまい。だから彼が作って私が売るのよ。私にチャランゴについてとても詳しい知識を持っていた。おそらくこのモニカが「自分が作った」と言えば信じる音楽家は十分いただろう。昼食が一段落ついて、はしゃぎ回る子どもたちをそっちのけで、エコは鶏の世話をしに行っていた。モニカは、子どもたちに声をかけつつも、エコの方を一瞥し、私の方に向き直って言った。「あんなに闘鶏が好きなんて、どうかしてるわよね……でも時々は勝つし、仕事はちゃんとしてるし、好きなんだからやればいいわ」。

昼食が終わった後、私が礼を言って宿に戻ろうとすると、エコはすぐそこまで一緒に行く、と言った。子どもたちを送りに行くところがあるのだと言う。一体どこまで子どもたちを送り届けるつもりなのか聞くと、エコは「チャランゴ学校さ」と言った。アイキレには子どもたちがチャランゴの演奏を勉強できる施設がある。エコの三人の子どもたちが、チャランゴ学校に通っているのだということは、その時初めて知ったことだった。エコがその時まで一度もそのことを私に話さなかったからである。エコは言った。「だってアイキレはチャランゴの町だから。そりゃ、演奏できた方がいいに決まっているじゃないか！」

その後、しばらくアイキレでフィールドワークをした私は、調査を一旦切り上げてラパスに戻ることにした。エコは、少しだけ残念そうにしていた。「次来る時は、知り合いの家を借りて一年くらいいたらいいさ」と彼は言った。私は、「またチャランゴのことを調べに来ます」とエコに言った。私はその前の日に調査の記録を見返していて、意外にも一枚もエコが写っている写真がないことに気づいた。そこで、いずれ日本に帰ったらエコのことを記事に書きたいから、エコの写真を撮りたいと申し出た。エコは記事を書くことを快諾してくれた。そして、「こっちに来て」と自宅の庭の方へ誘導した。そして、「せっかくだから、この鶏の前で写真を撮ってくれ」と私に言った。私は、エコに言われた通り、彼のチャランゴ工房ではなく、彼の自慢の鶏の檻の前で写真を撮った。そしてその場でエコに別れを告げた。

次の日、私は荷物を背負ってコチャバンバ行きのバスに乗り込んだ。窓の外を見ると、エコとその三人の子どもたちがいた。四人は手を振っていた。「また来いよー」と彼は言っていた。

4　すれ違いを笑い飛ばすこと

一方と他方

ここまで私は、アイキレというチャランゴ産業が盛んな町に暮らす、一組の夫婦の事例をひとつの「アネクドタ」として記述してきた。実はこの夫婦は、ひとりの「女性製作家」であることを演出し、偽装し、チャランゴを販売するという荒技を成し遂げていた。

音楽家の世界の中で、「女性製作家」が注目され、評価されたのは、少なくともそれが強い「個性」を喚起するからであろう。先述の通り、アイキレには私の確認する限り、女性の楽器製作者はいない。新奇なもの、独創的なものを求めるフォルクローレ音楽家たちにとって、モニカという女性が作ったチャランゴは、多少なりとも魅力的に映ることがあったはずである。言ってみれば、「モニカ」という架空のチャランゴ製作家の幻想を成り立たせていたのは、一方から見ると音楽家の個性や独自性を重んじる態度である。

しかし、もう一方から事態を眺めると、「モニカ」という幻想は、自己表現に頓着せず、あくまでも経済的な利益をチャランゴ製作に求める、エコとモニカの夫婦の合理的な態度があって初めて成立しているといえる。エコについて、やや過剰なまでに記述してきたが、エコはほとんど楽器が弾けず、賞状やトロフィーを換金してしまうほどまでに、チャランゴ製作における他者からの承認にも関心がなく、闘鶏に多大なる情熱を寄せる人物である。私が、アイキレを立ち去る際に彼が「鶏の前で写真を撮ってくれ」と言ったように、彼はチャランゴ製作家である以上に、闘鶏家なのであるとすらいえるかもしれない。フォルクローレ音楽家が「彼らは音楽について全く知らない！」と言ってみせたことの半分は当たっている。エコは確かにフォルクローレ音楽についてほとんど興味がない。しかし、それとは裏腹に、フォルクローレ音楽家がいかに楽器製作家を知らないかということをも逆照射している。

このような状況を人類学者の立場から俯瞰して見た場合、パスの「我々は本当に異なっている。しかも本当にひとりぼっちである」［パス 2007（1950）: 11］という発言は、そのまま音楽家と楽器製作者の関係性の中に見出すことができるように思われる。音楽家は創意工夫と徹底した音楽へのこだわりにおいて、楽器製作者は安価な割に質の良い楽器の提供によって、「ともに」フォルクローレ音楽の急速な発展を支えてきたはずにもかかわらず、彼らは相互に交わる様子すらない。それは、ポスト多文化主義時代のボリビアにおいても、異文化とは認識されないがゆえに、そのままではずっと交わりそうもない関係性である。勢い、これを私は、「ラテンアメリカの孤独」のようだと呼んでみたくなる。

これは、ある部分において近年の音楽人類学が抱いてきた音楽像と反するものである。音楽人類学のみならず、広く音楽研究の様々な場面で検討されてきた『ミュージッキング』の中で、スモールは以下のような有名な議論を行っている。

私は以下のように定義したい。「音楽する」とは、音楽パフォーマンスに何らかのかたちで参加することなのだと。パフォーマンスするにしても、聞くにしても、リハーサルするにしても、練習するにしても、パフォーマンスのための素材を用意するにしても（これはいわゆる作曲のことだ）、踊るにしても、何でもいい。あるいは、入場口でチケットを切ったり、ピアノやドラムセットを運搬したり、楽器を準備して音響チェックをしたり、終演後に掃除をしたり、そういったことにまで意味を拡張してもいいかもしれない。彼らもまたみな音楽パフォーマンスというイベントの本質に貢献しているのだから。

〔スモール 2011（1998）：9〕

スモールはミュージッキングを実際音楽をしていない人にまで広がっていくものとして措定している。彼はそのように言明してみることによって、いかにひとつの音楽イベントというものが、多くの人の関与の中で行われているのかを明らかにしているのである。これを延長して考えれば、ボリビアの音楽家がやっていることも、楽器製作者が行っていることも等しく「ミュージッキング」の営みであるといえるのかもしれない。

しかし、現地の人々の認識に立ってみた時、むしろ際立つのは音楽を媒介にしてつながっていく方の関係ではなく、音楽というものを媒介にしつつも、根本的に相容れない二つの世界が「部分的なつながり」を成しているようなそのような状況である。

「真剣に受け止める」こと

しかし、これらの話を私たちは一体どのように受け止めればいいのだろうか？

デ・ラ・カデナは、二〇一〇年の論考において、ポスト多文化主義時代の——彼女に言わせれば来るべき「多元世界（pluriverse）」〔de la Cadena 2010：360〕の前に位置づけられる時代の——アンデス社会の理解において重要なのは、とりわけ先住民の人々の存在論を「真剣に（あるいは文字通りの意味で）受け止める（take serioulу〈perhaps literally〉）」ことであると論じた。少なくともデ・ラ・カデナにとって、ペルーのアウサンガテ山は、ただの山であり、先住民の人々が言うようにアウサンガテをある種の人格・神格を持った存在として見なすことはできない。デ・ラ・カデナは、そこにある「存在論」の差異を翻訳不可能なものであるとすら言う［de la Cadena 2010 : 362］。

しかし、デ・ラ・カデナにとって問題なのは、決して共訳することのできないその差異の中で、先住民の人々の「存在論（ontology）」を「真剣に受け止める」ことなのである。ここで重要なのは「真剣＝真面目（serious）」であることである。この「真剣に受け止める」という言葉について、デ・ラ・カデナ自身は、引用元を明示してはいないが、このフレーズがいわゆる存在論的転回において、クリーシェ化した表現であり、デ・ラ・カデナもここからインスピレーションを受けていることは自明だろう。フィールドの人々の言っていること、行っていることを「真剣に受け止める（take seriously）」ことは、存在論的転回を論じる論者たちの間で、人類学の根幹にある態度であるとされる［e.g. Henare, Holbraad & Wastell 2007 : 26; Viveiros de Castro 2011 : 133; Holbraad & Pedersen 2017 : 18; See also : Astuti 2017］。

デ・ラ・カデナは、二〇一五年の『大地―存在（Earth Beings）』の中でも、まずもって先住民の人々の存在論が「真剣に受け止められていない」［de la Cadena 2015 : xii］と、ペルー社会の現状を問題にする。同書は、二〇一〇年の論文に要約的に説明された議論を民族誌的に展開したものであるといえ、この態度は当然のことといえる。

これに対して、『ハウ（HAU）』誌上で行われた同書に関する討論では、デ・ラ・カデナの理論的枠組みに対する、アンデス研究や、存在論に関する人類学理論、フェミニズム理論など様々な立場からの批判が相次いだ［Allen 2017a, 2017b; Canessa 2017a, 2017b; Hornborg 2017a, 2017b; Napolitano 2017］。たとえば、ホルンボリは、デ・ラ・カデナの「真剣に受け止める」という言葉に疑義を呈し、結局のところ、デ・ラ・カデナの議論と、デ・ラ・カデナが批判的に受け止める従来の人類学の議論の間において、本当に「真剣に受け止める」ことの差異が見出せるのか、懐疑的な見方をしている［Hornborg 2017a：554］。また、カネッサも、人類学者はアンデス先住民の存在論を「真剣に受け止める」ことはできても、ネオナチやトランピズムの言説を「真剣に受け止める」ことはできないのではないか、仮にできたとして結局それは人類学的方法ではなく、ただの政治的立場の表明に過ぎないのではないかという議論を展開している［Canessa 2017b：17］。「真剣に受け止める」ことは、真剣に議論された時に、どうも問題含みであるようなのだ。

しかし、私としては、デ・ラ・カデナの民族誌、あるいはデ・ラ・カデナの一連の論文には、これらの評者には――あるいは著者であるデ・ラ・カデナ自身によってすら――見逃されたごく些細であるが、しかし重要なポイントがあると考えている。

真面目さ、笑い、レトリック

デ・ラ・カデナは、「取り違えの喜劇（A Comedy of Equivocations）」と題された『大地―存在』の「第6話（Story 6）」［de la Cadena 2015：209-241］の中で、ナサリオ・トゥルポ（Nazario Turpo）というアンデス先住民の「呪術師」が、アメリカの博物館で行われるアンデス文化の展示に関わった際の、様々な「取り違え」のエピソードを記述することを試みている。そこでは、アンデス的な文物や儀礼に対する、ナサリオの「存在論」と博物館員の「存在論」のずれが原因となって、展示の表記や、儀礼の実施手順について思いがけないハプニングが起こることになる。ところで彼女は、それを記述することの目的を「私は、この章がナサリオの考えを国立アメリカ・インディアン博物館のキュレーターたちがしたよりも正確に表象していると述べたいわけではない。取り違えは、正すことができない（し、それを私は望まない）」［de la Cadena 2015：214］とし、正確な表象や、博物館的な知の批判を議論の目的に設定することを拒否している。その代わりにデ・ラ・カデナが試みるのは、その「喜劇的なありよう」を取りあげることであり、「笑いを引き出す（elicit laughter）」ことなのである［de la Cadena 2015：214］。

ここで、先住民の存在論を「真剣に受け止める」ことをずっと主張してきたデ・ラ・カデナが、存在論の差異を、複数の存在論の交錯の中で起こる取り違えを、「喜劇」だと受け止めて、「笑」ってしまおうというのは、矛盾しているようにも思われる。一体、デ・ラ・カデナにとって、「笑ってしまう」こととはどのような学術的な戦略を持つのだろうか。

もちろん、ここで私たちは、デ・ラ・カデナの笑いに関する言説は、論理的一貫性という観点から見て、デ・ラ・カデナの些細な「間違い」の箇所であり、ただの論理のほころびであり、それ自体、「真面目に」受け取るに値しないというテクスト解釈上の選択をすることもできるだろう。しかし、あえてここでは、デ・ラ・カデナが自身の民族誌的テクストのある一点において「喜劇」を取りあげ、「笑い」を語ったことには何らかの意味があると「真に受けて」考えてみたい。その時に、デ・ラ・カデナの「笑い」は、他者を文脈的な関係づけのもとに理解したり、一貫した論理づけを真剣に受け止めようとするのとは別の態度、すなわち徹底的に「無意味」なままに、関係づけて理解することを「放棄したまま受け入れる」という人類学の別のあり方を示しているということができるのではないだろうか。

デ・ラ・カデナは、この『大地―存在』の執筆とその批判を経た上で、自らの人類学的な立場を「だけではない（not only）」という修辞に代表させて論じていくようになる［de la Cadena 2017, 2018］[7]。アウサンガテは山なのではないか、というデ・ラ・カデナの問いかけに対して、デ・ラ・カデナのインフォーマントであるナサリオ・トゥルポは、「それだけではない（not only）」と答える［de la

Cadena 2018：28]。これをひとつの手がかりとして、デ・ラ・カデナは、アウサンガテを山「だけではない」ものとして捉える構えを「存在論的開け（ontological opennings)」[de la Cadena 2018：33]と名づけて、人類学的思考の道具になると位置づける。

デ・ラ・カデナのこの議論の立て方は、一貫した意味を持つ論理（logic）や理論（theory）よりも、言葉のリズムや響き、流れに関わる修辞（rhetoric）に独自の重みを持たせるラテンアメリカ思想に連なるものがあるように思われる。柳原は、二〇世紀以来のラテンアメリカ思想が、その論理的内容以上に、その修辞法において一致点を有しており、またその修辞法こそが、議論の内容や理論の構築に先だつものとして重視されてきたことを論じている[柳原 2007：273-276]。デ・ラ・カデナもまた、理論それ自体を相対化し、「not only」という修辞への注目に至ったのだとすれば、このレトリックの優越に連なる議論をしていることになる。こうした全体を踏まえた時、デ・ラ・カデナにおける「喜劇」や「笑い」について、それを修辞的に注目する私の態度も、また、ただその差異を笑い、楽しんでしまうことによって、私たちを「開く」可能性があるものだという議論も、少なくとも一定程度正当化されるだろう。

5　多層なるものとしてのひとり

フォルクローレ音楽家たちが作った「近代」という時代は、今曲がり角を迎えている。ポスト多文化時代と呼ばれる今、ボリビアでは近代にあったのとは別の差異がゆっくりと頭をもたげている。かつてあった「人種」に基づく差別はなくなっても、今度は職業集団ごとの差異が、時に人々の蔑みにつながっている。そのひとつの姿が、フォルクローレ音楽家と楽器製作者の間に見られるのは、皮肉なことである。

しかし、この差異を乗り越える方法は、その差異を「真剣に受け止め」て、他者理解を推し進めていくことだけではないのかもしれない。それだけではないのかもしれない。

ここで私自身の経験に立ち戻ると、私とエコの出会いは、音楽家たちの理解に引きずられた私の全くの取り違えから発生した。私にとっての単一のモニカは、モニカとエコという二人の人間であった。エコは、一見して全く音楽そのものに情熱を持っていないようでもあり、しかし一方で子どもにチャランゴの演奏を習わせて、「アイキレはチャランゴの町だから演奏はできた方がいいに決まっている」と開き直って言ってみせた。エコの好きな闘鶏の場面で、エコはまだらかと思えば黒かと言い、黒かと思えば白と言った。

私は、こうした過程の中で、結局エコという人物そのものについて、何か他者理解として深められたものがあるようには思わない。むしろ私の、エコを理解しようとするプロジェクトは、取り違えに始まり、混乱と二重化、反転、再反転の連続に終わった。ギアツの有名な喩え［Geertz 1973：28-29］を引けば、私の解釈は無限後退していくカメのように厚く積み上げられたのではない――カメは乗ったと思えばひっくり返り、のたうち回り、地下に潜ったと思えば一度にきれいに積み上がり、また崩れるような、そのような有様だったのである。

しかし、私は、まさにそのエコの理解できなさ、二を一と言いくるめ、まだらかと思えばそれを黒に言い換える、その理論や論理というよりも、レトリック的なものに内在する巧みさに、「ラテンアメリカ的孤独」の中にある、遊び（play）やあそび（room）を見出したのだ。私としては、ここでデ・ラ・カデナにならって、「モニカ」に関するこの一連のアネクドタを――ポスト多文化主義下における偏見と無関心のねじれを――あえて「笑い飛ばす」ことはできないか、と言ってみたい。エコが、「モニカ」のからくりや、賞状の話を愉快に話してみせたように、正確な表象を目指すのでもなく、批判するでもなく、理論化するのではなく、それを笑い飛ばすことはできないのだろうか。

改めて考えてみてほしい。ここまで、この章の記述を進めてきた著者の私ですら、本当にひとりの人だということができるのだろうか。それは確かに、相田豊というひとりの人だろうか。そこに、「モニカ」のアネクドタと同じトリックが潜んでいるとは考えられないだろうか。差異を「笑い飛ばす」という、この章の核心にあるアイデアですら、そもそもデ・ラ・カデナが言っていることを引用してきて、私が反復しているに過ぎない。だとすれば、これを書いたのは、デ・ラ・カデナでもあるのではないか。相田豊というひとりの著者ですら、それは二なのではないか。

私たちは、次から次へと顕在化してくる差異の波の中にいて、繰り返し他者から隔絶される。しかし、そのたったひとりになったとしても、その瞬間に見えるものは、ひとりがひとり以上であるということなのである。

ここで私が記述したものは、ひとつのアネクドタである。そしてそのアネクドタの著者性(authership)、独自性(originality)が帰されるべきは、私という一者でもなく、デ・ラ・カデナという一者でもなく、それら一者を超えるものであって、なおかつデ・ラ・カデナと私という二者よりは少ない、そのような著者なのである。

それは、エコとモニカという類い希なる楽器に関するマエストロ(maestro)が取っている方法でもあるからである。

7章 アマゾンの開拓者

私たちはすでに遠くまで来てしまった。しかし、もう少しだけこの歩みを進めてみよう。

前章で音楽家と楽器製作者の関係を取りあげたように、現在のボリビア社会では、近代という時代が完結すると同時に、もっと別のリズムで反復されてきた差異がゆっくりと顕在化するようになっている。人はある仕方で連帯を作り、それと同じ仕方で孤独にもなっている。しかし、孤独であるということは、思った以上にシンプルなことではない。そこには、外に広がっていく関係がない代わりに、幾重にも内に折りたたまれた関係がある。

本章では、これまでの議論を総合しつつ、過去と未来、文化と自然、理性と感性、論理と美学、孤独とつながりといった諸種の対立項を使いながら、他者とつながること、孤独であることについて、これまでよりもさらに長い時間のうねりとひずみを取りあげながら、考察していきたい。

1　アンデスからアマゾンに下る経験

日本はずっと高いところにあるはずだ

アンデスからアマゾンに下っていく経験とは、特別な経験である。それは研究者にとってだけでなく、アンデスとアマゾンに生きる人々にとってもそうである。

私は前章において、フォルクローレ音楽の中心地であるアンデス高地から、二〇〇〇メートルほど高度を落とし、アイキレについての記述を行った。本章では、そこからさらにもう二〇〇〇メートルほど標高を下げ、本格的にアマゾン低地に足を踏み入れてみたい。

前章にて私は、ムルムンタニという村落で出会った、とある年配の楽士の男性が「この国にはもう差別がなくなったから、お前も住みやすいだろう」と私に語ったというエピソードを取りあげた。それを私は、ポスト多文化主義時代のボリビアに生きる先住民の人々の実感を表すものとして解釈した。

実はこの会話には続きがある。前章で紹介した一連のやり取りの後、年配の楽士の男性はうんうんとうなずきつつ、しばらく間を空けた。そしてその後改めて私の方に向き直って、改めてひとつの問いを投げかけた。「ところでお前はどこから来たって言っていたかな。中国かい？」これに対して、私は、「日本から来ました」と答えた。すると、男性は「日本か……日本というのは気候はどんな感じなんだい？」と聞いた。私は、日本といっても様々な地方によって気候が異なることや、ボリビア以上に気温や降水の年較差が大きいことを説明しようかとも思ったが、そこまで厳密に話す必要もないだろうと考えたし、うまく伝えられるか自信もなかったので、「今の時期はここよりも寒いですよ」とだけ答えた。すると、この男性は、「ムルムンタニよりも寒いということは、日本はムルムンタニよりも高いところにあるということだね」と答えた。予想外の男性の話の展開に、思わず私は、「どういうことですか？」と聞き返した。すると男性は、より詳しく説明をしてくれた。

だって、ここからルリバイの方まで下がっていくと、果物がたくさんとれる。ここより暖かいんだ。けれど、ここを、たとえばラワチャカの方まで上っていくと、今度はここよりずっと寒い。そういう風になっているじゃないか。だから、日本が寒いなら、ここより高いところにあるはずだ。

この男性の推論は極めて明晰で一貫した理論に基づいている。気温と標高は負の相関関係にある。もちろん、この理論はアンデス―アマゾン関係という地方性の中で初めて成り立つ理論であり、当然ながら日本に住む私たちは男性の推論が一般化の水準で誤謬を犯しており、結果として偽の結論を出していることを「知って」いる。しかし、ここで強調したいのは、当然のことながら、この男性が間違えたという事実ではなく、アンデス―アマゾンの垂直関係について、そこに住む人々は在地の地層に合わせた、在地の理論を持っており、それを日常的に運用しながら暮らしているということだ。

「この国には差別（discriminación）がなくなった」と語った男性が、垂直性に基づく弁別（discriminación）の理論をもって「日本人」である私のことを理解しようとしたというこの出来事は、私にとって非常に喚起的な経験であった。

アンデスにおける垂直統御と意味

一方、アンデスの垂直性についての西洋側の関心は、一九世紀のフンボルトにまで遡る。フンボルトは、ペルーのアンデス山脈への「探検」を通じてその垂直性の中に様々な気候帯が現れること、そのため、水平的には比較的短い距離の移動でその様々な気候帯を経験することができることを見出している［Taussig 1987：305］。

これはひいては人類学における古典的な議論である「垂直統御論」につながっていくことになる。ジョン・ムラは、インカ帝国が一見して生産力に乏しいアンデス高地において、広大な人口を維持できた理由について考察する中で、「垂直統御」という考えを提示した［Murra 1975］。ムラは考古学資料や歴史学資料を横断しながら、アンデスでは古くから様々な気候帯にコロニーを作ったり、様々な気候帯に住む人々との間に互酬関係を築くことによって、アンデス―アマゾン間にある多様な気候帯を、最大限に活用してきたのではないかという仮説を提示した。このムラの説の発表以降、国内外の様々な学者たちは、この「垂直統御」に関連する研究を集中的に行った［村川 2020：59-60］。さらには、そうした垂直統御が様々なレベルで、アンデスの農牧民によって活用されている技術であることも記述されていった［cf. Harris 2000; 山本 2014］。

ここでアンデスの人々が「垂直的に」「統御」しているというのは、不思議な言い回しである。むろんアンデスの人々自身が、地形を盛り上げたり盛り下げたりしているわけではなく、その意味においては何も「統御」されてはいないからである。しかし、ムラがあえて「統御」とそれを呼び、それに対して様々な後続研究が現れてきた事実というのは、「垂直統御」が、ムラの発見した理論であると同時に、アンデスとその周辺に生きる人々自身にとっても在地論理として定着していたということが大きいだろう。

一方で、ムラは、自分自身で作った垂直統御という概念があまりに多くの研究者によって用いられていく中で、それが単に広く「先住民の人々の環境利用」の一般的な問題となってしまい、世界中のどこでも当てはまるような何かになってしまうことを終始危惧していた。ムラは、垂直統御を論じる際、アンデス的なものが何であるかという中心的な問いを離れてはいけないと強調している[Murra 1975]。そして、日本におけるアンデス研究もこの問いを引き受けることになる。大貫は、ムラの懸念を引き継ぎつつ、「アンデス的な共通性」の探究を垂直統御を通じて達成されるべきだとした上で、シンボルや文化など「生物的生存」に留まらない経済行為として垂直統御の問題に取り組むべきだということを展望として提示している［大貫 1978：731］。

この問題について、直接的にムラに対する回答という形を取っていないものの、大きな議論を立てたのが、タウシグによる『シャーマニズム、植民地主義、ワイルドマン』[Taussig 1987]という研究である。ここでタウシグが記述するのは、時間的には先植民地期から二〇世紀に至るまで、また地理的にはコロンビアからボリビアに至るまでの、広い時代的地理的範囲におけるアンデス高地とアマゾン低地の複雑な関係性の問題である。タウシグは、西洋の植民者が被植民者である先住民に対して圧倒的な権力をふるう一方で、いかに彼らに対して精神的にも物質的にも依存する関係にあったのかということを壮大なスケールで記述しようとする。さらにタウシグは、そもそもアンデス高地のシャーマンですらも、低地のシャーマンを「野蛮なるもの」として蔑視する一方で、そこに霊的な力をも見出してきたことを重ねて記述する。タウシグはこうして、植民地主義という圧倒的な構造の中で見えにくくなっている、アンデス—アマゾン関係、ないしアンデスにとってのアマゾン観という、もっと長い文明観のようなものが、植民地的想像力をも支えているということを示してみせる。低地のシャーマンの呪術に精神的に依存する植民者は、ある意味でアンデス―アマゾン的な文明観の正確な反復だというわけである。

「本当に困ったらアンデスを下れ」

このアンデス―アマゾンの意味論は、現在に至るまで人々の間に存在している。私が、ラパス市というアンデスの都市でフィールドワークをする間、「アンデスを下る」経験についての語りは、とても多く聞かれた。ひとつの典型的な物語の型を作っているといっても過言ではなかった。「困った時はアンデスを下ればいい」と人々はことあるごとに言う。「低地は暖かく、湿度があって（hay humedad）[1]、フルーツもあるし、とりあえず生きていく上で困ることはない」という。「アマゾン低地には生きていくのに必要なものは何でもある！」と豪語する人すらいる。

私の友人もまた、ある時、以下のような語りをしたことがある。

> 私のいとこも事業に失敗して、仕事も見つからなくて、仕方ないからひとりでアンデスを下ったのよ。そこでコーヒーの農園を始めて、今ではお金もあるし、結婚だってしている。時々ラパスに来たりもするのよ。

このような「アンデスを下る」物語、ないしその成功譚は、至るところにある。このような話が無数にあふれているからこそ、人々は困った時にアンデスを下ろうとする。しかし、そんなにも暮らしやすいのであれば、どうしてアンデスに住み続ける人がいるというのだろうか。先述の友人にこの問いを投げかけてみると、友人は以下のように語った。

それはだって、みんなここに家族も親戚も友だちもいるからじゃない。だからアンデスを下るというのは、本当に困った時なのよ。

つまり、この友人の説明に従うならば、アンデスを下ることとは、それまでの社会関係を全て断ち切る経験であり、それ自体、孤独な経験なのである。社会関係のない世界に入っていくこと。その自然の力に身を委ねることは、到底普通にはできないことである。だから「本当に」困った時にしか人はアンデスを下らない。コリンズの研究によれば、アンデスの東斜面から低地にかけての地域は植民地期にも逃亡奴隷や反乱者などを受け入れてきた場所であるともいう［Collins 1988］。

社会関係を断ち切るという意味で、一層象徴的なエピソードをもうひとつ紹介したい。あるフォルクローレ音楽家は、当時人気絶頂であった若い女性歌手に恋をしていた。二人の仲は決して悪くはなく、恋は実る気配も見せていた。しかし、結局その若い女性歌手は、別のフォルクローレ音楽家のもとに行ってしまった。恋心を寄せていた人物に拒絶されたのみならず、予想外に友人に裏切られたことに絶望した先の音楽家は、手首を切って自殺を試みた。しかし、自殺は未遂に終わり、彼は病院に搬送され、一命を取り留めた。そのことを心配した若い女性歌手は彼のもとに見舞いに行こうとしたらしい。しかし、恋やぶれた音楽家にとって、そのかつての意中の女性が自殺しようとして死にきれなかった自分を見舞いに来るというのは、精神的に耐えられなかった。その音楽家は夜の間に病院を抜け出し、行方不明になってしまった。

周りの人たちは、その音楽家がどこに行ったのか必死に探そうとしたが、そのまま一年半が経っても、彼の行方は誰にも知られなかった。しかし、ある時、彼が低地のある町のそばの山中にいるという「確かな」情報を得た者がいるらしい。そこで音楽家の友人のひとりが心配して、わざわざその山まで出かけていった。すると山中から、笛の音が聞こえてきた。その笛の音を頼りに行くと、ひげも髪も伸ばし放題になった音楽家を見つけたという。その友人は音楽家に戻ってくるように説得した。その場では首を縦に振らなかった彼も、数ヶ月後にラパスに戻ってきた。彼は、そこからフォルクローレ音楽家として大いに活躍していくことになる。「ケーナを吹くことしかすることがなかったから、ケーナもうまくなっていたし、いい曲もたくさん作曲できたんだ」ということである。

私は、このほとんど「神話的」と言ってもいい物語について、どうもできすぎているようにも感じる。しかし、細かい事実関係はとにかく、この話もまた「本当に困ったらアンデスを下れ」という箴言を内包していることは確かである。そして、「本当に困る」とは、恋愛関係も、友人関係も全てに絶望した「孤独」の内にあって音楽家が選んだ「自死」に近い選択として「アンデスを下る」ということがあったということなのであり、それが多少大げさにしても、人々に理解可能、共感可能な物語だということである。

さて、最後にフォルクローレ音楽家の事例を提示してみたものの、私たちの議論は一見して、フォルクローレ音楽について論じるという目的からは遠く離れてしまったようである。しかし、本章で私が記述したいのは、まさにそのフォルクローレ音楽から遠く離れて、アンデスを下っていったその先において、フォルクローレ音楽と関わりを持つに至ったある人物のライフヒストリーであり、実践である。

本章では、彼自身の「アンデスを下る」孤独について検討するとともに、フォルクローレ音楽の全体性、あるいはアンデスの全体性の中にある、人々の分断と切断について考察を試みる。それは、ポスト多文化主義の時代、すなわち文化が弁別の機能を失った時、人々を分かち続ける「自然」について記述するという試みでもある。

2　カバドールとそのライフヒストリー

カバドールという職業

やや大きな議論から入ってしまったが、本章で具体的に記述・考察したいのは、「カバドール(cabador)[(2)]」である、とある男性のライフヒストリーと実践である。

カバドールとは、民俗楽器チャランゴのために木材を採取、加工、出荷することを生業とする人のことを指す。つまり、チャランゴに関する実践を、楽器生産から楽器を使った音楽産業に至るまでのひとつのチェーンと見なした場合、そのチェーンの川上側の末端にいる人々である。つまり、彼らは産業構造の上で、音楽がなされるところから一番遠いところにいる人々なのだ。

前章において、フォルクローレ音楽家たちは、アイキレのチャランゴ製作者を含めた楽器製作者を基本的に蔑む傾向があると指摘したが、実はアイキレのチャランゴ製作者もまたカバドールたちのことを「木を取ってくることしかできない人」「楽器を作るほどの能力もない人」として蔑む傾向にある。その意味ではまさにカバドールとは末端にいる人々なのである。

しかし、こうしたことを踏まえるとますます不可解になる二つの問いがあるように思われる。一体そもそもなぜチャランゴの木を切ることを専門とするような、ニッチな生業が成立するに至ったのだろうか。木を切ってくるだけよりも、チャランゴを製作した方が一見儲かりそうに見える。だとするとそれをあえてしないのは、本当に彼らにチャランゴを作る知識がないということなのだろうか。また、そうしたニッチな産業に従事する人々は一体どのような動機や経緯でカバドールになったのだろうか。

キナキナの木が消えた

こうした問いのうち、なぜカバドールというニッチ産業が必要になったのかということについては、アイキレ側、すなわちチャランゴ製作者の事情から説明することができる。

そもそもアイキレでチャランゴ生産が本格的に始まったのはフォルクローレ音楽が隆盛した後であること、そして他ならぬアイキレで生産が進んだのは、各都市へのアクセスの良さと、木材を採取できる標高という、地理的な「位置」が大きく影響しているだろうということは、すでに前章で述べた。

しかし、アイキレではチャランゴ職人が急激に増加したことによってある問題が生じるようになった。それが木材資源の不足である。チャランゴ生産が始まった頃のアイキレでは、木材は有り余るほど存在する資源であった。そもそも土地の所有権や、共有地の管理のあり方がはっきりしていなかったこともあって、人々は、とにかく木の生えているところに行って木材を取っていた。それはアイキレのチャランゴ製作者の同業者組合のひとつが「コムン・パンパ（共有草原）」という名称であることによっても暗示されている。アイキレにおいて木材は、言ってみればほとんど自由財に近い性質を有していた。

しかし、漠然としたある時を境に、「アイキレから木が消えている」ということについて人々が認識を抱くようになったという。あるアイキレの男性にアイキレの周囲を案内してもらった時に、アイキレの赤茶けた大地を眺めながら、彼は私にこう言った。

この辺りも昔は一面、キナキナの木が生えていたはずだよ。そのキナキナの木は消えてしまったんだ。だからお前が見ているのはただの草原だ。

つまり、木がなくなったことによって初めて、木があったことに人々は気づいたのであり、それが「財」であったことに人々は気づいたのだ。

それとともに、大きな動きがあった。アイキレの周囲に住む農民たちが、一斉に木材に対する所有権を主張し始めることになった。このことによって、文字通りただで採取することができていた木材は、対価を必要とするようになり、木材は枯渇と価格の高騰——ゼロからの発生——を見せるようになったのである。

この事態を受けて、アイキレ町役場も、無主地ないし町有地とされる場所に、植樹活動を行うことになった。このプロジェクトは、町立の「チャランゴ学校（Escuela de Charango）[3]」に帰属することになり、チャランゴ学校の生徒は、日常の活動の一環として、植樹やその森林の管理を行う。それを通じて「母なる大地からチャランゴの材料が生まれることを知る」教育活動がなされているのである。ここで興味深いのは、アイキレにおいては、共有材の私財化が起こったわけでも、その逆でもなく、そもそも「木材＝財」という概念が発生したという事実である。

私はある時、ラパスでアイキレ出身のチャランゴ製作者の男性に会ったことがある。彼は自分のチャランゴを売りにラパスに来ていた。彼は私がアイキレについて調べているということを他の人から聞きつけると、「自分のチャランゴを一本買ってくれたら、アイキレについての秘密を話してやるよ」と私に持ちかけてきた。お金という対価で情報を買うという行為に私はためらいもあったのだが、「アイキレの秘密を話す」というあまりに魅惑的な言葉に、私は彼のチャランゴを買うことにした。

彼は私の住んでいた下宿のベンチに腰を下ろし、私が渡した代金を数え終わると「よし、じゃあ話してやる。お前はアイキレで何でこんなにチャランゴが作られているか、その秘密を知っているか。それは「木材」なんだ」と述べた。彼はいかにアイキレが木材が豊富な場所で、それゆえ良いチャランゴが大量に生産できるかをとても分かりやすく、また滔々《とうとう》と説明してくれた。それに対して、私は——少しだけ意地悪な気持ちを持って——しかし、それも最近では難しいのではないですか、と聞いた。するとその男性は表情を変え、「そう最近は、アイキレの木を入手するのも難しい……」と言った。私はさらに「それはアイキレで木に対する権利を訴える人が増えたからですよね」と聞いてみた。男性はにやりと笑って聞いていたが、ついに最後は大笑いして、こう言った。

なんだ！　お前は私たちのことをずいぶん何でも知っているじゃないか！　そうだよ、アイキレで私たちは木を切りすぎた。でも木が本当になくなったわけじゃない。いい木材はまだまだ取れる。だけど、アイキレの農民たちが権利を主張するから、取ることができないんだ。彼らは今やどれだけアイキレの木材が貴重か分かっているから、高い値段を言ってくる。だからもうアイキレで木を手に入れるのは難しいんだ。割に合うもんか！

私たちはしばらく会話をした後、別れた。「今度はアイキレで会おうな」とその男性は言ってくれた。

顔の見えないカバドールたち

とにかくも、アイキレの木材をめぐる状況は以上のようなものであったので、依然としてアイキレでチャランゴ産業は盛んであったものの、その木材のほとんどはアマゾン低地から運ばれてくるものを利用していた。木材は時にトラックいっぱいになって運ばれてくることもあり、時には個人宛にバス便[4]で送られてくることもあった。木材、とはいっても運ばれてくる木材は、すでにほとんどチャランゴの形に成形されたもので、その形を仕上げて部品を貼り合わせればチャランゴが作れるようになっているものであった。その木材を採取、加工、発送する仕事をしている人たちのことを彼らは「カバドール」と呼んでいた。

アイキレの人たち曰く、その木材を取っている人たちもまたアイキレ出身者（アイキレーニョ、aiquileño）であるということだった。しかし、不思議なことに、様々な楽器製作者に聞き取りをしても、実際に知り合いにカバドールがいるという話は結局聞くことがなかった。カバドールたちは、トラックで来る場合には売り物を売ればすぐに帰ってしまうし、バス便で個人宛に送ってくるカバドールに関しては、電話でやり取りをするのみで、直接会ったこともないのだという。私の調査が尽くされていない可能性はもちろん十分にあるのだが、それにしても、アイキレ出身者であることが分かっているにもかかわらず、そして同じようにチャランゴに関わる仕事をしているのにもかかわらず知り合いに行き当たらないというのは、いくらアイキレが中心集落八〇〇〇人ほど、周囲の村落も含めて三万人程度の少し大きめの町だとしても、不思議に思われた。

そんな事情であったので、私は一度カバドールに会ってみたいと思いつつも、アイキレに滞在する期間中、その希望を叶えることはできなかった。しかし、意外にもラパスに戻った際、ラパスでチャランゴ製作をする数少ない人物のひとりが、カバドールを紹介してくれた。彼自身もそのカバドールに会ったことはないのだが、直近で電話をした際にぜひ低地に来たら歓迎すると言っていたということなのだ。「やっぱりこういうのは一度顔と顔を見合わせて知っておいた方がいいからな」。楽器製作者は、私が彼の往復のバス代を出すことを条件に、一緒に低地に行ってもいいと言った。そのようなわけで、私はその楽器製作者と連れだって低地に向かうことにした。

バスでアンデスを下る

私たちは、ラパスからボリビア・アマゾンの中心都市のひとつであるサンタクルス(Santa Cruz)市に向かう夜行バスに乗った。夜行バスといっても所要時間は一七時間ほどである。ラパスを午後六時に出たバスは、深夜にかけてアルティプラーノを走っていった。時期が九月で日本の冬にあたる乾季の終わりだったこともあり、バスの中もひどい寒さで持ってきた厚手の毛布でも足りないほどだった。途中、夜間何度か大きな物音がして目覚めると、バスはコチャバンバを経由しながらひたすら高度を下げて行っているようだった。その次目が覚めたのは、朝日が入って来たのを感じた時だった。バスの車窓は、一面結露して真っ白になっていて、とても外が見える状況ではなかった。アルティプラーノで冷やされたバスがアマゾンの湿度を集めたのだろう。車内も次第に毛布どころか上着もいらないほど暑くなっていった。

午前一一時、昼前にようやくサンタクルス市に到着した私たちは疲れ果てて、その日一日はサンタクルス市内を散策しながら過ごした。そして翌日、カバドールが住むサンタクルス市近郊の町、パイロン(Pailón)へと乗り合いバスで向かった。

パイロンは、低い屋根の建物とあちこちぬかるんだ道、行き交うバイク[5]が、いかにも平坦で広大なアマゾン低地にある町という様子だった。私たちはその土地の教会が運営している宿泊所に荷物を下ろし、身を落ち着けると、ちょうど、スコールが降りだして雷が鳴りだした。雨が過ぎ去った後、私たちはカバドールに電話をかけて、彼と教会前の広場で待ち合わせをすることにした。広場の周辺は、先ほどの雨で泥だらけだった。現れたのは、口ひげを生やし、帽子をかぶった、ボリビア人の中では痩せ型の初老の男性だった。あまりにこやかな表情こそ見せなかったものの、親切そうな人物であることが感じられた。私たちはお互いに自己紹介をした。口を開いた彼の歯にはコカの葉が少し張りついていた。彼の名前は、ウィルデル・バスケス（Wilder Vásquez）といった。

バスケス氏は、そのまま自分の仕事場に私たちを案内してくれた。そこで私たちは、バスケス氏の妻とその四人の子どもたちに会った。またほどなくして、同じようにカバドールをやっているバスケス氏の弟も合流した。バスケス氏の仕事場は一五メートル四方はあるかと思われる広さがあり、乾燥中のチャランゴのカバードが木材の種類ごとに積み上げられていた。私の友人の楽器製作者のボリビア人はそこに置いてあった木材の質の良さや種類の豊富さに興奮していたようで、バスケス氏に断りを入れると、バスケス氏の弟と一緒にあちこち見て回っていた。私はその間にバスケス氏にどのような経緯でパイロンまで来て、カバドールになったのか、その話を聞かせてほしいと頼んだ。

生の見通しのつかなさと脆弱性

バスケス氏はもともとアイキレの周辺村のうちのひとつに生まれた。アイキレの周辺村の多くの人がそうであるように、バスケス氏もまた農業を中心に生計を立てる一般的な暮らしをしていた。

妻もアイキレの人で三人の子どもにも恵まれていた。結婚してからは自分の家も持ち、全ては順調に思われた。

ところが、一九九八年、ちょうど時計の針が深夜〇時を回り五月二二日に日付が変わった頃、アイキレをマグニチュード六・六の地震が襲った。アイキレ全体が揺れた。この地震は二〇世紀ボリビアで最悪ともいわれるほどの被害をもたらした。ほとんどが日干しレンガ作りだった建物は地震に対してあまりに脆弱であった。信じられないことに、アイキレにあったほとんど全ての建物は半壊または全壊した[6]。死者も一〇〇人ほど出たという。その中の一人に、バスケス氏の長女もいた。バスケス氏は、少し離れたところにいた彼の次女――今や「長女」となったその娘――の方を指さして言った。「だからこの娘の上には本当はお姉さんがいたんだ。彼女は当時小さかったから何も覚えていないだろうけどね」。

バスケス氏は、家を失い、娘を失い、ほとんどの財産を失った。ちょうど家を建てたりするために周りから金を借りたところでもあり、バスケス氏はそれを返済するあても全く失ってしまった。「もうここにはいられない」。そうバスケス氏は考えたという。その時、バスケス氏は「本当に困ったらアンデスを下れ」という例の言葉の通り、動くことを決めた。バスケス氏は残された二人の子どもと妻を連れて、ある夜、通りがかったサンタクルス行きのトラックの荷台に乗り込み、周りの誰にも言わずに闇の中を進み、サンタクルスに逃れた。

サンタクルスに着いてしばらく、バスケス氏は様々な仕事を見つけてきては日銭を稼いだ。その中で一番うまくいったもののひとつが牛乳の運搬の仕事だったという。バスケス氏は器用に仕事をこなし、少しばかり金も貯まるようになった。そんな時、バスケス氏はちょっとした用事のために、コチャバンバに出かけた。コチャバンバの市場で買い物をしようとしていると、ばったりあるアイキレの知り合いを見かけた。その知り合いは、アイキレの町がだんだんに再建されて綺麗になりつつあること、そしてチャランゴの生産がますます盛んになってきていることをバスケス氏に話した。バスケス氏の方もバスケス氏の方で自分がサンタクルスに移住してそれなりにうまくいっていることを話した。するとその知り合いは、こうバスケス氏に持ちかけた。

実は自分の友人でチャランゴを作って売っているやつがいて、そいつが最近木材が手に入らないって言うんだ。お前、もしサンタクルスにいるなら、木材を適当に手に入れて、俺に送ってくれないか?

バスケス氏は、そのアイキレの知り合いの電話番号をメモし、約束通りバス便で少しの木材を送った。その代金はやはりバス便で返送されてきた。しばらく経つと、その知り合いからは、もっと送ってほしいと連絡が来た。バスケス氏はさらに木材を送るようになった。さらに今度は代金とともに型紙が送られてきた。曰く、この型紙の形に成形して中身を少しくり抜いた「カバード」の状態にして、少し乾燥させてから木材を送ってほしいということだった。バスケス氏は中古のチェーンソーを購入し、言われた通りのものを送った。次第に面識のない別のアイキレの人物からも注文が入るようになった。バスケス氏は、これが牛乳の運搬よりも良い商売になることを確信し始めた。

その頃、バスケス氏は二人ほどバスケス氏と同じように地震の被災後にアンデスを下ったアイキレ出身者とサンタクルスで知り合った。そこにバスケス氏はさらに自分の弟を呼び寄せ、四人で共同出資する形で、パイロンから二時間ほど行ったところにある場所に開拓地(colonia)を一区画買い上げた。自分たちでそこを開拓し、木の伐採を行うことで、より良い利益を上げることができると踏んでのことだった。バスケス氏とその仲間たちは、その開拓地に、アマゾン先住民の英雄とされる人物の名前にちなんで「アピアワイキ・トゥンパ（Apiaguaiki Tumpa）」という名前をつけた。こうしてバスケス氏はカバドールになったのである。

ちょうどこの辺りまで話が進んだところで、私の楽器製作者の友人がバスケス氏の弟とともに作業場に戻ってきた。彼はすでにカバードをまとめていくらか買うつもりでいるようで、とても満足げであった。そして私はそこでバスケス氏に頼み込んで、次の日バスケス氏らが開拓地に行くのに同行して取材させてほしいと言った。バスケス氏は相変わらずにこりともしない表情で、「構わない。ぜひ私たちの開拓地と仕事を見てくれ」と言った。

3　カバドールへの同行取材

開拓地に入る

次の日、私たちは早朝に起床した。アマゾン低地では日中の気温が非常に高くなり、蒸し暑くなるために、なるべく仕事は太陽が低いうちに行いたいのだという。私たちは、バスケス氏の車に乗って、開拓地へと向かった。バスケス氏の弟と二人の仕事仲間も一緒だった。途中ちょうど朝日が昇る頃に、車は一旦ごく小さな集落に停車し、そこで朝食をみんなで食べた。そこでは、パイロンの町からそれぞれの開拓地に向かう人たちが、各々食事を取っていたようだった。ひたすら甘いアピ[7]（api）とブニュエロ[8]（buñuelo）を取ると、眠気が少し覚めるようであった。

その後しばらく車は、ひたすら未舗装の道を土埃を舞わせながら進んで行った。思ったよりも風景は開けていて、熱帯雨林というよりもサバナ草原に近い植生が広がっていた。そのため、日差しが直接照りつけており、道の両側は、真四角に切り取られた土地区画に沿って、ひまわり畑や農場などが続いていた。中には、メノナイト教徒[9]の人々の開拓地も見られた。「ほら見てみろよ、メノニータス（menonitas, メノナイト教徒）だ！」彼らは馬車を移動手段としていたので、遠目にも目立っていた。「このさらに奥を行くとチキタノ[10]の集落もある」とバスケス氏は教えてくれた。パイロン周辺の開拓地は、多様なバックグラウンドを持つ人々を受け入れる土地のようだと私は感じた。

二時間ほど進んだところで、車は道を外れ、ある開拓地に入って停車した。それが彼らの開拓地「アピアワイキ・トゥンパ」であった。車が停車したところから、しばらくは開けた土地が広がっていたが、あちこちに木の根や枝が散乱し、地面も凹凸が激しく、いかにも整備途中というところだった。

しかし、景観の中で最も目を引いたのは、開拓地の両側と奥の方に広がる森林であった。そこには、そこで目にした開拓地とは違い、低木から高木までが生い茂る森林が広がっているようだった。彼らはその森林のことをモンテ（monte, 山、山林、未開墾地のこと）と呼んだ。バスケス氏はまず、手前の開けた土地に一本残っていたナランヒージョの木の方に歩いていった。バスケス氏は木の形や体勢を確かめると、「まずこれからにしよう」と言って手に持ったチェーンソーを起動させ、手際よく木に受け口と追い口を入れて、一分ほどのうちにナランヒージョの木を倒した。木はめしめしと音を立てて倒れた。その音は開拓地に反響した。バスケス氏は倒れた木を見て、チャランゴに必要な木材が取れそうであることを確認したようだった。一同はナランヒージョを後で運び出すこととし、ひとまず先に進んでいくことにした。

その日の目的は、質の良いワヤカン（guayacán）の木を探すことだった。どうも、前日に私のチャランゴ製作者の友人が、開拓地に行くならばぜひワヤカンを見たいと、バスケス氏とその友人に頼み込んでいたらしい。ワヤカンとは、ハマビシ科ユソウボク属の広葉樹の総称で、日本ではラテン語の学名の英語読みでリグナム・バイタ（学名：Lignum Vitae）とも呼ばれる樹木のことである［Record 1921］。この木は、市場に流通する木の中で最も堅度と密度が高い木として知られ、緑色がかった暗褐色の独特の色彩を持った材面を持つ。また独特の香りを持ち、香木としても用いられることがある。この木は、その堅さから、チャランゴの良い材になると見なされており、また近年木製ケーナの材料としても利用されている。ワヤカンは、パイロン付近では決して珍しい樹木ではなく、たとえば、開拓地同士を区切るために立てられた杭にすら使われていたりする。「彼らはワヤカンの価値を分かっていないから杭にすら使うんだ。こっそりあれを売ったら大儲けだよ」とバスケス氏は車中でも言っていた。それだけありふれた樹木なのである。

ワヤカンの木を倒す

私たちは、八〇〇メートルほど開けた土地を奥に進んだ後、森林の中に入っていった。森林の中はそこまで暗いというわけではないものの、上を見上げても一〇メートル少しの中高木の枝葉が広がっているような状況だった。足下にも低木があり、先頭のバスケス氏が時々、鉈で低木を切りながら道を作り、進んでいった。植生は非常に入り組んでおり、様々な種類の木を見ることができた。特に中高木に至っては、同じものを見つけて当てる方が難しいのではないかと思うほど、多様だった。私には、道もない中一行が一体何を目印にどこに進もうとしているのか見当もつかなかったが、カバドールたちは進むべき方向を把握しているようだった。どうも、その前にいくつか良さそうなワヤカンの木を見つけていたのだが、とても重いワヤカンのことなので、人数がいる時に改めて切りに来ようと考えていたようだった。

森に入ってから二〇分ほど歩いたところで、私たちは一本目のワヤカンのもとに辿り着いた。カバドールたちはそれらをどのように切るのがよいか、しばらくの間議論をしていた。結果、このワヤカンは切り倒すのが難しく、あまり良い材になりそうもないということで、一同はまた先に歩き出した。しばらくして木が自然倒壊して腰かけるのにちょうど良い状態になっている場所があった。カバドールのひとりが提案し、そこで私たちは休憩をすることにした。一同は、コカの葉を嚙んで眠気と疲れを取った。

また歩き出すと、しばらく行ったところに再び立派なワヤカンの木が見つかった。バスケス氏を中心にカバドールたちは再び念入りに辺りの状況を把握して議論をしていた。カバドールたちは、まずワヤカンの近くにあった中低木を一本切り倒した。ワヤカンが倒れる時にぶつかってワヤカンにひびを入れないためである。モンテにチェーンソーの音と、木が倒れる音がこだました。木が倒れたことで、森に日の光が差し込むようになった。そして少し開けた空間を作った後に、バスケス氏は繊細な手つきでワヤカンそのものに慎重に受け口を入れた。受け口の方向は、低木の茂みの方を向いており、ワヤカンをその茂みに目がけて倒し、茂みをクッションのようにして接地させようという考えのようだった。バスケス氏は、再び低木とワヤカンの方を何度か確認すると、思い切ってチェーンソーを再始動し、ワヤカンに追い口を入れた。今度は最初に少しチェーンソーの音が響いた後は、ワヤカンは実にゆっくりと傾いていき、ぱさっ、という音を立ててうまく茂みの方に着地した。断面の直径も、八〇センチメートルはあるのではないかという太くて立派なワヤカンだった。カバドールたちは手を叩いて喜んだ。

倒された木は、まずは枝を落とされて、縦におよそ半分に切られた。その後、太い部分はケーナ用の材木にするために、立方体になるように切り出された。そして、中程度の太さを持った部分はチャランゴ用にするために切り出すため、まずは適当な長さに分割された。そして、カバドールは型紙を出してきて木材に当てると、それに合わせてごく一般的なボールペンを用いて線を引いた。バスケス氏はかなり遊びの部分を取った上で、チェーンソーでおおまかな成形をした。

できあがった材は手分けして持って帰ることにした。私もひとつワヤカンの材を持たせてもらった。持ち上げたワヤカンは見た目以上に非常に重たく、せいぜい電子レンジほどの大きさしかないのに、信じられない重量だった。[11] 最初は肩に担いでいたのだが、肩に食い込んで痛みは出るし、ぶら下げて持っても力が持たないという状況で、モンテの中の帰り道を戻る時は、ただただ必死に木材と自分の非力な身体と奮闘していた。一行は、途中で別途伐採した木材を回収するなどしながら車のところまで戻った。気づくと太陽もかなり高いところまで上がっていてほとんど正午になろうかというところだった。私たちは開拓地の入り口で、持ってきた水やパンを食べて休憩を取った後、取った材木を車に全て載せて、パイロンの町へと戻った。

掘りの作業

パイロンの町に着くと、車はそれぞれのカバドールの家を回って人とその人の取り分となる材木を降ろし、最後はバスケス氏の家に着いた。バスケス氏は持ってきた材を未成形の木材を置いているところにまとめて置いていた。私たちは、バスケス氏に招待されて少し遅めの昼食を取った。

その後、少しだけ日が傾くのを待ってから、バスケス氏は午後の仕事に取りかかった。バスケス氏は未成形の木材を取り出すと、再びチャランゴの型紙を当ててボールペンで線を書いた後、チェーンソーでよりチャランゴに近い形になるように、木材を切り出していった。彼の見せた技術は見事としかいいようがないもので、チェーンソーという道具の喚起する荒々しさと大胆さとは裏腹に、繊細にかつ素早く、チャランゴの形を切り出していった。木材は数分で、遠目に見てもチャランゴの形だと分かるまでに成形された。

その後、バスケス氏はカバドールがカバドールと言われる所以でもある、「掘る（cavar/cabar）[12]」作業に入った。バスケス氏はノミと木槌を取り出すと、これもまた慣れた手つきで、チャランゴの胴体部分を「掘って」いった。私はチャランゴを一度木から製作したことがあるのだが、あそこまで素早く正確に「掘り」の作業が進められるのにどれだけの経験が必要になるか、想像もできなかった。

この「掘り」の工程は、カバドールにとって肝要であると同時に難しい部分であるらしい。「掘り」を進めれば進めるほど、まずは単純に、チャランゴ製作者からは喜ばれるカバードになる。また、「掘り」は労力のいる力仕事なので、作業工程が少しでも進められているのはありがたいのである。また、「掘り」を進めることによって、単純に重量が減損することも重要である。カバードを出荷する際、バス便にしてもトラック輸送にしても、輸送量は重量単位で測られることが一般的なので、重量を軽くできることは単純にコスト上の利点をもたらすのである。また、「掘り」を入れることで木材の表面積が増えるので、乾燥しやすくなり、楽器製作上のメリットがある上、重量減損にも寄与する。木材をしっかり「掘る」のは「湿度を切り離すため（para quitar la humedad）」だと、バスケス氏は教えてくれた。しかし、「掘れ」ば「掘る」ほどいいというわけではない。この「掘り」の部分は最終的にチャランゴの形態上のスタイルや、音響の具合を決めることになるので、楽器製作者にとっては少なくともある程度はこだわりや個性が持たれる部分でもある。そのため、理想的には楽器製作者が仕上げ「掘り」をする際に工夫ができるように、ある程度の遊びを残しておく必要がある。その意味で、「掘り」すぎてもいけないのである。私の楽器製作者の友人に言わせれば、バスケス氏の作るカバードはそのあたりも絶妙であるらしい。

そして、できあがったカバードは、ひっくり返されて互い違いに置かれてバランスを取りつつ、一〜二メートルほどの高さにまで積み上げられ、乾燥の工程に入る。カバードには普段一番上にビニールシートが置かれて、スコールなどを避けるようになっている。それでは湿気がこもるようにも見えるのだが、時間を置けば自然に乾燥してくるのだという。確かに乾燥がすでに進んだカバードと、バスケス氏がその時作業したばかりだったものでは、その重さが大きく違った。カバードは一般的には最低でも二ヶ月は乾燥させてから出荷されるという。「ただ、とにかく何でもいいから早くほしいという人には一ヶ月くらいのものを送る時もあるし、一年乾燥させたものを送る場合もある。それも注文に応じて変えるんだ」。

出荷は、バスケス氏が初めてカバドールとしての仕事を始めた時と変わらず、電話で注文を取って、まず半額分の金額をバス便で送金してもらい、カバードを同じくバス便で送った上で、残りの半額を送ってもらうという、ボリビアでよくある取引の形態を取ることが多い。送金については、最近は銀行振り込みも使うようになったという。また分量が多い場合にはトラック便を使うこともあるという。いずれにしても、顧客とはほとんど顔を合わせたことはないという。しかし、商品だけ送って代金が来ないことはないのか、不安になることはないのか、気になって私が聞くと、バスケス氏は「だいたいの場合、ちゃんとお金は払ってもらえるよ。信用の問題だから。もしお金を払わないやつがいたら、その人とはもう取引をしないのさ」と答えた。

4　カバドールの論理

湿度の論理

バスケス氏が作業を一段落させ、作業場の木の陰に座ってコカの葉を噛み始めた時、私はふとバスケス氏に対して「普段あなたはこうしてカバードを作っているわけですけれど、いっそ自分でチャランゴまで作ってみようとしたことはないのですか?」と質問してみた。楽器製作者たちが散々「カバドールは木を切ることしかできない」と言っていたのが気になっていた。するとバスケス氏は、「チャランゴを作ったことはあるし、作るのもそんなに難しくなかったね」と答えた。そこで私は「ではなぜ今はカバードしか作らないのですか?」と聞いた。するとバスケス氏はさも当然のように以下のように答えた。

それは、ここには湿度がありすぎるからだよ(Es que aquí hay mucha humedad)。楽器はうまく作れないし、いい音で鳴らない。作ろうと思えば作れるし、演奏しようとすればできるけど、ここにいる限りしない。それが全てだよ。

「ここには湿度がありすぎるから」という答えは、全く私の予想したものではなかったので、驚いた。バスケス氏が言っていること、すなわち湿度がある状態のところがチャランゴ生産に実際に向いていないのかどうかは、検討の余地があるところだろう。確かに、湿度のあるところでチャランゴを生産するのは、湿度のない場所に持っていった際に変形してしまうので、結局チャランゴの消費地がアンデス高地であることを考えると、実際に理に適っていないことなのかもしれない。工程数が無駄に多くなるチャランゴ生産をするよりは、カバードの生産に特化した方が生計戦略として正しい選択だということは、十分にありうる話である。

一方で、本当にバスケス氏にチャランゴを製作するだけの技術ないし知識があるかどうかは、私には計り知れないものがある。バスケス氏のカバードを製作する時の手さばきを見ていると、きっとチャランゴの製作もうまくできるのだろうというようにも感じられるが、それにしてもチャランゴを作ったことがあるというのは、ひょっとしたらバスケス氏の強がりなのではないかとも考えられた。もしバスケス氏が「カバドールは木を切ることしかできない」と広く言われているのを知っているのならば、見栄を張るのに十分な理由があるからである。

しかし、こうしたことを踏まえてもなお、バスケス氏が最終的にそれら全体を「ここに湿度がありすぎるから」という言葉でまとめて説明しようとしたことに、私は多大なるインスピレーションを受けた。少なくともバスケス氏は、「湿度」をもとに説明することによって、私が納得することを期待したがゆえに右記の発言をしたのであり、それはバスケス氏にとっては筋の通った論理(logic)なのだと考えていいだろう。

バスケス氏は、人生の流れの中でアンデスを下り、湿度にあふれたアマゾン低地に住まうことを選択した。アマゾンにはアンデスにはない、暑さと湿度がある。湿度に満ちたその空間の中で、チャランゴの材に適した硬木は生長する。そしてバスケス氏の現在の生業もまたその湿度の空間と、生産力に依拠した形で行われている。

しかし、その湿度の空間にいることは、アンデス高地の人が時に夢想するように、「必要なものが全て」手に入るということではーー考えてみれば当然のことなのではあるがーーない。アマゾン低地の湿度は、バスケス氏の生を支えると同時に、アンデスでは当然に行える楽器製作や演奏からは切断する。湿度とはそのようなものなのである。いや、そのようなものをもたらす「湿度」というものが、バスケス氏がアンデスを下り、アマゾンに住まい、そこに留まったまま電話やバス便でその二つを交通（comunicación）することによって、見出されたのである。

大統領はケチュア語を話すか

私は、チャランゴ製作者の友人とともに、バスケス氏の弟の作業場も見に行った。バスケス氏ほどではないにせよ、弟も高度な技術を持ったカバドールであった。そうこうしているうちに日も落ちて、夜になった。バスケス氏は自宅に私たちを招いた。私は、チャランゴ製作者の友人とともに招待を受けることにし、ビールを一ケース買って持っていった。

その日の宴会には、バスケス氏の弟や他の二名のカバドールたちも合流して、会は大いに盛り上がった。会はバスケス氏の家で行われたのだが、その家はとてもしっかりした作りで、広く立派なものだった。「ほとんど自分で組み立てたんだ」とバスケス氏は言った。「パイロンで一番の家さ。カバドールの仕事は稼ぎも悪くないんだ」とバスケス氏は機嫌良くしていた。

その後も一同は、冗談を大いに交えつつ話をしていた。私は男たちの飲みの勢いに疲れると、酔いを適度に覚まそうと、トイレに立って、そのまま庭にいたバスケス氏の娘たちと話をした。長女は、サンタクルス市内の国立大学、ガブリエル・レネ・モレノ自治大学（Universidad Autónoma Gabriel René Moreno）に通い、教育学を専攻していた。彼女はK－POPが好きだと言っていた。私が韓国人でないことに多少がっかりしていたようだった。「あまり飲みすぎないようにね」と彼女は言った。バスケス氏の妻とあるカバドールの妻以外、女性は宴会には参加させてもらえていなかった。
宴会も佳境に入った頃、その場についていたテレビに当時の大統領であったエボ・モラレス大統領が映し出された。大統領がサンタクルス市内の何らかの行事に出席したというニュースだった。そこで突然私の友人の楽器製作者が熱弁を振るった。

私は思うんだが……いやあなたがたは違った意見を持っているかもしれないし、それを私はもちろん尊重するけれども……私が思うに、エボ・モラレス大統領は自分のことを先住民だと言う。アイマラ語もケチュア語も話すという。公務員にスペイン語以外に、もう一言語話せることを義務づけた。だけど、実は本人は全くアイマラ語もケチュア語も話せないという話もある。実際に、原稿なしでアイマラ語もケチュア語も話していることはないわけだ。私は思うに、アイマラ語もケチュア語も彼は本当は話せないんだ。私だって、両親は生粋のポトシの人間だし、自分自身生まれたのはポトシだから、少しはケチュア語が分かるけれど、彼の言っていることは間違っていると思う。いいかい、だからあの大統領は私たち民衆（pueblo）を騙しているんだ。アイマラ語もケチュア語も話せなくて何が先住民だ。自分ができていないことを公務員には押しつけるというわけだ。これは理屈が通らないだろう。あなたがたがどう思うか……それはあなたがた次第だけども……。

彼の言葉は、ラパス市民の間で当時広がっていた政権批判の雰囲気を反映したものだった。特に両親を先住民に持ちながら、自分自身はほとんどラパス市の自由な空気とスペイン語の世界の中で生きてきた人々にとって、政権に対するある独特の違和感があったことは、私の短いラパス市での生活の中でも感じ取れるものだった。

この友人の熱弁に対して、その会にいる人々の共感はあまり得られていないようであった。バスケス氏はいつもの通り、言葉数少なく、ぼそりとこう言った。「いや大統領はケチュア語を話すよ」。

これを聞いた私の友人は、なおも「どうでしょう。気分を害させたら申し訳ないが、実際に彼が話しているのを聞いたことがあるのですか」と食い下がった。これに対してバスケス氏は答えた。「いや、大統領はケチュア語を話すよ」。それ以上でもそれ以下でもなかった。「彼は全てを変えた。彼の政治で、ボリビアから差別はなくなった」。そのように言った。なおも友人は自説を話していたが、どうもそれ以上は盛り上がらず、次第に話題はボリビアのサッカー事情へと移っていった。

ある程度時間も遅くなったところで、私とチャランゴ製作者の友人は帰ることにした。カバドールたちは次の日も早くから仕事に行くということで、見送りに行けないことを私たちに詫び、旅の安全を祈願してくれた。バスケス氏は「またぜひパイロンに来てくれ。家をもっとすごいものにしておくから」と言った。

次の日、私はチャランゴ製作者の友人とともに短いパイロン滞在を終えて、再びサンタクルス市内へ、そしてラパス市へと戻った。到着したラパスはひどく寒く、乾燥して感じられた。空気の匂いが違った。

5　決して交わることのないもの、にわかには知覚できないもの

生を開拓する

「本当に困った時はアンデスを下れ」とアンデスの人々は言う。バスケス氏の場合、それは未曾有の大地震の被災という形で、全く予想だにできなかっただろう形で、突然に振りかかってきたものであった。順風満帆に思われた人生の中で、自分の全てを失う経験、子の命というかけがえのないものを失うという経験……それは筆舌に尽くしがたい苦しみであっただろう。バスケス氏はその経験について多くを語らなかった。残念ながらボリビアにおいて、バスケス氏のような人物をケアし、援助するためのセーフティーネットはうまく働くことがなかった。バスケス氏の生はボリビアにおいて、地震に対してあまりに脆弱なものであった。

私は、ボリビアでラパスからサンタクルスの夜行バスに乗るたびに、バスの前照灯しか辺りを照らさない中、闇の中を進んでいくバスが、ただただずっと下に下っていくことにそこでしか味わったことのない、旅の感覚を持った。そのたびに、バスケス氏にとって、全てを失った時、トラックの荷台に乗って夜逃げした、その時の「孤独」とは、「先行きの見通せなさ（precarity）」とはどのような感覚であったのか、想像せずにはいられない。

バスケス氏もまた、無数の物語の主たちと同じように、それまでのつながりを断って、アンデスを下った。そして、そこでアマゾン低地の植生の豊かさを活かして、生業を成り立たせてきた。それはアンデス低地という自然環境の中で、自然と自分の関係を作り直していき、そこに住まうとい

う作業でもあったはずである。バスケス氏はそこで木々を切って、加工し、チャランゴの材として出荷するという生業に辿り着く。バスケス氏はカバドールになったのである。

カバドールは、皮肉にもアイキレ大地震の復興後、チャランゴ産業が急成長する中で、アイキレの木々が枯渇し始め、入手が困難になったことによって初めて必要となってきた仕事である。バスケス氏は、その意味で自分をアマゾンに追いやったのと同じモーメントが作り出したカバドールという職業に就くことになったのであり、そのパイオニアとして、試行錯誤の中でそれを一から作り、成立させた人物であるといえる。バスケス氏は、開拓地を買って、そのモンテの中に入っていく。しかし、その時同時にバスケス氏は、カバドールという生業をも「開拓」しているのであり、その複雑な関係性の中に入って行っているのである。バスケス氏は、孤独と先行きの見通せなさの中で、それらに抗って「新しいもの」を作り続けた。

バスケス氏の生業は結果として成功を収めたといっていいだろう。仲間も増え、立派な家を建てることができ、娘のひとりを大学まで通わすことができている。バスケス氏は、アマゾン低地にうまく住まうことができた。無数のアマゾンでの「成功譚」と同じように、バスケス氏は「開拓」という飛躍に成功することができたのである。

私としてはこの時、比喩的なレベルで、彼の人生史が、フォルクローレ音楽家がフォルクローレ音楽を作り上げていったことと並行的な関係にあるのだと考えてみたい。カバドールは、確かにフォルクローレ音楽の産業チェーンの川上側の末端にいるといってもいいだろう。カバドールのいる場所は、フォルクローレ音楽からはあまりに遠い。そこから切り離されているといってもよい。しかし、「何か新しいもの」を目指し、二〇世紀後半の大きく変化するボリビア社会の中で、孤独の中で、新たなる地平を開拓してきたという点において、私は、カバドールもフォルクローレ音楽家も同じように生の開拓者であり、同様に創造的実践の巨匠（マエストロ、maestro）だと名指してみたいように思う。もしここまでの人生史的な記述に意味があったとすれば、それは彼らがそうした生を引き受け、切り開いていく姿を、ラテンアメリカ民族誌学が使うその語の意味で、「証言（testimonio）」［cf. Canessa 2017a：545-547］することができたというところにあるだろう。

地層的なもの、反感性的なもの

フォルクローレ音楽家とカバドールを並べた時に、しかしながら、一方で気づかされるのは、それらが絶対に交わらないような関係にあるということでもある。

カバドールという仕事は、あえてその重要な側面を強調した言い方をすれば「湿度を切り離す」仕事である。蒸せるような湿度の中でアマゾンの大地に生長した木々は、当然ながら内に多くの水分を、湿度を内包している。カバドールはそれを土地から切り離す。そして、それを切り、成形し、さらに掘る＝カバールすることによって、「湿度を切り離す」のである。湿度を切り離すことは、重量減損の目的もあるが、何よりも、それでは音がうまく鳴らないからなのであり、さらに楽器の変形をもたらしてしまうからである。実際、湿度の大きな変化は、楽器の伸縮や湾曲など様々な変形をもたらす。こうした変形は、音程のズレや音色の劇的な低下などをもたらすことがある。そのため、音楽家が意のままに楽器を安定して操るためには、湿度は切り離されていなければいけない。つまり、カバドールの仕事とは、湿度がアンデスにおいて現れて、負のアクターとして見出されないようにそれを切り離すことである。別の言い方をすれば、もはやそれがアマゾンの湿度の中にあったことが、知覚できないようにすることが、カバドールの仕事なのである。

バスケス氏は、アマゾンに着いた時から、その「湿度」を匂いとして、身体感覚として知覚してはいただろう。しかし、それが「切り離す」べきものだとしてひとつの実体として浮かぶためには、おそらく注文をするチャランゴ製作者からのリクエストや、木材の状態の変化の観察、実験などの過程が必要だっただろう。バスケス氏自身は、チャランゴ製作者と電話やバス便という交通インフラを通じてのみ関わりを持つのであり、製作者の顔を知らないことの方が多い。しかし、それでもバスケス氏はその交通の関係の中で、パイロンにいながらにして、アンデスとアマゾンを上り下りする想像力を持ったのであり、そこに「湿度」というはっきりとしたものを見出していったのである。そして、私たちがバスケス氏から学ぶことができるのもまさにその点なのであって、私たちはバスケス氏の人生史と実践を通じて「湿度」という目には清《さや》かには見えない実体を摑むことができるようになるのである。

その「湿度」というものは、一方で、自分が決してチャランゴを作らないこと、演奏もしないことをバスケス氏に動機づけた。チャランゴ作りとチャランゴ演奏に関してはバスケス氏を負の方向に動機づけた。バスケス氏の生を辿り、その旅を追体験することによって私たちが得られるのは、その「湿度」という実体のありありとした実在感である。その湿度の感覚が驚きとしてあるのは、アンデスにおいてはその「湿度」は決して知覚できないからである。それは、単にアンデスにおいて湿度が、気候的な問題として、「それがない」という不在の形でしか認識されないということであるし、フォルクローレ音楽に関して言えば、バスケス氏の知恵によって、アンデスでは「湿度」がなるべくアクターとして動かないように、丁寧にそれが不可知化されているからである。

つまり、私たちは、「音響」の鳴り響くアンデスのただ中で、「湿度」の匂いを感じることはできないし、「湿度」に囲まれたアマゾンにおいては「音響」の共鳴の中に入っていくことはできないのである。この時に改めて見出されるのは、フォルクローレ音楽とは、決して交わることのない人々の実践の反復によってても成り立っているのだという事実である。このことは、アンデス―アマゾン関係というあまりに古い、「地層的」とでもいえる問題、植民地主義やその後の多文化主義などよりもずっと長い棲み分けと交通の関係を私たちに思い起こさせる。フォルクローレ音楽という一九七〇年代以降に生成した新しい音楽ジャンルは、その圧倒的な民俗楽器需要の増大によって、局地的とはいえ自然環境を変え、新たな職種までも創出した。しかし、その大転換は、アンデス―アマゾン関係というすでにずっとそこにあった関係――分断という関係――の反復でもあったのだ。

それは、ポスト多文化主義という時代、すなわちどんどん「人種」とそれに基づく差別(discriminación)が後景化するボリビアにおいて、「自然」による差異化(discriminación)の問題が改めて浮上しているということでもある。「大統領はケチュア語を話す」し、「ボリビアから差別はなくなった」。その時に顕現する別様の差異とは、最初からすでにそこにあった自然的なものなのである。垂直統御論の論者たちは、自然利用の問題を解決しようとする中で、そこに「意味」の問題が欠落していることを見出した。本章がその欠落の中に埋まるものとして見出したのは「本当に困った時はアンデスを下れ」という匿名での無数の語りや、「湿度」といった、にわかには体系化できず、にわかには知覚できない、目には清かには見えないが確かにそこにすでに存在しているものなのである。

こうして私たちは、ボリビア・フォルクローレ音楽とは孤独の中で開拓されていった「開拓地」であると同時に、それらが決して交わることのない離れ離れの関係性の中で再生産されていることを見出した。しかし、私はそのことを悲観しようとしているのではない。むしろ、世界に満ちてはいるが、にわかには知覚できないもの(=反知覚なるもの)によって、私たちの実践が方向づけられている可能性という想像力を私たちは(再び)獲得することができるということなのである。これは、反感性的なものの感性の学としての音楽人類学はいかようにありうるかという問いを、私たちに残すものである。

終章　すでにそこにあるもの

文化人類学者にとって、フィールドに入っていく経験は重要なものである。現地に暮らす人々と関係を作り、その中で暮らし、人々とあれこれ話をしたり、一緒になって生活したりしながら、自分の知りたいことを少しずつ見つけていく。これは言うまでもなく、文化人類学にとって根幹となる営みである。しかし、同時に——これもまたよく言われていることではあるが——フィールドから帰ってくることもまた文化人類学者にとって、同様に特別な経験である。

二〇一九年八月一五日。ひどく寒いボリビアのラパスから、今度はむせかえるほど暑い夏の成田に私は帰国した。盆だったせいか、終戦記念日という日の影響なのか、思った以上に東京が静かに感じられた。数分の遅れも生じない日本の鉄道も、値段の交渉の余地が一切生じない日々の買い物のやり取りも、改めて日本に帰ってくると、まるで生まれて初めてそれを見た時のように新鮮だった。

「帰る」ことの難しさを、低く見積もってはいけない。現に、私の知り合いの中には、フィールドから帰ってくることができなくなってしまった人はたくさんいる。心身の危険の問題を言っているのではない。ある人は、アフリカに文化人類学の調査に行ったが、現地の人々の生活をもっと直接に助けたいと思うようになり、結局文化人類学者になることをやめて、当地で開発支援に携わるようになった。またある人は、台湾に行って現地で恋に落ち、結婚して現地に永住することになった。さらに、また別の人は、私と同じボリビアに行って、私と同じように現地の音楽に魅了されてしまった結果、最終的にボリビアで日本語教師として生きていくことを選択した。

文化人類学者は、擬似的に「現地人になる」ことを目指してフィールドに出向くのだが、身体化された慣習は人の考え方にもしばしば強い影響を与える。この意味で、文化人類学者としてフィールドに行き、文化人類学者として帰ってこられた人だけが、文化人類学者になれるのである。

私自身も、自分の帰国が近づいてくるに従って、かなり本気で文化人類学者になることをやめようと何度も思った。私は、フィールドで三年以上もの間、フォルクローレ音楽家たちと過ごし、どうやったらフォルクローレ音楽をより良く演奏できるかということに専念して生活をした。その結果、良い文化人類学の論文を書くよりも、良いフォルクローレ音楽を奏でることの方がよほど自分の人生にとって重要な気がしてきてしまったのである。

私はフォルクローレ音楽家になった自分を想像した。もちろん、私は自分にフォルクローレ音楽家として才能があるとうぬぼれていたわけではない。私が調査の過程でボリビアの音楽家たちと音楽活動をすることができたのも、自分の実力というよりも、日本人がボリビアで演奏するということの物珍しさや、場合によっては、日本人としての私が持っていた経済力に依存したものだとは思っていた。ただ、それでも、それら全てを計算に入れた上で、フォルクローレ音楽を演奏しながらボリビアで生活していくことはできるのではないかと思ったし、その選択肢は私にとってとても魅力的に感じられた。

しかし、結果から言えば、私は、日本に文化人類学者として帰ってくることを選択した。最後のところで、ボリビアで音楽家になる勇気が持てなかったということでもあるし、文化人類学というものについてフォルクローレ音楽以上にまだきちんと向き合えていないという未練もあった。こうして、フォルクローレ音楽家になり損ねた私は文化人類学を続けることができたのである。

1　関係の彼方へ

つながりの中に置くこととその違和感

帰国した私は、それまでの調査ノートをにらみつつ、まずは、フォルクローレ音楽家たちについて、極めて正統的な方法で民族誌をまとめようと試みた。つまり、フォルクローレ音楽家たちの個々の語りや行為について、マクロな政治経済的な文脈や、彼らの経験している同業者間や親族間の社会関係のネットワーク、相互行為の過程などのつながりの中に置くことによって、それらを理解したり、整理してまとめられるように試みたのだ。

しかし、私は、次第にこの作業に違和感を感じ始めた。どんな文脈であれ、文脈的なつながりの中にフォルクローレ音楽家を入れて、関係の中に落とし込んで考えようとすればとするほど、まるで分厚いガラスを挟んでしまったように、自分がフォルクローレ音楽家に会って気づいたり、考えたりしたことの新鮮さが、どんどん失われていくような気がしたのである。

本書がここまで何度か繰り返してきたように、フォルクローレ音楽家は、「反抗」の音楽家である。常識的な音楽のあり方や、社会におけるつながりのあり方に自ら抗って、新しい何かを生み出そうとしてきた人々である。少なくとも私はそう思っている。彼らは私に対して繰り返し、「とんでもなく新しいもの」「何か自分だけのもの」を生み出すことこそ、「音楽」をすることの肝だと言ってきた。彼らはその意味でつながりに抗った「孤独」の人々であった。そうであればこそ、そのような彼らの言葉や経験を、切って貼りつつ、おとなしくそれらを文脈の中に埋め込み、体良くまとめてしまうようなあり方は、それ自体、フォルクローレ音楽家の生き様の書き方としてそぐわないように思えてきたのだった。直感的に言って、そのような書き方は全くフォルクローレ的ではないと思ったのである。

だから、私はそれでもひとつの著作をまとめるのであれば、文化人類学の中にある「つながりの中で理解する」という大原則それ自体に挑戦し、そうではない文化人類学は可能かという問題について、著作の最後には考えてみたいと思っていた。文化人類学的にフォルクローレ音楽を理解するのではなく、フォルクローレ音楽的な仕方で、文化人類学を更新してみたいと考えたのである。少し理屈っぽくなってしまうかもしれないが、私にとっては、それこそが、この紙面の上で、フォルクローレ音楽を実演するための限られた方法のうちのひとつなのである。

レヴィ＝ストロースの諫言《かんげん》

「つながり」に依拠しない人類学を想像すること——これは、しかし、どれほどまでに危ういことを言っているのであろうか。

というのも、「つながり」は人類学にとって欠かせない研究の対象であったというだけでなく、学問としての探究を支える基本的な方法でもあるからである。

文化人類学的思考の基本は、あるものを文化や社会、状況などの文脈に埋め込まれたものとして、様々な要素の「つながり」の中で理解するということである。若きレヴィ=ストロースは、文化現象について考察するのにあたり、必要な構えとして以下のようなことを述べている。

> 人類の文化現象を理解したければ、人類がいわば内発的に産みだすもの、さながら樹木となるのに必要なすべてを種子がみずからの内に宿しているがごとく、人間がみずからの内に宿しているものとして文化現象を思い描いてはけっしてならない。
>
> ［レヴィ=ストロース 2024（1937）: 71、傍点は筆者］

レヴィ=ストロースによれば、ある文化的な要素というものは、「構造のなかの位置によって初めて「意味」をおびる」のであり、文化人類学とは、このような立場に立った上で、「要素と要素のあいだにありうべき論理的な「関係」を、さらに「関係の関係」を」解明しようとするものなのだということになる［レヴィ=ストロース 2024（1937）: 71］。関係をもって考えるというこのレヴィ=ストロースの姿勢は、私たちのよく知っている構造主義者としての彼ともよく一致しているといえよう。

文化現象の意味とは、そのものの内にあるわけではない。意味とは、それが他のものと作る関係の中にある。だからこそ、理解とは、「関係化」を推し進めていく営みなのだ。ここで、文化人類学的なものの見方とは、目の前にあるものが、様々な関係の中にあるという前提のもとに対象を捉えることなのである。

これは私が文化人類学者と対話したり、文化人類学者の著作を読む中で、数限りなく接してきたような、実にありふれた考え方である。

さらに、より究極的には、文化人類学的に言えば、あらゆる対象は、実体は、現実は、それ自体としては存在しない。それらは関係の交点であり、コミュニケーションの中で定立される構築物なのである。分かりやすい例をひとつ挙げよう。杉島は、自身のことを「頭が悪い」と考える学生について、以下のような批判的なコメントを行っている。

> 筆者がつとめる大学院には（よその大学でも同様だろうが）、自分の「頭」が悪いと思い込み、これから自分がおこなわなければならない研究に不安をかかえる学生がときおり入学してくる。筆者はこうした学生を「頭」というエージェンシーが存在も、作用もしないコミュニケーションに引き入れる。［杉島 2014：16］

杉島の議論に従えば、そもそもこの世界に、「頭が悪い人」など存在しないのである。そこにあるのは、「誰かが頭が悪いとされている」事態とそれを実現している関係の布置だけなのである。だから人類学者が探究するべきなのは、人々のコミュニケーションの様態や、そこでのコードやプロトコル、その相互作用の機微なのだということになる。

関係化と批判という思考

さらに、このつながりの思考は、単に人類学的思考の基本図式を示しているだけでなく、時には文化人類学の目指すべき目的ともされることがある。

春日は、『現実批判の人類学』の序章の議論の中で、まず、文化人類学において関係という概念が持っている意義を以下のように確認している。

存在が関係性の不断の生成によって顕現しつづける以上、存在の分析もまたそうした関係性の一部を形成して存在へと働きかけていく行為となるはずである。〔春日 2011：20〕

杉島の議論と同じように、春日の立論においてもまた、存在とは関係の配置と再配置の中で「顕現」するものである。

さらに春日はその議論の裏側が意味するところにも指摘を行っている。つまり、もし存在が関係によって定立されるものなのであれば、関係のあり方が変われば、存在も変わるはずである。つまり、私たちは関係論的な分析を推し進めることによって、私たちの置かれた「現実」の自明性を揺さぶっていくことができるようになるはずなのである。

何がアクターとして活性化し、他のどのようなアクターとつながるのか。あるいは全体をもたない部分が別の全体をもたない部分へとどうリンクしていくか。そうしたちょっとした細部の変化から、ありえたかもしれないつながりや生成可能かもしれない現実を喚起することが、本書の批判的性格において中核をなしている。〔春日 2011：21〕

当たり前に受け止められた現実の自明性を関係の中で解体し、相対化し、この世界が「どうとでもありえる」〔中川 2011：91〕ことを示すこと。これが、「現実批判」〔春日 2011：20〕としての人類学が、社会全体に渡って貢献していくことのできる事項なのだという。

つまるところ、文化人類学にとって、「関係の中で考える」こと、そしてそれをもとにこの現実を批判的に捉えていくことは、欠かすことができない極めて重要な賭け金だとされているのである。少なくとも二〇一〇年代に大学院での人類学教育を受けた私にとって、対象を関係の中に落とし込んで考えること、その上で現実を批判的に捉えていくことは、ほとんど身体化された思考だったといってよい。

しかし、繰り返しになるが、私が違和感を感じたのは、まさにこの人類学の根本的な態度だったのである。第一に、私は音楽という対象を当初、マクロな政治経済史の中において理解することを試みたが、これは別の言い方をすれば音楽を政治経済的なものに還元してしまうということであり、結果として音楽を通じて人々が実現しようとしていることと乖離が出てきてしまうという大きな問題がある。諏訪が言うところの「かけがえのないもの」［諏訪 2012：9］が失われてしまうのである。第二に、それでは今度は、人々のコミュニケーションや相互行為の中に音楽を位置づけようとすると、これもまたフォルクローレ音楽家たちの行為の在地論理とちぐはぐになってしまうのである。

改めて考えてみると、結局のところ、そもそも現代の音楽産業というもの、あるいはフォルクローレ音楽というものそれ自体が、私が批判的に解体するより以前に、ばらばらで脆弱な基盤の上にあるものだということなのだろう。関係化の方法、現実批判という目的が、私たちにとって、あまりに強固で揺るぎがたいように見える対象を相手にする時に有効なのは確かである。また、同時にそのような強固な現実をめぐっては、人々の有目的な戦略行為や、交渉、相互行為が喚起されて、ゲームの場が形成されることも納得がいく。しかし、そもそも私たちの生は、そこまで揺るぎないものなのだろうか。

このように考えた時、必要になるのは、人類学の思考のツールである「関係」それ自体を相対化し、その関係論的な思考に抗ってみることではないか。私は、「孤独」という、つながりの彼方にあるものを目指したフォルクローレ音楽家たちの思考に則って、文化人類学の関係概念そのものを問い直してみたいと思うのだ。果たして人類学から関係論的思考を取り去ったとして、それでも「人類学をする」ことは可能なのだろうか。あるいは関係論の彼方にある思考を、人類学と呼ぶことはできるのだろうか。

私はフォルクローレ音楽家になることはできなかった。しかし、だからといってそのまま素直に文化人類学者になることもできなかったのだ。だから、私は、フォルクローレ音楽家のように、文化人類学をしてみたらどうなるのか、ということに強い関心を抱いたのである。

2　そのものの内にある力

種子がみずからの内に宿しているがごとく

しかし、フィールドから帰国したばかりの私にこの問題についての見通しがあったわけではなかった。そこで、しばらく悩んだ後に、まずは関係論的な人類学から脱出するために、あえて不遜にも先人の警告をまるごと無視してみようと考えた。

先に挙げたレヴィ=ストロースの言葉を思い出してほしい。それは、「人類の文化現象を理解したければ、人類がいわば内発的に産みだすもの、さながら樹木となるのに必要なすべてを種子がみずからの内に宿しているがごとく、人間がみずからの内に宿しているものとして文化現象を思い描いてはけっしてならない」［レヴィ=ストロース 2024（1937）: 71］というものだったはずだ。

逆に考えてみよう。つまり、私たちが関係論の軛《くびき》から逃れるためには、レヴィ=ストロースの諫言に抗って、あえて「さながら樹木となるのに必要なすべてを種子がみずからの内に宿しているがごとく」人間について考えてみればよいとはいえないだろうか。

関係論的に言えば、人間が何か変化していく時、それはその人間が他者や環境との間で持っている関係性の変化という形で表現することができる。人間は決して、種子のようにそれ自体の力で変化していくわけでないのである。あるいは、関係論に基づけば、種子ですらも、気温や光や水の有無、土壌の状態など、様々な外界との関係性なしには、発芽することはないと指摘することもできるだろう。全ては関係が決めているのである。

しかし、一方で、どんなに関係性があったとしても、種子が種子でなければ、芽吹くことはないというのもまた事実である。種子とそれ以外のものとの関係ばかりを見る人は、種子それ自体のうちに、すでに幾層もの関係が折りたたまれて存在していることを見落とすのである。だから、私はまずはフォルクローレ音楽家をある関係性の網の目を動き回る主体と捉えてみるのではなく、彼らと彼らの言行を力にあふれた「種」だと考えてみればよいのではないかと考えた。

これは、フォルクローレ音楽家についての私の印象にうまく当てはまるように感じた。たとえば、4章で取りあげたエンシーナス氏やマウリシオの話などは、まさにこの事例である。彼らは、先人の音楽家たちから、からかわれたり、つまはじきにされたりする経験をした。彼らは調和的なコミュニケーションが望めない、そのような「孤独」の中で、それぞれに音楽と向き合う中で、「普遍の水準」や「歴史の線」を見つけていった。この時、エンシーナス氏やマウリシオは、関係の組み替えによって変化したわけではない。まずは彼らの中で世界が組み替わったのである。もちろんその後の彼らの実践によって、私たちの共有しているところの世界も変化したかもしれない。この時に起こっているのは、従来の人類学で言えば関係を作る主体とされるものの、その内にある内的関係の展開なのである。

植物というメタファー

ここで種と植物の成長というのは、関係論的でないものを考えるのには、良いメタファーになると私は思う。典型的なイメージで言えば、動物は、動き回り、関係を作り、行為することによって目的を達成する。一方で植物は、通常目に見える姿では動かない代わりに、自分自身を伸ばし、広げ、膨らまし、形を変えることによって光や水に辿り着こうとする。

私が植物のイメージに行き着いたのは、フィールドから帰ってきた後に人類学の同世代の研究者仲間と再読したストラザーンの『部分的つながり』の議論によるところも大きい。

ストラザーンは、同書の中で、メラネシアの身体装飾や笛、割れ目太鼓などについて論じている。しかし、彼女はそれらを、通常の民族誌のように、メラネシアの文化社会システムの中に配置して解釈しようとしているわけではない。彼女は、木でできた仮面や竹の足場、竹から生まれた祖先の神話、カヌー、割れ目太鼓、笛などのイメージを詳細に記述しつつ、それらを貫くメタファーとして、成長や繁殖があることを見出す。その上で、ストラザーンはバルトの民族誌［Barth 1987］を再解釈しつつ、パプアニューギニアには、「先取り（prefiguration）」という知識の形態を見出すことができると述べている。その思考は以下のようなものである。

ある意味では、あらゆるもの――社会性、価値、関係――がすでにそこにある。しかし、常に作られ、また作り直され、新たに創出されなければならないのは、それらの事象が現れるための諸形態である。

全てのものは最初からそこにある。オク山地方の人々は、木からカヌーを作ることができるのは、木のありようの中に、すでにそこにカヌーの形が見出せるからなのだと考える。

〔ストラザーン 2015（2004）：239、傍点は筆者〕

この女〔ガワの始祖の女〕は、男たちにカヌーの作り方を教える必要はなかった。彼らはそれを知っていたのだから。彼女はむしろ、適切な素材を男たちに示すことで、カヌーがとるべき適切な形態を示したのである。

〔ストラザーン 2015（2004）：239-240〕

さらに言えば、このような「すでにそこにある」ものへの信頼は、「生殖力を讃える」こと、つまり全てのものは、その内にある力によって生産・再生産されうるという強い期待と確信によって支えられているのだという〔ストラザーン 2015（2004）：271〕。そして、ストラザーンは、これを「基盤にある社会性（grounding sociality）」〔ストラザーン 2015（2004）：271〕と呼ぶ。

関係論的な人類学は、人もモノも、関係の連なりの中で、あるいはある特定の布置や集合の中で初めて社会的な意味を帯びると考える。しかし、ポスト関係論的な思考では、「あらゆるもの〔……〕がすでにそこにある」のだ。

5章に登場してもらった音楽家たちによれば、楽器を演奏する時に一番大事なのは、メロディーやリズムではなく、音の強さである。たった一音で人を、世界を驚かすことができるような、そんな一音である。ここでもまた、音は他のものと連なって意味を持つのではない。ただ、音があって、そこに意味があるのだ。私はストラザーンを通じて、フォルクローレ音楽家の持つ考え方を、素朴に肯定するような方法があるように感じたのだ。

チャランゴの作り方

このようにストラザーンの著作を読解していく中で、私の頭には、あるひとつの民族誌的場面が浮かんだ。それは、6章でも取りあげたエコに関する経験である。ある時、私はエコに、「チャランゴの作り方はどうやって覚えたのですか」と質問したことがある。この問いについて、私の中には、ある予想があった。きっとチャランゴの製作者組合まであるアイキレのことだから、エコもまた、あるチャランゴ製作家に弟子入りして教えてもらったとか、友人の手伝いをさせてもらいながらこっそり覚えた、というようなエピソードがあると思ったのだ。

より単刀直入に言えば、私はエコから意識的にも無意識的にも、「正統的周辺参加」［レイヴ & ウェンガー 1993（1991）］のエピソードを聞こうとしたのだ。正統的周辺参加論では、下働きの見習いたちが、仕事内容としては些末であるが、仕事の全体が見えるような役割を与えられて、徐々にその社会関係に入っていきながら職業知識を身につけるように、社会関係が先にあって、それで初めて知識が得られるというモデルを提示する。私は、これに類するエピソードを得ることで、アイキレの社会関係について、もっともらしい考察をしたいと考えていたのだと思う。

しかし、エコの答えはごくシンプルで、かつ私の予想を外したものだった。彼は私に言った。「それは自分で覚えたんだよ」。思わず、私は「ひとりで？」と聞き返した。それに対して、エコはさらにこうつけ足した。

そう、ひとりで。チャランゴを作ることなんてそんなに難しいことじゃない。その辺にあるチャランゴをひとつ拾ってきて、どうやってできているかを見るんだ。それで、その形を正確に写し取るんだよ。材料はその辺でいくらでも手に入るし。ひとりでも何とかなるさ。

私は、エコの言葉に強い印象を受けた。私の予想は完全に裏切られ、目論見は失敗した。私はなんだか恥ずかしい気持ちすらした。エコの言ったことはごく素朴なことで、チャランゴの作り方を知るためには、チャランゴを見よ、ということだった。

もちろん、このエコの語りに対して、吟味の余地はあるだろう。6章で述べたように、そもそもエコには大工として働いていた経験があった。そのため、何かの人工物（artifact）を見て、その形を図面に起こしたり、パーツに分解したりして、それと同じものを作るということは、もともとエコにとって慣れた作業であったのだとは言えそうだ。また、「ひとりで覚えた」という発言は、あくまでもエコの強がりなのであって、実際には友人や先達のアドバイスを受けていた可能性も大いにあるだろう。

しかし、興味深いことに、エコと同じような語りはアイキレの多数の楽器製作者から聞かれたのである。「チャランゴの作り方なんて、誰かに習うものじゃない。自分で身につけるものさ」と彼らは私に説明した。ここで、少なくとも、彼らのある種の「理念」として、チャランゴのための技術は他者を媒介せずに得られる、ないし得られるはずだという思考を取り出すことは可能である。繰り返しになるが、ここで理念というのは、それが実際にそうであるかは別として、彼ら自身がそのように捉え、そこに価値を置いているという意味で言っているのである。

そうなると、エコの指摘していることはとても重要なことである。製作のための方法は、決して他人との社会関係から伝達されてくる情報ではない。チャランゴという人工物のその内にすでにある。問題は、そのチャランゴの持つ形や、それらの形が構成する様々な内的関係を適切に取り出すことである。そして取り出された内的関係をもとに、新しいチャランゴを製作すればいいのである。ここで知識とは、社会関係ないし外的関係から伝達されてくるものではない。すでにそのものの内にあるのである。

むしろ、エコの場合、結果としてチャランゴの内的関係を取り出すという作業を通じて、彼はチャランゴ製作家としての立場を獲得し、そこから広く同業者や、顧客などとの外的関係を取り結んできたともいえるだろう。これは、社会的統合から知識の獲得へという「正統的周辺参加」とは完全に反対の順序だとすらいえる。

つまりここでも、つながりより先に「すでにそこにある」ものが存在しているのである。

園芸の作業

このような思考を経た上で、私は、自分が著作を書くのであれば、対象を関係の中に落とし込みつつ、解釈したり、理解したり、批判したりするようなものにしたくないと考えた。代わりに私は、まずは対象を素朴に肯定しつつ、もともとその内にある意味を延長していけるようなものを書きたいと強く思った。

だから、私は、フォルクローレ音楽家たちが語った様々な物語や、私自身が経験した出来事のエピソード、それ自体に何か面白さや喚起力があることを期待した上で、その面白さに言葉を継いで展開させつつ、ただ順番に並べていく、という形で著作を編もうと考えたのである。私にとって、フォルクローレ音楽家のアネクドタはそれだけで面白い「種」である。私は、そもそも自分がそれ以上に面白い何かを作れるとはあまり思っていない。私ができるのは、それがうまく芽を出して伸びていくように、少しだけ日当たりや雨の具合に気をつけながら並べていくことなのである。ストラザーンが述べているように、このような作業は、ある種の園芸の作業に似ているかもしれない。ストラザーンにとって、「園芸」は大事なイメージの源泉であるという。ストラザーンの理想とする庭は、ただそこに生えてきたものの成長を促しつつ、それらがうまく並存できるように整理するという、イングリッシュ・ガーデン的な庭である［Street & Copeman 2014 : 8, 31］。

かつて、ブルデューは、社会を把握する上で適切なメタファーは何かという問題について、以下のようなコメントを行っている。

ゲームのイメージというものは、社会的な事象を想い描かせる上で、おそらく一番難点の少ないものです。とは言え、危険も含んでいます。何故なら、ゲームという言い方をするとなると、最初にゲームを考え出した者がいた、規則を定め、社会契約を確立した立法者がいた、という風に思いこませることになってしまいます。

［ブルデュー 1991（1987）: 104］

ブルデューのイメージに従えば、民族誌というものもまた、人々が行う「つながり」のゲームのルールとそのテクニック、実践例についての記述を積み上げたものということになるだろう。しかし、ブルデューは警告も発している。ゲームと違い、社会は、ある時点で人為的に生成されたものではないのだと。

しかし、私は本書を、ゲームのルールブックとして書いたつもりはないし、その攻略本として書いたわけでもない。あるいは、現実のゲームとしてのフィクション性を暴露するための何かを書いたつもりでもない。

なぜならば、この本は、最初にボリビア・フォルクローレ音楽というものを考え出し、その美学を定め、世界を確立した先駆者たちと、その「子どもたち」についての本だからであり、その限りにおいて、ゲームの比喩は無効になってしまうからである。それよりも、私はこの本を、彼らの人生の群像として、庭の風景として捉えてもらいたい。

そのような方法を取ることによって初めて、「とてつもなく新しいもの」に向かって、伸びようとしていったフォルクローレ音楽家たちの、孤独な、しかしどこか世界への愛と信頼に満ちた生について記述することができると私は確信するのである。

フォルクローレ音楽とは、孤独な者たちの実践であり、部分的には孤独を望んだ者たちの実践であり、その内にあるものの自己展開の諸相なのである。それは、たゆたう逸話の群の自己展開であり、孤独の内に世界をつかむことであり、地面の一点に向けて吹き出された音の強度であり、一の人格に二を込めた人の実践であり、アマゾンをひとり下り、開拓する者の物語なのである。それらは、どれも私のことを驚かせた。その驚きを繰り返し感じられるように、反復するように配置したのがこの本なのである。

3　ばらばらの時間の内で繰り返す

ボリビアにおける「錯時」と「孤独」

どんなゲームでもいいのだが、たとえば野球の一場面を想像してみてほしい。九回裏、二点差を追う展開。二死《アウト》満塁。キャッチャーのサインを受けて、ピッチャーがゆっくりとしたモーションで投球動作に入る。動き出すランナー。バッターは、球のコースを見極めようとする。その瞬間、そこにいるプレーヤー、審判、観客、全ての人々は、白球の動きに注意を集中させる。この場面で、このゲームに関わっている人たちはみな「今」という時間を共有している。

ゲームがゲームとして動いている時、あるいはもっと広く、何か関係の中にものが埋め込まれている場面を想像するとき、そこには同時的な時間が存在している。しかし、もしこの関係論的な見方を手放すならば、この同時性もまた当たり前のものではなくなる。庭を想像すると、そこにはそれぞれのタイミングでゆっくりと展開する何かがあるようにも思われる。

これは、本書の中でまだ整理をされずに残っているもうひとつの問題とも関わっている。その問題とは、ラテンアメリカないしボリビアの「錯時性」の問題である。序章でも述べた通り、フォルクローレ音楽とは、ボリビアにおいて、それぞれの人がそれぞれに別の時間を生きているかのような、不思議議な孤独感と密接な関係があると私は考えている。

この議論を行う上で、まず、本書以外の著作から事例を引くことで、フォルクローレ音楽がまさに黎明期にあった頃のボリビアの状況について、把握しておきたい。

パラシオスによる『熾烈な日々（Los días rabiosos）』（邦訳は『『悪なき大地』への途上にて』と題されている）というエッセイ集の中に、「カラコトの奥様（La señora de Calacoto）」という短いエッセイがある［Palacios 2005：33-37］。パラシオスは、一九五八年にボリビア・オルロ市に生まれ、ボリビアを中心にラテンアメリカ世界で活躍したジャーナリストである。先住民の先住民による先住民のための映画を作ることを目的とした、映画製作グループである「ウカマウ映画集団（Grupo UKAMAU）」のプロデューサーのひとりとしても知られている。『熾烈な日々』は彼女が二〇〇三年に不幸にも持病による体調の急変で亡くなるまでの間に書かれた原稿を集めた遺稿集である。

「カラコトの奥様」は、一九八〇年代初めにパラシオスが乗り合いバスに乗って、ラパス中心市街からカラコト地区に行った際のエピソードを記述したものである。カラコト地区とは、ラパスの中でも高級住宅街として有名な場所で、今もヨーロッパ系、もしくは混血系の人々が多く住んでいる地域である。ただ、一般にカラコトの住人は、自前の車や運転手を持っており、乗り合いバスに乗っているのはカラコトで家事手伝いや肉体労働者として働く先住民系の人々が中心である。しかし、パラシオスがカラコト地区に向かった日、そのバスにひとり裕福な身なりをした女性が荷物をたくさん抱えて乗ってくる。パラシオスはその女性に座っていた席を譲り、それをきっかけにパラシオスとその「奥様」との間で会話が始まる。なんでも彼女の家の運転手が病気になったので、彼女は生まれて初めて乗り合いバスに乗ることにしたのだという。

パラシオスと「奥様」の間の会話は、「インディオ（indio, 先住民系の人々への蔑称）」たちがカラコト地区を襲撃するのではないかというニュースを中心に進んでいく。「奥様」はインディオの襲撃についての恐怖を募らせていた。その「奥様」に対してパラシオスは尋ねる。

「で、どうしてこの地区が襲われるって思ったんです？」

「あら、憶えていらっしゃらないの？　インディオたちは蜂起を繰り返す、あのトゥパク・カタリのやった包囲をやると脅していると言われていたじゃない」

「でもそれは一七八一年のことでしょう。それから二〇〇年もたって、それを繰り返すなんてできると思います？　それじゃ、それから何も変わっていないとおっしゃるの？」

「だって、インディオはインディオですよ……。あれらは変わりませんよ……。どんな暮らしぶりかご覧なさいよ。貧しいでしょう。貧しいのが好きだからですよ。進歩ということには興味がないのです。政府が悪いのですよ。今日びインディオがあちこちの道路を封鎖するなんてことをしているとき、しかるべき態度をとらないから、つけ上がるのですよ」
「それで、このインディオの問題の解決は何だと思います？」
「容赦なく消し去ることですよ。あれらは対話とか、そういった類のことは決して理解できないでしょう。力だけですよ、分かるのは……。あれらのおかげで、この国は進歩しないのです。あれが障害なんです。……」

［Palacios 2005：36；訳文は唐澤による邦訳［パラシオス 2008（2005）］をもとに一部筆者による修正を加えた］

ここで「奥様」の考える恐怖は、強烈な「錯時＝時代錯誤（anachronism）」に深く根ざしている。一七八一年から何も変わらないインディオ。その「対話不能さ」に対する恐怖。しかし、一方で「奥様」が恐怖するのは、その変わらないインディオが、何か変わろうとしているのではないかという予感にも根ざしている。この時、「奥様」の考える時間は、変化と反復と停止の回路の中でショートを起こしているようである。いずれにしても、ここに横たわっている問題は、すぐ隣にいる人が、自分とは全く違う時間の流れの中を生きているのではないかという根深い疑念である。

さらに、この前後を読むと、実はこの奥様の恐怖は、夫の不在と関わっていることも分かる。奥様の夫は、この会話の起こる数年前に没している。奥様には、今よりもさらに女性への偏見が強い時代のボリビアにおいて、ひとりで家と娘たちを守らなければいけないという気負いがある。つまり、ある意味において、本当に過去に影響を受け、過去に縛られて生きているのは、奥様自身であるというのも皮肉である。

このごく短いエッセイを、より不穏な風景にしているのは、この「インディオ問題」についての会話が、バスの車内という閉ざされた空間の中で、他ならぬ「インディオ」たちがいるすぐ側で展開されているという事態である。「奥様」は、インディオにはスペイン語が分からないと考えたのかもしれない。あるいは、そもそもそこに自分が話しているまさにその対象の人々がいることすら忘却してしまったのかもしれない。「我々は本当に異なっている。しかも本当にひとりぼっちである」［パス 2007（1950）：11］というパスの言葉になぞらえて言えば、少なくとも一九八〇年代のボリビアに生きた人々は、「本当に近くにいる人が、本当にばらばらの時間を生きている」という実感を持って生きていたということができるだろう。この錯時的なばらばらさの中に生きる「孤独」を私たちは見逃すことができないのである。

近代と地層的な時間

フォルクローレ音楽は、一九七〇年代、すなわち「カラコトの奥様」から遡ること一〇年ほど前からボリビア社会の中で急速に発展してきた音楽ジャンルである。一九七〇年代において、先住民が演奏するような楽器を演奏すること、しかも先住民の人々が演奏していたのとは全く別の形で演奏することは、いずれにしても当時の時代背景に照らして「普通ではない」試みだった。フォルクローレ音楽家とは、あえてこうした時代に抗して、音楽というものを通じて「とんでもなく新しいもの」を想像し、模索することによって、おおげさに言えば自分の目指す世界を創造しようとした。関係性をうまく切り離すこと、あえて孤独であろうとすることは、「とんでもなく新しいもの」とそれを作る自分を守り、うまくひとりであることにおいて、重要な試みだったのである。逆に言えば、フォルクローレ音楽家の孤独とは、まず時代に先んじてしまうことの孤独として現れた。

事実、ボリビアではその後、「先住民的なもの」をめぐる価値の大転換が起こった。一九八〇年代には道ばたで、三ドル程度で買えていたチャランゴは、私がフィールドワークを実施した二〇一〇年代後半には、安いものでも三〇ドル、高いものでは一〇〇〇ドルでも買えないような楽器になった。先住民の人々は、ラパスの中心街に躊躇なく入ることができるようになった。中国との貿易に進出した先住民系の人々は、今やヨーロッパ系や混血系の人をしのぐ富を手にすることになり、ボリビアには先住民資本家と呼ばれる人が誕生した。先住民系の姓を持ったまま、高等教育を受けたり、公務員になったりすることができるようになった。こうして、少なくとも一見して、すっかり「差別（discriminación）」なるものがなくなったかのように感じられる時代が到来したのである。

しかし、まさにこの時代において、フォルクローレ音楽はすでに「衰退」の局面に入っているとの時代的雰囲気がある。人々は「フォルクローレ音楽はもはやかつてのようではない」と噂する。フォルクローレ音楽を支えてきた黎明期の中心的な音楽家はもはや時代遅れ（anachronical）な音楽家だとされているのである。つまり、今度はフォルクローレ音楽家は、時代に遅れてしまうことの孤独に立たされている。また、皮肉にもフォルクローレ音楽というものの産業としての成長は、フォルクローレ音楽に関わる人々の間の交わらなさを増長し、一九八〇年代の錯時性に似たものを伴って再現しているようにも見える。ようやく乗り越えられたはずの孤独は、ここで再び反復してしまっているようにも見える。

さらに言えば、このフォルクローレ音楽というものそれ自体が、実は、渓谷地帯で製作される安価な楽器という基盤に支えられてこそ、近代に似た音楽を実現していたことも見逃せない。フォルクローレ音楽という、ぺかぺかとした近代は、「困った時はアンデスを下れ」という言葉の通り、アマゾンを目指した孤独なる人々の手によって支えられてきたのであり、彼らの開拓の挑戦によって支えられてきた。この時、再びぼんやりと浮かんでくるのは、全ての「差別」がなくなったとされる時代に頭をもたげてくる、もっと地層的な時間の脈動なのである。

ばらばらの時間を生きる

ここで、私たちは再び「すでにそこにあるもの」という問題につきあたる。フォルクローレ音楽という、「とんでもなく新しいもの」を生み出そうという実践は、アンデス―アマゾン関係というずっとそこにあったものを苗床にして生まれてきたものだ。フォルクローレ音楽は、新しさを求めて振り切ったがゆえに、ずっとそこにあったものの反復として成立した何かなのである。

いや、むしろそもそも1章で述べたように、フォルクローレ音楽という言葉そのものが、奇妙な言葉なのだ。それは、ボリビアの文脈で言えば、フォルクローレ=従来的なものと、音楽=とんでもなく新しいものの、両者の撞着によって成り立っている。フォルクローレ音楽の中には、本来同居すべきではない矛盾した時間が折りたたまれているのであり、それが自己展開していく形で生成していったものなのである。

だからこそ、私は、フォルクローレ音楽を、国家や民族、人種などの用語法で語っていくことには限界があると思う。フォルクローレ音楽の中で差異を作っているのは、時間なのだ。これは日本語話者には実感的には分かりにくいかもしれないが、錯時的な時間こそが、現地の人々が実感的に持っている差異なのだと私は思う。

人々が集まってきて盛んにコミュニケーションを取っているように見えても、それはどこかで単一の対話（ダイアログ）としては成立せず、複数のモノローグになってしまう。そしてそのモノローグは、気づいたら、乱数的な反復を繰り返している。これがラテンアメリカ的な孤独の概念なのではないだろうか。『百年の孤独』の主人公たちは、コミュニケーションにおいて逸脱的で、自己愛的で、偏愛的なのであるが、彼らはいくつかの限られた名前――たとえば、アルカディオ、アウレリャノのような名前――を銘々、不規則に反復する。この作品に描かれているのもまた、ラテンアメリカ的な錯時であり、そこにおける「すでにそこにあるもの」の反復という問題なのである。

4　美を愛する者たち

道路工夫、園丁、そして蟻

しかし、ここまで考えて、私は再び考え込んでしまった。

私は本書でこれまでに、関係論的な人類学のあり方それ自体を批判して、関係に依拠しない、新しい人類学の枠組みについて提示してきたつもりだ。しかし、どうもこの結論には既視感があるようにも感じられた。果たして私は、何か本当に新しいことを言ったのだろうか。それがどうにも分からなくなってきたのである。

そんな折、私はたまたまレヴィ＝ストロースの著作をまとめて読む機会があった。そこで、私はこの本の内容としては最後のピースとなる考え方にめぐり会うことができた。ここで取りあげたいのは、レヴィ＝ストロースとサルトルの論争である。構造主義が実存主義に引導を渡す瞬間であったと広く捉えられている、例の論争のことである［澤田 2019：112］。

ここでサルトルとレヴィ＝ストロースの問題は、ひとつの「観察」についての二つの立場をめぐって提出されている。まずはサルトルの設定した問題を見てみよう。サルトルは次のような場面を想定する。

私はいま窓から、路上に一人の道路工夫と、庭で働いている一人の園丁とを眺めている。彼らのあいだにはビンのかけらをつき立てた一つの塀があって、それが園丁の働いているブルジョアの所有地を保護している。だから彼らのどちらもお互いの居ることをまったく知らないでいる。〔サルトル 1968（1960）：112〕

サルトルが想定しているのは、高い建物に上って窓越しに下の景色を見たことがある人ならば、誰もが看取したことがあるような、ひとつの場面である。二人の人がいるのが見える。二人はお互いのことを認識していない。ただそれを眺める自分だけが、その二人のことを二人の人としてまとめて見ている。そして、思考は、それを眺めている観察者の視点に移る。

私は彼らの二つの職業のどちらにもたずさわっていないし、彼らのやることをやることもできまいし、彼らの心労をともにするわけにもゆかないのだ。〔サルトル 1968（1960）：112〕

お互いに無関心なのは、眼下の二人だけではない。それは眺めている私もそうなのである。これは、一見すると、ずいぶんと冷たい考え方のようである。しかし、サルトルの議論が展開するのはここからである。サルトルにとって、この共感できなさこそ、実は彼らを人として認識することにつながっている。

私が彼らの目的を私の目的と対置できるのも、まず彼らの目的を目的として認知しているからではないか。

〔サルトル 1968（1960）：113〕

こうしてサルトルは、共通の関心がない他者を他者として認識することから、それぞれに別々の関心を持った人間同士であることを逆向きに示し、その上で、そのように認識する自分が「一定社会の成員」〔サルトル 1968（1960）：113〕であることを認識するということになる。

ここで、もし逆に、観察者が、眼下の働く人をとてつもない関心を持って眺め、その所作ひとつひとつの形に感嘆するとしたら、それは一見人間愛に満ちた行為のように見えて、その実、人を人として扱わない、「蟻」の観察になってしまうのである。そして、サルトルはこの行為を、道徳や人間的な価値を欠いた唯美主義的な態度として批判する〔サルトル 1968（1960）：113〕。この批判の矛先は、人間に対する記述を行おうとする、レヴィ＝ストロースに向けられていたという。少なくとも、レヴィ＝ストロース自身はそのように受け止めた。

これに対し、レヴィ＝ストロースは反発する。

サルトルの用語では、私は超越論的唯物論者として、また唯美主義者として定義されることになる。〔……〕唯美主義者である理由は、人間をまるで蟻であるかのように研究しようとする者に対してサルトルがこの語を適用しているからである。

〔レヴィ＝ストロース 1976（1962）：296〕

ここでレヴィ＝ストロースは、サルトルの批判を真正面から受け止めた上で、次のように述べる。

私は、人文科学の窮極目的は人間を構成することではなく人間を溶解することであると信ずるがゆえに、唯美主義者と呼ばれることを甘受する。

〔レヴィ=ストロース 1976（1962）：296〕

レヴィ=ストロースは、サルトルに唯美主義者と批判されて、むしろ自分は唯美主義者であると宣言する。あるものの内にある、形を、その美しさを見つめ、引き出すことの方が、人間を溶解させる人文学者としての仕事だというのである。

『悲しき熱帯』の有名な結びの言葉にも、このレヴィ=ストロースの、美しいものへの信頼と、その可能性を見出すことができるだろう。

われわれの作り出したあらゆるものよりも美しい一片の鉱物に見入りながら。百合の花の奥に匂う、われわれの書物よりもさらに学殖豊かな香りのうちに。あるいはまた、ふと心が通い合って、折折一匹の猫とのあいだにも交わすことがある、忍耐と、静穏と、互いの赦しの重い瞬きのうちに。

〔レヴィ=ストロース 1977（1955）：359〕

レヴィ=ストロースは、関係の擁護者であった。全ては関係の中に置かれて初めて意味を持つと考えていた。だから、「種子がみずからの内に宿しているがごとく」人間について考えることを、諫めもした。しかし、同時にレヴィ=ストロースは、誰よりも、あるものがそのものの内に宿している美を愛してもいたのだ。レヴィ=ストロースは、すでにそこにあるものの美を見つめ、それを愛で、展開させていくことについて、確かに並々ならぬこだわりを持っていたのである。

この意味で、本書が提示した非関係論的なものは、最初から、レヴィ＝ストロースそのものの内に、文化人類学というものの脈流の内にあったのである。関係論的な人類学の後に、非関係論的なものがくるのではない。それらは、最初から同じ思考の脈絡の中に、矛盾したままの形でたたみ込まれていて、それらがその都度様々な発現をしていただけだったのだ。この意味で、本書はまさにその脈流の反復に過ぎなかったのだ。これが、私がこの一連の研究の中で最後にした発見だった。

美を愛する心

この点は、実はボアズによっても確認できる。ボアズの『プリミティヴアート』〔ボアズ 2011（1955）〕は芸術人類学に関わる者であれば周知の通り、やや問題含みの書籍である。一九八〇年代の表象の危機以降の文脈で、ボアズの著作やその周辺に見られるプリミティヴィズムは、西洋の芸術＝文化システムに基づいた一方的な他者理解であるとして、大いに批判されたからである〔cf. クリフォード 2003（1988）: 280-286〕。その中ではボアズが、プリミティヴアートを没個性的で、集合的なものだとして、そこにある個人の存在を看過しているという批判も含まれる〔渡辺 2014 : 8, 22-23〕。

しかし、私としては、ここで『プリミティヴアート』におけるボアズの記述に肯定的なものを見出したい。私が注目したいのは、ボアズの分析枠組みというよりも、ボアズの探究の出発点である。ボアズは本の冒頭で以下のように断言する。

> 美的な悦びは何らかのかたちで人類のすべての人々に感じられている。美の理想がどんなに多様であっても、美を楽しむということの一般的な性質は世界中のどこにおいても変わりはない。

［ボアズ 2011（1955）：13］

ボアズはこのように述べながら、シベリアの歌から、アフリカのダンス、ニュージーランドの石細工などを列挙していき、それらがいかに美しいものであるかを述べていく。さらにボアズは、実際に自分では行ったこともない世界の様々な地域にある、多様な「プリミティヴアート」に繊細な分析をしてみせ、その美しさについて記述していく。このボアズの「しぐさ」を見る時、もはや見出されるのは「美を楽しむということの一般的な性質」どころか多様であるはずの「美の理想」さえも、「未開人（primitives）」と共有できているかのようなボアズの姿である。人類学の教科書的な知識で言えば、ボアズが「文化相対主義」の提唱者としてよく知られていることを念頭に置く時［cf. 渡辺 2014：20］、この実際の記述に見られる、ボアズのあまりに大きな、世界の美への信頼には驚かされる。本章の言葉にパラフレーズして言えば、ボアズの記述は、「すでにあるもの」への美への信頼によって貫かれている。

このようにボアズを再読してみる時、多かれ少なかれ、現代の芸術文化実践に関する研究においてもまた、もとからこのような確信が共有されているということはできないだろうか。少なくとも音楽に関する限り、パプアニューギニア高地のカルリ（Kaluli）の人々のもとでフィールドワークをしていたフェルドは、毎日太鼓を叩き、果てには作曲もしていたという［Feld 1990（1982）：237］。ブラジル・アマゾン地域のスヤ（Suyá）の人々のもとでフィールドワークをしていたシーガーも、よく祭のたびに音楽を演奏していた［Seeger 2004（1987）：20, 134］。彼らは積極的に音楽に参加し、そのことを何よりも享受していた。そこには、そこにある音楽、そこにすでにあるものの美への信頼がある。芸術文化実践に関する人類学とは、このような確信とともに始められるものなのである。

愛と孤独のフォルクローレ

これらの議論を踏まえて、改めてどのようなことが言えるだろうか。

本書は、人類学における関係論的思考を批判しつつ、それにあえて抗って関係概念に依拠しない人類学を構想しようとしてきた。そこで私が提示したのは、関係への埋め込みを通じた理解や批判から、あるものの内にあるものの肯定と展開を基調とした人類学のあり方だった。それは、植物のメタファーで考えることであり、ばらばらの時間を認めることであり、それらをひとつの「庭」としてまとめていく方法であった。ラテンアメリカにおいて、横にも縦にも時間はばらばらである。それらはただ、時々にランダムな反復をしている。

しかし、私が辿りついたと思ったこの結論ですら、それは改めて捉え直してみると、人類学の思潮のある種の反復だった。人類学において、関係化して相対化していく思考と、ある対象の価値をまず信頼して始めるというあり方は、矛盾しているようでも、両方とも、そのはじまりから存在する思考なのだ。ただ、片方が表面に突然湧き出したかと思うと、片方は伏流し、潜って見えなくなっているだけなのだ。だから、本書ですらも、ありきたりの人類学的風景を反復しているに過ぎない。そこに厳密な意味での新規性などないのである。

しかし、私はこのこと自体を悲観的に考えているわけではない。むしろ、思うに、本当に大事なことは、何度だって反復されなければいけないのだ。飛躍的に思うかもしれないが、ここで私は俳句の季語のことを思い浮かべる。俳句はある季語を用いて、ある情景を切り取って描写する。季語は確かに情景を豊かに描写する。しかし同時に、それぞれの句が反復することによって、私たちの季語への理解も豊かになっていく。もっとたくさんの情景を新鮮に切り取ることができるようになるし、それはさらに季語を深めていく。こうして反復は、言葉を豊かにする。

だから、私は「孤独」という概念を信頼し、フォルクローレ音楽家たちの「孤独」の場面や言葉を集めて、それらを並べて反復させた。また、そこに私が付した人類学的議論もまた、人類学の内に横たわる、「関係」概念についての豊かな蓄積を、ある特異な形で反復させたものだった。私は、こうして記述された「孤独」が多少なりとも、より鮮明にフォルクローレ音楽家たちの経験を照らしていることを願っているし、同時に「孤独」という概念が深まって、さらに世界の他の人々の実践をうまく切り取り、記述することの助けになることも願っている。

この意味で、本書は最初から反復の中にあった。大事なことは反復されなければいけない。何度でも、その都度、初めてそのようなものに出くわしたかのような驚きと新鮮さで。

この結論に私は満足する。なぜならば、これは確かにフォルクローレ音楽家たちが取る、愛と孤独の方法だからである。

注

序章

（1）この「つながりとしての公」という概念は、溝口雄三による「つながりの公」という概念をもとに齋籐が考案したもののようである。

（2）トゥリノはもともとアンデス音楽を専門としており、その意味で私はフィールド調査を開始する前から強い共感を持ってトゥリノの著作を読んでいた。その意味では、本書はトゥリノの問題意識を、あえてトゥリノとは対極の立場から検討することで深化させようとしたものだといえる。

（3）ガルシア＝マルケスは、パスの『孤独の迷宮』が再版され、広く読まれていた時期にメキシコにいたため、しばしば『百年の孤独』という小説そのものが、パスの『孤独の迷宮』からの着想であるということが指摘されている［Perales Contreras 2017］。しかし、実際にどのような関係性があるのかは、当人たちの証言としては曖昧なままである。

ただし、ルルフォの『ペドロ・パラモ』［ルルフォ 1992（1955）］が、パスの『孤独の迷宮』を念頭に置きつつ小説化した作品であることは広く知られており［仁平 2013：10-11］、ガルシア＝マルケスがルルフォの『ペドロ・パラモ』を「寝るのも忘れて二度読んだ」［杉山 2018］と非常に強い影響を受けていることを考えると、ここで少なくとも間接的には「孤独」というテーマが、パスからルルフォへ、そしてガルシア＝マルケスに引き継がれていっていることは確かだといえるだろう。

（4）したがって、本書が「ボリビア・フォルクローレ音楽家」と言うとき、それは端的に演奏を行うプロ・ミュージシャンのことを指すが、「ボリビア・フォルクローレ音楽家たち」と言うとき、それは広くボリビア・フォルクローレ音楽に関わり、ボリビア・フォルクローレ音楽について何らかの形で「思考」を持つ人々をゆるやかに指す。もっとも、本文で述べている通り、いずれの場合でも、そこで指示される「音楽家」や「音楽家たち」というのは私が個人的に親交を持ち、本書の立論に影響を与えた一定の範囲にいる個人を指すための民族誌的省略語法である［e.g. Atkinson 1989：5］。

1章

（1）俯瞰的な立場から見ると「フォルクローレ音楽」ないし「フォルクローレ（folklore/folclore）／フォルクロール（folklor/folclor）」という音楽ジャンルは、ボリビアで確立される以前に、アルゼンチンやチリ、ペルーなどですでに出現していた。ボリビアにおけるフォルクローレ音楽は、当然ながらこうした他地域との相互関係の中で生み出されている。とりわけ、一九四〇年代より確立されたアルゼンチンのブエノスアイレスの音楽市場やそれと接続したフランスのパリの音楽市場、および一九二〇年代よりペルーで展開されてきた先住民擁護運動（インディヘニスモ indigenismo）との関係性は重要である。

　この意味では、後述するような「全てはハイラスから始まった」とする言説は、「ボリビアのフォルクローレ音楽がハイラスから始まった」ことを意味するものであり、ある意味で「ボリビア中心史観」的であるとはいうことができるだろう。ただし、一九七〇年代に入る以前の「フォルクローレ」と名前を冠する音楽については、すでにリオスによるまとまった研究があるため、その詳細な記述は当該研究に譲りたい［e.g. Rios 2008, 2020］。本書が以下記述するのは、あくまでもボリビア・フォルクローレ音楽家からイーミックに見た際のボリビア・フォルクローレ音楽の成立の問題である。

（2）ヒルベルト・ファブレはスイス出身の音楽家である。チリで「新しい歌」運動を主導した人物のひとりであるビオレータ・パラ（Violeta Parra）とは事実上の夫婦関係にあったとされる。こうしたことを見ても、ボリビア・フォルクローレ音楽がその始まりにおいて、極めてコスモポリタンな性格を持っていたことは間違いないだろう。

（3）チャランゴはスペインのバロック期の撥弦楽器（ギターのように弦を弾いて音を出す楽器）に起源を持つと考えられている。共鳴胴は、主に木材をくりぬいて作られるが、しばしばひょうたんや、金属、ひいてはアルマジロの甲羅など様々な材料が用いられることもある。古くはガット弦が使われていたが、今はナイロン弦や鉄弦が張られ、ピックなしで演奏される。

（4）ケーナはアイマラやケチュアの人々が乾季の祝祭に使う笛に起源を持つノンリードの笛。ほぼフルートの音域に相当するおよそ三オクターブの広い音域を持つ。

（5）その後、メンバーにはさらに歌手であるヤヨ・ホフレ（Yayo Joffré）やガットギター奏者のアルフレド・ドミンゲス（Alfredo Domínguez）などが加入し、都合のつくメンバーでその都度演奏するということが行われるようになった。

（6）そもそもハイラスがヨーロッパで成功するに至ったのは、一九四〇年代より商業音楽としての民俗音楽が、アルゼンチンのブエノスアイレスや、フランスのパリ、スイスのジュネーヴなどで音楽マーケットを確立していたことによるものが大きい。

（7）新生ハイラスでサンポーニャを駆使するようになった点は、5章3節で詳述している。サンポーニャは、やはりアイマラ／ケチュアの乾季の祝祭音楽の笛に起源を持つ楽器で、長さの違う半閉管の葦を束ねて演奏されるパンフルート（管に息を吹きかけて音を出す楽器）の一種である。このサンポーニャは、一般的には二列、もしくは三列になっていて、ト長調の配列を一列目と二列目に置き、場合によってそこに含まれない半音階を三列目として配置する。

(8) 他にも、フォルクローレ音楽の担い手を混血の中産階級であるとするのは拙速な議論だという点も指摘できる。私が大学生時代に聞いていたフォルクローレ音楽の音楽家に限っても、もともと第一言語も先住民言語であるアイマラ語で、アイマラの人々の祝祭音楽を演奏することからキャリアを始めた人物は数多くいる。ボリビアで最も成功した音楽グループとされるカルカス（Los Kjarkas）も、もともとは先住民言語のケチュア語を第一言語とする村落の出身者である。こうしたことを踏まえた時、フォルクローレ音楽家を非先住民の中産階級ないし、都市エリートによる運動と前提するビジーノの議論はあまりに拙速である。

(9) チャコ戦争は、ボリビアとパラグアイの間で起きた戦争で、両国国境のチャコ地方の領有権が争われた。チャコ地方には石油が埋蔵されているとされていたことも相まって、戦争は長期化・泥沼化し、ボリビア・パラグアイ双方ともに総力戦とすることを余儀なくされた［クライン 2011（2011）: 252-265］。

(10) こうしたことの名残は、今でも、イタラケの楽士がかぶる帽子は、国歌斉唱の際に、脱帽を免除されるなどして残っている。

(11) また、この頃から同時にマウロ・ヌニェス（Mauro Núñez）のように、民俗楽器を西洋音階に調律して演奏しようとする動きも見られるようになった［Thórrez 2006 : 59-63］。

(12) また、ボリビアの民俗音楽は、ボリビアの持ちえていなかった音響技術を有していたアルゼンチンで録音され、アルゼンチンをはじめとする南米先進国やフランスを中心にヨーロッパでも一定の流通を見せるようになっていった［Rios 2008］。

(13) こうして切り離された音楽市場としては、「新しい歌」運動の旗手として運動を展開した後、「フォルクロール音楽家」を名乗りつつ商業音楽家として活躍することで開拓された音楽市場も含まれている。日本をはじめとする諸外国においては、これらの南米南部の音楽が十把一絡げに「フォルクローレ」として消費されていくことになるが、こうした「フォルクローレ」観と、本書は距離を置くものである。

(14) ボリビア国内でレコード会社が設立され、私営ラジオ局が開設されていくに従って、ボリビア・フォルクローレ音楽の「国産化」と「内需」の確立が行われたのは確かである。ただし、一方でこうした市場の確立以降も、諸外国の音楽市場からの影響が全くなくなったとはいいきれない。

とりわけアルゼンチンの音楽市場は無視できない重要性を持つ。アルゼンチンは、ボリビアよりも高品質の録音環境がある場所として、ボリビアからレコーディングをしにいく音楽家や、アルゼンチンのコスキン市で開催されるアルゼンチン最大の民俗音楽祭である「コスキン民俗音楽フェスティバル（Festival Nacional de Folklore de Cosquín）」に招待音楽家として出演する音楽家は一定数いた。また、後にボリビア・フォルクローレ音楽の中で商業的に最も成功したグループとなったカルカスも、アルゼンチンの「クアルテート・スパイ（Cuarteto Zupay）」というグループにスタイルのヒントを得たともされる。

ただし、こうした影響は、「国産化」と「内需」の確立がより進んでいくに従って次第に希薄化していった。二〇二〇年代初めの現在ではむしろ、ペルーやチリなどに「ボリビア・スタイルのフォルクローレ音楽」が輸出されていっているという現状も認められる。

(15) こうしたボリビア・フォルクローレ音楽の成立の中で、逆に典型的に「民俗音楽」という言葉で私たちが思い浮かべるような伝統音楽は地域ごとに腑分けされる形でジャンル化されていった。たとえば、アンデス高地の農村地帯で伝統的に演奏されてきた祝祭音楽は「土着の音楽（música autóctona）」ないし、「先祖伝来の音楽（música ancestral）」、アルゼンチンとの国境付近一帯で演奏されてきた音楽は「タリハ音楽（música tarijeña）」ないし「チャコ音楽（música chaqueña）」、アマゾン低地の音楽は「東部音楽（música oriental）」といったようにである。

2章

(1) こうした日本でのアンデス地域研究ないしアンデス民族誌の動向は、スターンによるアンディアニズム批判以降、「政治」に着目してきたアメリカ合衆国を中心とする文化人類学の動向［e.g. Postero 2006; de la Cadena & Starn eds. 2007; Lazar 2008; Canessa 2012; de la Cadena 2015］とは明らかに一線を画していることが分かるだろう。

(2) このことから見ても、ビジーノのように、フォルクローレ音楽家はスペイン語を第一言語とする混血・都市中産階級が多いと評価する［Bigenho 2012 : 39］のは、やや拙速な結論であるように思われる。

(3) 社会階層としても、ボリビア中央銀行勤務者のようなアッパークラスの人物から、低所得者層まで様々な人が音楽家としての活動をしている。

(4) こうした状況を見るにつけても、フォルクローレ音楽家たちは、組織を持とうとして持てていない「組織なき同業者集団」なのではなく、組織的なものの出現を積極的に排除しようとする「組織に抗する同業者集団」と論じることができるように思う［cf. クラストル 1987 (1974)］。

3章

（1）ただし、カイルの研究と人類学的な身体論は、異なった文脈を有している。片やグルーヴ研究は一九六〇年代から民族音楽学で続いてきた議論であり、片や現象学的身体化論は一九九〇年代から出現してきた文化人類学理論の新しい展開である。しかし、これらはいずれもその方法論において一致点がある。それは、対面的な相互行為への焦点化と、そのミクロ分析に基づいた手法である。

（2）カイルの一九六六年の論文は、発表から約二〇年経ってフェルドによって取りあげられ、メラネシア音楽を理解するための概念として拡張された［Feld 1988］。これをきっかけにカイルとフェルドは対話を重ね、六年後に共著を発表している［Keil & Feld 1994］。この著書は民族音楽学に広く影響を与えた。その後も現在に至るまで、本書序章で述べたスモール［2011（1998）］の「ミュージッキング」の他、トゥリノ［Turino 2008］やノヴァック［2019（2013）］といったアメリカ民族音楽学における代表的な研究において、カイルの立てた「グルーヴ研究」への検討は継続して行われており、サウンドスタディーズと称されて、現在のアメリカの文化人類学においても少なからぬインパクトをもたらしている［Starn 2015：22］。

（3）エンシーナス氏の発見で、二〇〇四年に同交響曲のCDが発表されている。

（4）フォルクローレ音楽のグループがコンサートの際にオーケストラサウンドを取り入れる試みは、二〇一〇年代からひとつのトレンドになりつつあった。こうした試みは、当初、海外のオーケストラとの共演や録音利用の形で行われていたが、それに国立オーケストラも「市場参入」したというわけである。人々はこうしたオーケストラサウンドについて「より完全な音に聞こえる（suena más completo）」として積極的に評価する。フォルクローレ音楽グループ側としては、いつもとは違うサウンドを提供できる上に、これまでリーチしなかった客層にもアプローチでき、観客の反応も良いということで、コラボレーションはトレンド化していた。

（5）より具体的には、この楽譜は旋律とそのピアノ伴奏の譜面という形式になっており、そこに「トランペットによるソロ」「木管による演奏」などというオーケストレーションのアイデアが書き込まれている。さらに譜面の最後には、数枚に渡って、各楽曲の曲想と着想を得たボリビア民謡の出典、オーケストレーションのための細かな指示などが記載されている。

（6）実は、ムシカ・デ・マエストロスはこの企画以前にも『ボリビア高地の諸風景』の演奏と録音を試みたことがある。この録音の編曲を行うことになったのは、後に「ボリビア初の交響曲を演奏する」プロジェクトで全体の指揮を振ることになった人物である。しかし、彼は、エンシーナス氏に言わせれば「かなり現代的な趣味を持っている人物」であり、その編曲はかなり彼自身の趣向が入った、技術的にも困難なものであったとされる。結局、ムシカ・デ・マエストロスのメンバーは、そうした編曲に慣れることができず、大部分を省略してメロディーと基本的なコード進行だけを残して演奏・録音がされたという。

(7) 時系列的には、ここで問題が起きる前に一度、一部の楽曲を使ってコンサートが開かれているが、本書の脈絡から少し外れるため、ここでは詳細な記述は省略する。

(8) 1章でも説明した通り、サンポーニャは、長さの違う半閉管の葦を束ねて演奏されるパンフルートの一種である。三列のものは、ト長調の配列を一列目と二列目に置き、そこに含まれない半音階を三列目に配置する。そこで、ト長調から遠い調については、一列目から大きく飛んで三列目に移動する半音の使用が増え、演奏が難しくなるのである。たとえば、順次進行をする時、ト長調であればすぐ近くの音を吹くだけだが、別の調だと三列目の使用が増え大きく顔と笛を動かしながら演奏しなければならない。これによって、速いパッセージの演奏がとても難しくなるのである。たとえば、『ボリビア高地の諸風景』の第二楽章冒頭の一二小節の「チェロとトロンボーンで演奏」と指示があったパートについて、編曲ではサンポーニャにも同じメロディーを演奏させるという指示になったが、ここではそもそも調性がハ短調となっており、ト長調との関係で言うと、下属調に四つ分の転調をして初めて平行調となる関係性にあり、先述の理由からかなり演奏の技術的難易度は高い。その上、BPMは♩=七二程度と比較的ゆっくりではあるものの、旋律には三二分音符も含んでおり、決して簡単に演奏できるわけではない。

(9) これには、彼らが「音楽グループにありがちな揉め事」と呼ぶ、ある出来事が関わっていたようだ。注(7)で記述した試験的なコンサートが終了後、問題が起こったとされる。私はこの件について、当事者たちの話を聞いておおよその成り行きを把握し、当事者からも記述の許可は得たが、私の判断にてここでは詳細な記述には踏み込まないことにする。

4章

(1) このグループは「ハイリ・ウマ (Jally Uma)」というグループであり、男性中心的なボリビア音楽の世界の中で、女性による音楽表現を探る目的で設立されている。ジェンダーの問題は、本書が十分に論じることができていないテーマのうちのひとつであるが、ボリビア音楽の業界でこのような女性による音楽活動が一定の存在感を見せてきていることは近年の動向として注目に値するし、私としても稿を改めて論じたいと考えている。

（2）ここで言う「存在論」とは、「存在についてどのように人々が捉えているか」を指すために用いている。これは、存在するとはそもそもどのようなことであるかを問う哲学的な領域としての「存在論」とは性質を異にしているということもできるだろう［Heywood 2018：225］。

　ここで仮に前者を人類学的存在論、後者を哲学的存在論と呼ぶことにすると、哲学的存在論の立場からすれば、人類学的存在論は存在についての認識論であると捉えることもできる。人類学の立場からも結局のところ「文化」や「現実認識」といった人類学の旧来のタームでも十分に扱える問題であるという指摘も存在している［Carrithers et al 2010; Graeber 2015］。実際に、近年の研究には「存在＝認識論的（onto-epistemic）」という造語［de la Cadena 2015：xxv］や「認識論／存在論（epistemology and ontology）」といった並記［McCallum 2014：514］も見られるようになってきている。

　こうした議論を念頭には置きつつも、本章では、この「存在論」と「認識論」の呼称に関する規範的な議論には深く立ち入らないことにする。本章が問いたいのは、人々にとって「何が存在するのか」という日常生活の前提が揺らぎ、新しい知見が個人的経験の中で立ち現れるその場面がどのようなものであるかということであり、それを理論的用語として何と呼ぶのがふさわしいかということではない。

（3）Pedersen の発音は国際音声字母表記で［ˈpʰe̝ðɐsn̩］となる。これは私には「ピダスン」が一番適切なカタカナ転写に思われる。ただ、ここでは先行研究［杉島 2019］にならい、ピーダーセンで表記を統一した。

（4）カシナワの人々の自称はフニクイン（Hunikuin）である［McCallum 2014：4］。

（5）ところで、ここで本章の関心――すなわち「孤独」なる人々のライフヒストリーないしいわゆる「回心譚」に接近して、その内容やそれが起こる場面設定について検討するという関心――については、二つの重要なライフヒストリー研究から着想を得ている。

　まずひとつ目が、クラパンザーノによる研究である。クラパンザーノの『精霊と結婚した男』［1991（1980）］はライティングカルチャーショックと相まって一九八〇年代の文脈の中で実験民族誌として高く評価されてきた［竹沢 2007：268-269］。クラパンザーノが取りあげるのは、モロッコで精霊と結婚したという男トゥハーミのライフヒストリーである。トゥハーミは、周囲の人々からも外部者からも社会的縁を絶たれた人物であり、言ってみれば本章が取りあげようとする「孤独」の状況の中にいる――しかもその程度は本章の事例よりもよっぽど過酷ですらある――といえるような人物である。この研究は、「孤独」なる人々のライフヒストリー研究という本章の着想のもととなっている。

さらに、二つ目の研究が、デンジンの『エピファニーの社会学』［1992（1989）］である。タイトルの通り、この研究は社会学の分野でなされたものであるが、本章と似たような人々の経験性に焦点を当てている。デンジンは、人々が人生の中で出会う変容経験を宗教的回心になぞらえて「エピファニー（epiphany）」と呼び、こうした変容経験を通じて、人々の生のあり方を明らかにしていくことを目的とする。この「回心譚」への注目という点も本章が参考にした点である。

しかし、本章がこれらクラパンザーノやデンジンの研究と区別されるのは、クラパンザーノやデンジンが人々の語りについて「本人では解決することができない問題を把握すること」を目的にするのに対して、本章はむしろ積極的に「本人たちが問題を把握し、解決していった過程」を見出そうとしている点である。

本章は、この意味で、存在論的転回という現在進行形の議論と、ライフヒストリー研究という一見離れた研究分野とが、実は接近可能であり、それを発展的に継承することで人々の生の経験性を引き出してくる余地があることを示すものでもある。
（6）エンシーナス氏が、ケーナを「西洋音階」に合わせようとした中で見出したこの「普遍の水準」とは、とりもなおさず、もともと地方的だった「西洋的なもの」が近代化の過程で獲得した限りにおいての「普遍」のことなのであり、文化批評的態度に慣れ親しんだ私たち人類学者の立場から、ここに北米的／西欧的なものへのエンシーナス氏の逃れがたい潜在的憧憬を読み取ることはひとつの可能性としてありうるだろう。
その意味で、ここでのエンシーナス氏のライフヒストリーは、エンシーナス氏という南米の芸術文化実践者にとって、その西洋によって想像／創造された「普遍的なもの」――そこに行けば全てとつながることができる地平――がどれほどの衝撃と魅力を持ったイメージとして立ち現れていったか、そのことがいかに彼を逆説的に「孤独」な実践の中に囲い込んでいったのかという筋書きからもまた読むことができる。
（7）このように社会がいかなる存在であるかという問題を、デランダは「社会存在論」［デランダ 2015（2006）：5］と呼んで論じている。

5章

（1）この世界的な音楽産業の転換については、序章の2節に詳述している。
（2）クンビアとは、コロンビアの民俗音楽に起源を持つ、大衆音楽である。とりわけボリビアでクンビアと言えば、ペルーのアンデス音楽の影響を受けたスタイル（ペルー国内ではチチャ（chicha）と呼ばれる）のことを指すことが多い。クンビアはボリビアでも非常に人気があり、ボリビア国内にも作曲者や演奏家がいるが、しばしば「田舎くさい音楽」とされる。

(3) レゲトンとは、レゲエやヒップホップの影響を受けてプエルトリコで成立した音楽である。ボリビアではとりわけ若い世代からの支持を得ている。

　クンビアとレゲトンは違うジャンルの音楽であり、支持している世代や層にも違いがあるが、二ビート四つ打ちのスペイン語圏ダンスミュージックとして、しばしば並べて用いられる。

(4) サンポーニャは、従来的にはダイアトニック・スケール（いわゆるピアノの白鍵部分のような音）に調音された管を交互になるように二列に束ねたものが主流である。これに対して、表現の幅を広げ、多様な調性に対応できるように、クロマティック・スケールにはあるが、ダイアトニック・スケールにはない音（いわゆるピアノの黒鍵部分のような音）を別途束ねて三列目として足すことがあり、三列サンポーニャ（zampoña de tres filas）、ないしクロマティック・サンポーニャ（zampoña cromática）と呼ばれている。私がムシカ・デ・マエストロスで吹いていたのもこのサンポーニャである。この三列（クロマティック・）サンポーニャを発明した人物については諸説あるが、本文中に書いた通り、カブール氏とヒメネス氏だとするのが有力である。

(5) ある賭け事において、賭け金とは、失うリスクを踏まえた上で自分の手元から差し出しているものであり、同時に、その賭けを通じて、絶対に獲得したいと考えているものである。また、当然ながら、賭け事は賭け金なしには成立しない。つまり、より一般に、ある実践の賭け金とは、一人ひとりの実践者をその実践に突き動かしつつ、その実践全体を成り立たせているような中心的な価値のことを指す。私はこの「賭け金」という言葉をフランス語の enjeu という単語の訳語として使っている。

6章

(1) ベシーレはこの論文［Bessire 2014］において、一九九〇年代以降のボリビアにおける先住民による権利回復運動全般を指して「多文化主義」としている。こうしたベシーレの議論に対して、同論文のディスカッションパートにおいて、二〇〇六年に成立したモラレス政権以前と以降の連続性・非連続性を問題にする議論が挙げられている。

(2) プレスト（Presto）とは、アイキレに隣接するチュキサカ県の町。アイキレに比べれば小規模ながら同様にチャランゴ製作が行われている。

(3) 材木の名称。

(4) ここで言う焼成レンガとは、工業的な手法に基づいて高温で焼き固めて作られたレンガ（ladrillo）を指す。

焼成レンガは、日干しレンガ（adobe）と違って自作することが困難で購入する場合も値段が高くなる。ここであえて「焼成」レンガという言葉を使っているのは、アイキレ近郊の町や村の主たる建築材が日干しレンガであることとの対比を強調するためである。

（5）私は、何度もアイキレの闘鶏に通ったのにもかかわらず、結局この賭けのシステムについて、よく理解することができなかった。というのも、賭け金は試合開始前だけでなく、随時コールすることができるので、どうも形勢がかなりはっきりとした時点でも、賭け金を入れることはできるようだったし、実際にそうしている人は少なからずいた。この点において、アイキレの闘鶏には「必勝法」があることになり、このような賭博がどうして金銭的にもゲーム的にも成立しているのか、私は、最後まで理解しかねた。少なくとも調査当時は、この賭けの実践について、民族誌に書き込むことを想定していなかったこともあり、深く調査したり考察したりすることはなく、エコや、その後知り合った友人たちと楽しむだけでアイキレでの調査を終わってしまったので、現在の私に、踏み込んでこの仕組みについて合理的な説明を与える能力はない。

（6）実はこの時に一緒にビールを飲んだ人物のひとりが、アイキレ町役場文化振興部の部長であり、これをきっかけに私はアイキレの町に保管されていた様々なデータを閲覧することができた。

（7）もっとも、「not only」ないし「but not only」という言い回しそれ自体は、二〇一五年の著作でも取りあげられているし、二〇一四年のコーンの『森は生きている』［Kohn 2013］の書評［de la Cadena 2014］にも出てくるものである。ただし、私の主張は、それらが主題化し、前景化したのは、二〇一七年以降だというものである。ちなみに、「but not only」という言い回しは、彼女の「インフォーマント」であるナサリオ・トゥルポの言葉とされるが、そもそもスペイン語でもケチュア語でも原文表記はなく、そもそもスペイン語だったのか、ケチュア語だったのかも分からない。おそらくスペイン語で言えば「pero no solo eso」であり、ケチュア語であれば「ichaqa manam chayllachu」であろう。いずれも、少なくとも私の知る限りの南部ペルーアンデス地域からボリビアアンデス地域でよく使われる表現である。

7章

（1）スペイン語のhumedadという単語は、英語のhumidityと同様、湿度と湿気の両方の意味になる。本章では、単語の対応関係を分かりやすくするために、「湿度」の語を一貫して用いることとし、「湿気がある」ないし「湿度が高い」という意味で「湿度がある」という表現を採用することとした。

(2)カバドールという名称は、おそらくスペイン語の「掘る(cavar)」という動詞、そしてその変化形である「掘る人(cavador)」という名詞からきている。本文中で述べていくように、カバドールの仕事はほとんどチャランゴに近い形まで木材を加工して出荷するというものである。そのためには木材をくり抜く作業が必要であり、それを指して「掘る」ということなのだろう。くり抜かれてチャランゴに加工しやすくなった状態のものをカバード(cabado)という。

スペイン語においては、vとbの発音はいずれも/b/となって同じであり、そのためかvとbは誤記されることも多いのだが、(ex. 生命 vida を bida と書くなど)カバドールに関しては、一貫してbを用いて cabador と綴ることがほとんどであるように見受けられる。本章で取りあげたバスケス氏もフェイスブック上で自身のことを cabador だと表記している。本章ではこの「民俗的な綴り字」を採用して、cabador という表記で一貫したい。

(3)このチャランゴ学校は、「学校」という名前を冠しているが、公的な学校制度のうちに位置づけられる施設(専門学校等)ではなく、あくまでも塾や、習い事教室、学童保育などに相当するものとなっている。ただし運営資金は、アイキレ町の財政によって賄われている。チャランゴ学校では、チャランゴの演奏について、初級、中級、上級の三つのクラスに分かれて学ばれている。また、私がアイキレについて中心的な調査を行った二〇一五〜二〇一六年の時点では、さらにチャランゴ制作のクラスの設置が計画されており、その試験的な運用が始まったところであった。

(4)ボリビアでは、宅配便はもちろんのこと郵便制度もほとんど機能していないので、物品のやり取りをする際には、長距離バスの荷台に荷物だけを預けることで受け渡しをすることがある。これを本書ではバス便と呼んだ。

(5)低地地方の町は、人口が密集していない上に利用可能な土地が多いために、建物が上に積み増されるというより、低いままで横に広がっている印象がある。また、起伏の少ない平坦な土地にあるため、自動車に比べて登坂性能の低いバイクも普及している。いずれも、高山都市であり、人口密集地であるラパスでは想像できないことである。

(6)この地震からの復興の際に、アイキレの町は一気に焼成レンガによる建築が進んだ。政府支援が入り、大聖堂や市場、町役場などはきれいな建物に置き換わった。道路には信号まで設置された。前章にて私が初めてアイキレに行った際の印象を記述したが、その景観の背景には、見えない過去の悲劇があったのである。

(7)アピ(api)とは、白または紫トウモロコシの粉にレモンやシナモン、アニスなどを加えて煮詰め、砂糖で味つけしたホットドリンクである。ペルーで「チチャ・モラーダ（chicha morada,「紫のどぶろく」の意）」と呼ばれる飲み物に似ているが、私の経験の限りではボリビアのアピの方が、より「どろり」としたのどごしがあり、日本のおしるこに近いように感じられる。
（8）ブニュエロ（buñuelo）とは、スペイン語で「揚げパン」を指す単語だが、ボリビアではもっぱら、アピととも に食される、小麦製の平たい揚げパンのことを指す。シロップや粉砂糖などをかけて食べる。前項のアピにしてもブニュエロにしても、とりわけ肉体労働をする前の早朝の腹拵えとして、食されることが多い。
（9）メノナイト教徒とは、一六世紀前半のヨーロッパの宗教改革の中で誕生したキリスト教再洗礼派に起源を持つキリスト教の一宗派である。二〇世紀のロシア革命や第二次世界大戦を機に、ラテンアメリカへの移住者が増加し、ボリビアでもサンタクルス県を中心に移住者が見られる［国本 1999］。ボリビアのメノナイト教徒は、一般的に、電気や水道などのインフラや電気製品などの文明の受入を拒否し、農業・酪農業・畜産業を主たる生業としながら、独自のコロニー（colonia）を形成している。
（10）ボリビアの低地に住む先住民族の呼称。高地のアイマラやケチュアといった先住民集団に比べて、圧倒的に人口は少なく、高地の先住民とは別の語族の言語文化を持つ。中野［2019］のブックレットがこの点に詳しい。
（11）この時に自分が持った材木の大きさについて、きちんと計測をしなかったのだが、仮に小さめに見積もって一五センチメートル×二五センチメートル×四〇センチメートルだったとすると、切り出したばかりで水分を含んだワヤカンの比重は一・三を下らないと思われるので、計算上の重さは一九・五キログラムとなる。見た目の小ささに比して、かなり中身をつめたスーツケースほどの重さがあったわけで、私の感じた「信じられない重量」というのも大げさな感覚ではなかったと改めて考える。
（12）cavar（cabar）という単語は、一般的には「(土などを)掘る」という意味であって、「(木などを)彫る」という意味には、通常 tallar や esculpir といった動詞が使われる。私としては、ここにカバドールの仕事を「彫る」以前の、より原始的な「掘る」行為だと評価しようとするニュアンスを感じる。実質的にカバドールがここでしているのは日本語で言えば「彫る」行為なので、「彫る」という表記を選択することも可能性として考えたが、右記のニュアンスを残すために、やや違和感が残るものの、カギ括弧つきの「掘る」という表記をここでは採用した。

あとがき

本書は、博士論文「ボリビア・フォルクローレ音楽家の孤独とつながりに関する人類学的研究」を改稿したものである。改稿にあたっては、気に入らないと思ったところを書き替えては、やはり違うと思ってもとに戻し、また書き直す、といったことの繰り返しで、結局、最終的に「大きな改稿を加えた」ことになったのか、あるいは「軽微な修正を施した」に留まったのかも自分では分からないようになってしまった。ただ、フォルクローレ音楽家たちの人生について、少しでも多くの「本を愛する人々」のもとに届けたいという一心で、時間をかけてきたことは確かであり、その思いが、改稿を始めた時よりずっと大きくなったこともまた、間違いがない。

序章で私は、文化人類学は「ひとり」を抱える人々の生にどのように向き合っていくことができるのだろうかという問いを立てた。この問いは、本書の出発点でもあり、終着点でもある。研究の過程では、東日本大震災やコロナ禍など、ほとんど想像の世界でしか起きないと思っていた辛い出来事が、現実のものとして起きた。こうした中で、私も、大事な人を何人も亡くした。「ボリビアの音楽家について知りたいのならば、彼らの物語を知るんだ」と言ってくれた当の本人も、もはや物語の世界でしか出会えないようになってしまった。こうした人々に、あるいは研究者や教員として出会った多くの孤独を抱える人々に、どのように向き合っていくことができるのか、本当は心許ない気持ちでいっぱいである。

しかし、同時に私はこの間、数多の悲しいこと、辛いことを経験しつつも、それを乗り越えて音楽活動を続けてきた多くの人々のことも知っている。また、今の自分とは違う、新しい自分を生きるために踏ん張って立ち上がってきた学生や同僚たちのこともたくさん見てきた。こうした人々の経験とその物語には、この世界を肯定し、立ち上げていく力がある。

だから、今、私たちは、もう少し無防備に愛を貫いてもいいのではないかと思う。私たちは、もっともっとみんな大きな声でひとりごとを叫んでみればいいし、ないつながりを求めるよりも、今ここにすでにある、ささやかで小さな良いものに、大げさに驚いて、全力で肯定してみるのも悪いことではない。

その意味で、私は、人々の経験が作る物語の力というものを信じているし、その物語を遠くまで運ぶことができる音楽というものの力も信じている。人々の物語を書いて、それを解釈していくという使命をもった文化人類学という学問にも、できることがまだまだあるはずだ。生き延びた自分には、その仕事をもう少し先に進める時間があると考えたい。

遅々とした私の執筆を支えて、形にしてくださった世界思想社の東知史氏には、深く御礼を申し上げたい。また、民族誌にもかかわらず写真が一枚も出てこないこの少しおかしな本に形を与えてくださったブックデザイナーの大倉真一郎氏、大切な絵を使わせてくださった私の敬愛する画家・絵本作家であるミロコマチコ氏にも、心より感謝したい。

本書は本当に多くの人の支えによって成り立っている。

まず、私の師である先生方に感謝申し上げたい。森山工先生には、学問することの基礎、特に対話することと聞くことの基礎を教えていただいた。石橋純先生からは、現場から鮮度のある素材を見つけてくることの大切さを学んだ。箭内匡先生は、単なる社会関係に留まらない「孤独」という語の奥行きの重要性を示してくださった。宮地隆廣先生がいつも私の研究を共感的な仕方で理解してくださったことは、私にとって書き続ける勇気になった。また、木村秀雄先生の授業での魅力的な語りがなければ、私はボリビア音楽についての本を書くことはなかっただろうし、このような文体の本を書こうと思うこともなかっただろう。

また、制度上の関係がないにもかかわらず、いつも私のことを研究会の場に迎え入れてくださった小田亮先生がいなければ「孤独」というテーマには辿り着いてはいない。私のことを初めて構造主義的な言葉と思考の世界に導いてくださった尾方康記先生にも心より御礼申し上げる。

本書の執筆に際しては、若手人類学者によって組織されている音楽人類学研究会のメンバーからの助言が大きな糧になった。とりわけ共同研究者となってくれた荒木真歩氏、石橋鼓太郎氏、内住哲生氏、小島冴月氏、佐本英規氏、田井みのり氏、土井冬樹氏、西浦まどか氏、吉川侑輝氏（以上、五十音順）には特別な謝意を表したい。さらに、岩瀬裕子氏、川松あかり氏、橋爪太作氏、長谷川朋太郎氏、藤田周氏、吉田航太氏（同、五十音順）には事前に原稿をお読みいただき、非常に多くの有益で的確なコメントを頂いた。

もし本書に、何か取りあげて評価するに値する考察があるとすれば、それはひとえにここに記した方々のお陰であり、現代日本の文化人類学者たちが考えていることは面白いということなのだと思っていただきたい。

私のラパスでの生活は、ボリビア音楽の在野の研究家である杉山貴志氏、フォルクローレ音楽家である秋元広行氏、渡辺康平氏に心身両面で支えられた。また、フォルクローレ音楽の演奏をアマチュアとして続けつつ、研究活動もするという道には難しさもあったが、これを続けてこれたのは、ケーナ奏者ＹＯＳＨＩＯこと溝口祥夫氏という先達に一貫して励ましていただけたからである。

本書の中心をなすボリビアでの調査は、あまりに多くの人の助力のもとになされた。それらの方々のお名前をお一人おひとり挙げることは到底叶わない。ここでは、私のボリビア音楽上の「師匠」であるフェルナンド・ヒメネス（Fernando Jimenez）氏、ロランド・エンシーナス（Rolando Encinas）氏、エディ・リマ（Eddy Lima）氏、同世代の仲間としてどんな相談にも乗ってくれたマウリシオ・フローレス（Mauricio Flores）氏、そして本書のために素敵なイラストを書いてくださったクリストバル・ママニ（Cristobal Mamani）氏に特別の感謝を捧げさせていただきたい。Muchas gracias por todo el ayoyo y toda la confianza que me ofrecen siempre. ¡Jallalla!

なお、本研究のもととなった調査は、松下幸之助記念財団（現・松下幸之助記念志財団）「松下幸之助国際スカラシップ」（二〇一五年度）及び澁澤民族学振興基金「大学院生等に対する研究活動助成」（平成二八年度）、ならびに日本学術振興会科学研究費補助金（特別研究員奨励費：課題番号18J15027）によって可能となった。また、松下幸之助記念志財団からは、松下正治記念学術賞という栄誉ある賞を頂き、本書の出版費用についても助成いただいている。手厚いご支援に、ただただ頭の下がる思いである。

最後に、私にいつも帰ってくる場所を作ってくれる、妻と私の愉快な家族の一人ひとりに（もちろん猫にも！）、心から感謝したい。いつも、本当に、本当にありがとう！

二〇二四年　秋　　相田　豊

初出一覧

本書は、博士論文「ボリビア・フォルクローレ音楽家の孤独とつながりに関する人類学的研究」（東京大学大学院総合文化研究科地域文化研究専攻、2022年、主査：森山工、副査：石橋純、宮地隆廣、箭内匡、木村秀雄）、以下に掲げる各論文をもとに、改稿を加えて本としてまとめたものである。

序章　2022「序（特集「孤独とつながり――ポスト関係論的音楽論に向けて」）」『文化人類学』87(3): 407-420.

3章　2020「アネクドタ的思考――ボリビア・フォルクローレ音楽におけるコンサート制作の分析」『文化人類学研究』21: 54-76.

4章　2021「「孤独」から立ち上がる世界――存在論的個体発生論から見るボリビア・フォルクローレ音楽家の生」『社会人類学年報』47: 59-82.

5章　2022「反抗、世代、強度――ボリビア・フォルクローレ音楽家の孤独とつながり」『文化人類学』87(3): 480-498.

＊博士論文については、東京大学学術機関リポジトリ（https://repository.dl.itc.u-tokyo.ac.jp/）から全文を読むことができる。

Starn, O. 2015. Introduction. In O. Starn (ed) *Writing Culture and the Life of Anthropology*, pp. 1-24. Duke University Press.

Stobart, H. 2006. *Music and the Poetics of Production in the Bolivian Andes*. Ashgate.

Strathern, M. 2018. Relations. In F. Stein, S. Lazar, M. Candea, H. Diemberger, J. Robbins, A. Sanchez & R. Stasch (eds) *The Cambridge Encyclopedia of Anthropology*, pp. 1-13. Cambridge Encyclopedia of Anthropology.

Street, A. & J. Copeman 2014. Social Theory after Strathern: An Introduction. *Theory, Culture & Society* 31 (2/3): 7–37.

Tassi, N. 2012. 'Dancing the Image': Materiality and Spirituality in Andean Religious 'Images'. *Journal of the Royal Anthropological Institute* 18(2): 285-310.

——— 2016. *The Native World-System: An Ethnography of Bolivian Aymara Traders in the Global Economy*. Oxford University Press.

Taussig, M. 1987. *Shamanism, Colonialism, and the Wild Man: A Study in Terror and Healing*. University of Chicago Press.

——— 2015. Excelente Zona Social. In O. Starn (ed) *Writing Culture and the Life of Anthropology*, pp. 137-151. Duke University Press.

Thórrez, J. 2006. Biografía. In N. B. Torres (ed) *Mauro Núñez, para el mundo*, pp. 59-63, Editorial Tupac Katari.

Tirado, N., S. Czaplicki y G. Morello 1983. *La Radiodifusión Aymara en Bolivia*. Instituto de Investigaciones Socio-Económicas, Universidad Católica Boliviana.

Toren, C. 2004. Becoming a Cristian in Fiji: An Ethnographic Study of Ontogeny. *Journal of the Royal Anthropological Institute* 10(1): 222-240.

Turino, T. 2008. *Music as Social Life: The Politics of Participation*. University of Chicago Press.

Turner, V. 1967. *The Forest of Symbols: Aspects of Ndembu Ritual*. Cornell University Press.

Viveiros de Castro, E. 1998. Cosmological Deixis and Amerindian Perspectivism. *The Journal of the Royal Anthropological Institute* 4(3): 469-488.

——— 2011. Zeno and the Art of Anthropology: Of Lies, Belief, and other Truths. *Common Knowledge*17(1): 128-145.

Wagner, R. 1981 (1975). *The Invention of Culture*. Revised and Expanded ed. University of Chicago Press.

Webster, S. 1971. An Indigenous Quechua Community in Exploitation of Multiple Ecological Zones. *Revista del Museo Nacional* 37: 174-183.

Willerslev, R. 2007. *Soul Hunters: Hunting, Animism, and Personhood among the Siberian Yukaghirs*. University of California Press.

——— 2016. The Anthropology of Ontology Meets the Writing Culture Debate: Is Reconciliation Possible? *Social Analysis* 60(1): v-x.

504-517.
McDonald, M. 2018. From'the Body'to'Embodiment', with Help from Phenomenology. In M. Candea (ed) *Schools and Styles of Anthropological Theory*, pp. 185-194, Routledge.
Merriam, A. 1964. *The Anthropology of Music*. Northwestern University Press.
Millar, S. 2018. 'Music is my AK-47': Performing Resistance in Belfast's Rebel Music Scene. *Journal of the Royal Anthropological Institute* 24(2): 348-365.
Murra, J. 1975. *Formaciones económicas y políticas del mundo andino*. Instituto de Estudios Peruanos.
Napolitano, V. 2017. Writing's Edges and the Sex of Earth Beings. *HAU: Journal of Ethnographic Theory* 7(1): 559-565.
Nettl, B. 2010. *Nettl's Elephant: On the History of Ethnomusicology*. University of Illinois Press.
Ortner, S. 1984. Theory in Anthropology since the Sixties. *Comparative Studies in Society and History* 26(1): 126-166.
Palacios, B. 2005. *Los días rabiosos*. Fundación Grupo Ukamau.
Paz, O. 1967. *Claude Lévi-Strauss o el nuevo festín de Esopo*. Joaquín Mortiz.
Perales Contreras J. 2017. Octavio y Gabo. *Literal*. 15 de marzo, 2017.
Postero, N. G. 2006. *Now We Are Citizens: Indigenous Politics in Postmulticultural Bolivia*. Stanford University Press.
Record, S. 1921. Lignum-Vitae: A Study of the Woods of the Zygophyllaceae with Reference to the True Lignum-Vitae of Commerce: Its Sources, Properties, Uses, and Substitutes. *Yale university School of Forestry Bulletin* 6.
Rios, F. 2008. La Flûte Indienne: The Early History of Andean Folkloric-Popular Music in France and its Impact on Nueva Canción. *Latin American Music Review* 29(2): 145-189.
——— 2009. Andean Music, the Left, and Pan-Latin Americanism: The Early History. *Diagonal: Journal of the Center for Iberian and Latin American Music* 2: 1-13.
——— 2014. "They're Stealing Our Music": The Argentinísima Controversy, National Culture Boundaries, and the Rise of a Bolivian Nationalist Discourse. *Latin American Music Review* 35(2): 197-227.
——— 2020. *Panpipes & Ponchos: Musical Folklorization and the Rise of the Andean Conjunto Tradition in La Paz, Bolivia*. Oxford University Press.
Rulfo, J. 2011 (1956). *Textos sobre José Guadalupe de Anda, Rafael F. Muñoz y Mariano Azuela*. Universidad Autónoma de Aguascalientes.
Seeger, A. 2004 (1987). *Why Suyá Sing: A Musical Anthropology of an Amazonian People*. 2nd ed. University of Illinois Press.
Sneath, D. 2018. From Transactionalism to Practice Theory. In M. Candea (ed) *Schools and Styles of Anthropological Theory*, pp. 91-107. Routledge.

Hennion, A. 1993. *La passion musicale. Une sociologie de la médiation*. Métailié.

——— 2001. Music Lovers: Taste as Performance. *Theory, Culture and Society* 18(5): 1-22.

——— 2003. Music and Mediation: Towards a New Sociology of Music. In M. Clayton, T. Herbert & R. Middleton (eds) *The Cultural Study of Music: A Critical Introduction*, pp. 80-91. Routledge.

Heywood, P. 2018. The Ontological Turn: School or Style? In M. Candea (ed) *Schools and Styles of Anthropological Theory*, pp. 224-235. Routledge.

Holbraad, M. & M. A. Pedersen 2017. *The Ontological Turn: An Anthropological Exposition*. Cambridge University Press.

Hornborg, A. 2017a. Convictions, Beliefs, and the Suspension of Disbelief: On the Insidious Logic of Neoliberalism. *HAU: Journal of Ethnographic Theory* 7(1): 553-558.

——— 2017b. Mistranslating Relationism and Absolving the Market: A Response to Marisol de la Cadena. *HAU: Journal of Ethnographic Theory* 7(2): 19-21.

Hsieh, J. 2021. Making Noise in Urban Taiwan: Decibels, the State, and Sono-Sociality. *American Ethnologist* 48(1): 51-64.

Ingold, T. 2014. That's Enough about Ethnography! *HAU: Journal of Ethnographic Theory* 4 (1): 383-395.

——— 2017. Anthropology Contra Ethnography. *HAU: Journal of Ethnographic Theory* 7(1): 21-26.

——— 2018. *Anthropology: Why It Matters*. Polity.

Jackson, M. 2005. *Existential Anthropology: Events, Exigencies, and Effects*. Berghahn Books.

Jackson, M. & A. Piette 2015. Introduction: Anthropology and the Existential Turn. In M. Jackson & A. Piette (eds) *What is Existential Anthropology?* pp. 1-29. Berghahn Books.

Jensen, C. B. & A. Morita 2012. Anthropology as Critique of Reality: A Japanese Turn. *HAU: Journal of Ethnographic Theory* 2(2): 358-370.

Keil, C. 1966. Motion and Feeling through Music. *The Journal of Aesthetics and Art Criticism* 24(3): 337-349.

Keil, C. & S. Feld 1994. *Music Grooves: Essays and Dialogues*. University of Chicago Press.

Kohl, B., L. Farthing & F. Muruchi 2011. *From the Mines to the Streets: A Bolivian Activist's Life*. University of Texas Press.

Kohn, E. 2013. *How Forests Think: Toward an Anthropology Beyond the Human*. University of California Press.

Lazar, S. 2008. *El Alto, Rebel City: Self and Citizenship in Andean Bolivia*. Duke University Press.

McCallum, C. 2014. Cashinahua Perspectives on Functional Anatomy: Ontology, Ontogenesis, and Biomedical Education in Amazonia. *American Ethnologist* 41(3):

Kaluli Groove. *Yearbook for Traditional Music* 20: 74-113.
——— 1990 (1982). *Sound and Sentiment: Birds, Weeping, Poetics, and Song in Kaluli Expression*. 2nd ed. University of Pennsylvania Press.
Fernández, R. V. y C. E. Gutiérrez 1977. *Gregorio Condori Mamani : Autobiografía*. Centro de Estudios Rurales Andinos "Bartolomé de las Casas".
Garcia, M. F. 1986. La construction sociale d'un marché parfait. Le marché au cadran de Fontaines-en-Sologne. *Actes de la recherche en sciences sociales* 65: 2-13.
García Canclini, N. 1995. *Consumidores y ciudadanos : Conflictos multiculturales de la globalización*. Editorial Grijalbo.
Geertz, C. 1973. Thick Description: Toward an Interpretive Theory of Culture. In C. Geertz. *The Interpretation of Cultures*, pp. 3-32. Basic Books.
Gell, A. 1992. *The Anthropology of Time: Cultural Constructions of Temporal Maps and Images*. Berg.
——— 1998. *Art and Agency: An Anthropological Theory*. Clarendon Press.
——— 1999 (1996). Vogel's Net: Traps as Artworks and Artworks as Traps. In E. Hirsch (ed) *The Art of Anthropology: Essays and Diagrams*, pp. 187-214. Athlone Press.
Girault, L. 1958. *Musique Aymara de Bolivie*. BAM. EP.
Gomart, E. & A. Hennion 1999. A Sociology of Attachment: Music Amateurs, Drug Users. In J. Law & J. Hassard (eds) *Actor Network Theory and After*, pp. 220-217. Blackwell Publishing.
Goodman, S. 2010. *Sonic Warfare: Sound, Affect, and the Ecology of Fear*. The Massachusetts Institute of Technology Press.
Graeber, D. 2015. Radical Alterity is Just Another Way of Saying "Reality": A Reply to Eduardo Viveiros de Castro. *Hau: Journal of Ethnographic Theory* 5(2): 1-41.
Guibert, R. 2007. Interview with Gabriel García Márquez. In H. Bloom (ed) *Gabriel García Márquez*. Updated ed, pp. 7-32. Chelsea House.
Hafstein, V. 2007. Recognizing Intangible Cultural Heritage. Paper presented at the International Seminar on Principles and Experiences of Drawing up Intangible Cultural Heritage Inventories in Europe, Tallinn, Estonia.
——— 2018. *Making Intangible Heritage: El Condor Pasa and Other Stories from UNESCO*. Indiana University Press.
Harris, O. 2000. *To Make the Earth Bear Fruit: Ethnographic Essays on Fertility, Work and Gender in Highland Bolivia*. Institute of Latin American Studies.
Henare, A., M. Holbraad & S. Wastell 2007. Introduction: Thinking Through Things. In A. Henare, M. Holbraad & S. Wastell (eds) *Thinking through Things: Theorising Artefacts Ethnographically*, pp. 1-31. Routledge.

Candea, M., J. Cook, C. Trundle & T. Yarrow 2015. Introduction: Reconsidering Detachment. In M. Candea, J. Cook, C. Trundle & T. Yarrow (eds) *Detachment: Essays on the Limits of Relational Thinking*, pp. 1-31. Manchester University Press.

Canessa, A. 2012. *Intimate Indigeneities Race, Sex, and History in the Small Spaces of Andean Life*. Duke University Press.

——— 2017a. Bearing Witness: Testimonies, Translations, and Ontologies in the Andes. *HAU: Journal of Ethnographic Theory* 7(1): 545-551.

——— 2017b. Methods Really do Matter: A Response to Marisol de la Cadena. *HAU: Journal of Ethnographic Theory* 7(2): 15-17.

Carrithers, M., M. Candea, K. Sykes, M. Holbraad & S. Venkastesan 2010. Ontology is Just Another Word for Culture: Motion Tabled at the 2008 Meeting of the Group for Debates in Anthropological Theory, University of Manchester. *Critique of Anthropology* 30(2): 152-200.

Cavour, E. 1994. *Instrumentos musicales de Bolivia*. Producciones Cima.

——— 2003. *Diccionario enciclopédico de los instrumentos musicales de Bolivia*. Producciones Cima.

Clifford, J. 2012. Feeling Historical. In O. Starn (ed) *Writing Culture and Life of Anthropology*, pp. 25-34. Duke University Press.

Collins, J. 1988. *Unseasonal Migrations: The Effects of Rural Labor Scarcity in Peru*. Princeton University Press.

Csordas, T. 1994. Introduction: The Body as Representation and Being-in-the-World. In T. Csordas (ed) *Embodiment and Experience: The Existential Ground of Culture and Self*, pp. 1-24. Cambridge University Press.

de la Cadena, M. 2010. Indigenous Cosmopolitics in the Andes: Conceptual Reflections beyond "Politics". *Cultural Anthropology* 25(2): 334-370.

——— 2014. Runa: Human but not only. *HAU: Journal of Ethnographic Theory* 4(2): 253-259.

——— 2015. *Earth Beings: Ecologies of Practice across Andean Worlds*. Duke University Press.

——— 2017. Matters of Method; Or, Why Method Matters toward a not only Colonial Anthropology. *HAU: Journal of Ethnographic Theory* 7(2): 1-10.

——— 2018. Earth-Beings: Andean Indigenous Religion, but not only. In K. Omura, G. J. Otsuki, S. Satsuka & A. Morita (eds) *The World Multiple: The Quotidian Politics of Knowing and Generating Entangled Worlds*, pp. 21-36. Routledge.

de la Cadena, M. & O. Starn (eds) 2007. *Indigenous Experience Today*. Berg.

Desjarlais, R. & J. Throop 2011. Phenomenological Approaches in Anthropology. *Annual Review of Anthropology* 40: 87-102.

Feld, S. 1988. Aesthetics as Iconicity of Style, or 'Lift-up-over Sounding': Getting into the

外国語文献

Allen, C. 2017a. Dwelling in Equivocation. *HAU: Journal of Ethnographic Theory* 7(1): 537-543.

——— 2017b. Connections and Disconnections: A Response to Marisol de la Cadena. *HAU: Journal of Ethnographic Theory* 7(2): 11-13.

Allison, A. 2013. *Precarious Japan*. Duke University Press.

Anderson, B. 1991. *Imagined Communities: Reflections on the Origin and Spread of Nationalism*. Revised ed. Verso.

Arauco, M. A. 2011. *Los Jairas y el Trío Domínguez, Favre, Cavour : Creadores del Neo-Folklore en Bolivia (1966-1973)*. All Press Labores Gráficos.

Arguedas, J. M. 1961. La soledad cósmica en la poesía quechua. *Casa de las Américas* 15-16: 15-25.

——— 1964. *Todas las sangres*. Losada.

——— 2012. *Obra antropológica*. Editorial Horizonte.

Astuti, R. 2017. Taking People Seriously. *HAU: Journal of Ethnographic Theory* 7(1): 105-122.

Atkinson, J. M. 1989. *The Art and Politics of Wana Shamanship*. University of California Press.

Barth, F. 1987. *Cosmologies in the Making: A Generative Approach to Cultural Variation in inner New Guinea*. Cambridge University Press.

Bernal, B. y N. M. Huanacu 2018. *Sikuris de Taypi Ayca-Italaque : Revolución cultural*. Ariel Impresiones.

Bessire, L. 2014. The Rise of Indigenous Hypermarginality: Native Culture as a Neoliberal Politics of Life. *Current Anthropology* 55(3): 276-295.

Bigenho, M. 2002. *Sounding Indigenous: Authenticity in Bolivian Music Performance*. Palgrave.

——— 2012. *Intimate Distance: Andean Music in Japan*. Duke University Press.

Bigenho, M. & H. Stobart 2019. Grasping Cacophony in Bolivian Heritage Otherwise. *Anthropological Quarterly* 91(4): 1329-1363.

Blacking, J. 1973. *How Musical is Man?* University of Washington Press.

Born, G. 2012. Music and the Social. In M. Clayton, T. Herbert & R. Middleton (eds) *The Cultural Study of Music: A Critical Introduction. 2nd ed.*, pp.261-274. Routledge.

——— 2013. Music: Ontology, Agency, Creativity. In L. Chua & M. Elliott (eds) *Distributed Objects: Meaning and Mattering after Alfred Gell*, pp. 130-154. Berghahn.

Borofsky, R. 2000. Public Anthropology: Where to? What Next? *Anthropology News* 41(5): 9-10.

Callon, M. 1998. Introduction: The Embeddedness of Economic Markets in Economics. In M. Callon (ed) *The Laws of the Markets*, pp. 1-57. Blackwell.

山下晋司編 2014『公共人類学』東京大学出版会.
山田陽一 2017『響きあう身体――音楽・グルーヴ・憑依』春秋社.
山本紀夫 2014「中央アンデス農耕文化論――とくに高地部を中心として」国立民族学博物館調査報告 117.
山脇直司 2004『公共哲学とは何か』ちくま新書.
吉田ゆか子 2011「仮の面と仮の胴――バリ島仮面舞踊劇にみる人とモノのアッサンブラージュ」『文化人類学』76(1): 11-32.
―― 2015「芸能研究とマテリアリティの人類学の交差点の探求」『民博通信』150: 22-23.
與那覇潤 2021『平成史――昨日の世界のすべて』文藝春秋.
リベラ=クシカンキ, S. 1998 (1986)『トゥパック・カタリ運動――ボリビア先住民族の闘いの記憶と実践 (1900年～1980年)』吉田栄人訳 御茶の水書房. (Rivera Cusicanqui, S. *Oprimidos pero no vencidos : Luchas del campesinado aymara y quechwa de Bolivia, 1900-1980*. Instituto de Investigaciones de las Naciones Unidas para el Desarrollo Social.)
ルルフォ, J. 1992 (1955)『ペドロ・パラモ』杉山晃・増田義郎訳 岩波文庫. (Rulfo, J. *Pedro Páramo*. Fondo de Cultura Económica.)
レイヴ, J. & E. ウェンガー 1993 (1991)『状況に埋め込まれた学習――正統的周辺参加』佐伯胖訳 産業図書. (Lave, J. & E. Wenger *Situated Learning: Legitimate Peripheral Participation*. Cambridge University Press.)
レヴィ=ストロース, C. 1976 (1962)『野生の思考』大橋保夫訳 みすず書房. (Lévi-Strauss, C. *La pensée sauvage*. Plon.)
―― 1977 (1955)『悲しき熱帯 下』川田順造訳 中央公論社. (Lévi-Strauss, C. *Tristes tropiques*. Plon.)
―― 2024 (1937)「革命的な学としての民族誌学」『モンテーニュからモンテーニュへ――レヴィ=ストロース未発表講演録』真島一郎監訳 昼間賢訳 ちくま学芸文庫 pp.39-78.
若林大我 2014『アンデス高地にどう暮らすか――牧畜を通じて見る先住民社会』風響社.
ワグナー, R. 2000 (1981)『文化のインベンション』山崎美惠・谷口佳子訳 玉川大学出版部. (Wagner, R. *The Invention of Culture*. Revised and Expanded ed. University of Chicago Press.)
ワシュテル, N. 1997 (1992)『神々と吸血鬼――民族学のフィールドから』齋藤晃訳 岩波書店. (Wachtel, N. *Dieux et vampires. Retour à Chipaya*. Seuil.)
渡辺文 2014『オセアニア芸術――レッド・ウェーヴの個と集合』京都大学学術出版会.

ロック」石橋純編『中南米の音楽——歌・踊り・祝宴を生きる人々』東京堂出版 pp.229-255.
フィッシャー，M. 2019（2014）「「緩やかな未来の消去」」『わが人生の幽霊たち——うつ病、憑在論、失われた未来』五井健太郎訳 Pヴァイン pp. 18-54.（Fisher, M. 'The Slow Cancellation of the Future'. In *Ghosts of My Life: Writings on Depression, Hauntology and Lost Futures*, pp. 2-29. Zero Books.）
伏木香織 2011「「生きる」楽器——スリンの音の変化をめぐって」床呂郁哉・河合香吏編『ものの人類学』京都大学学術出版会 pp. 211-234.
古川勇気 2015『ペルー山村のチーズ生産者——暮らしの中の経済戦略』風響社.
——— 2019「農民の人生経験に基づく選択——カハマルカ県山村における生乳及び乳製品販売形態の違いを事例に」『アンデス・アマゾン研究』2: 1-23.
ブルデュー，P. 1988（1980）『実践感覚 1』今村仁司・港道隆訳 みすず書房.（Bourdieu, P. *Le sens pratique*. Éditions de Minuit.）
——— 1990a（1979）『ディスタンクシオン——社会的判断力批判Ⅰ・Ⅱ』石井洋二郎訳 藤原書店.（Bourdieu, P. *La distinction. Critique sociale du jugement*. Éditions de Minuit.）
———1990b（1980）『実践感覚 2』今村仁司・福井憲彦・塚原史・港道隆訳 みすず書房.（Bourdieu, P. *Le sens pratique*. Éditions de Minuit.）
——— 1991（1987）『構造と実践——ブルデュー自身によるブルデュー』石崎晴己訳 藤原書店.（Bourdieu, P. *Choses dites*. Éditions de Minuit.）
ボアズ，F. 2011（1955）『プリミティヴアート』大村敬一訳 言叢社.（Boas, F. *Primitive Art*. Dover Publiciations.）
ホブズボウム，E. & T. レンジャー編 1992（1983）『創られた伝統』前川啓治・梶原景昭他訳 紀伊國屋書店.（Hobsbawm, E. & T. Ranger 1983 *The Invention of Tradition*. Cambridge University Press.）
松田素二 2004「変移する共同体——創発的連帯論を超えて」『文化人類学』69(2): 247-270.
松本健二 2020「血族と共同体——ガルシア=マルケス『百年の孤独』遠くて近い〈みんな〉の物語」小倉孝誠編『世界文学へのいざない——危機の時代に何を、どう読むか』新曜社 pp. 78-85.
村川淳 2020『浮島に生きる——アンデス先住民の移動と「近代」』京都大学学術出版会.
柳沢英輔 2019『ベトナムの大地にゴングが響く』灯光舎.
柳原孝敦 2007『ラテンアメリカ主義のレトリック』エディマン.
山下晋司 1999『バリ 観光人類学のレッスン』東京大学出版会.
——— 2014「公共人類学の構築」山下晋司編『公共人類学』東京大学出版会 pp. 3-18.

仁平ふくみ 2013「国民作家の創造——ルルフォと1950年代批評」『ラテンアメリカ研究年報』33: 1-27.

日本経済団体連合会 2018「2018年度新卒採用に関するアンケート調査結果」https://www.keidanren.or.jp/policy/2018/110.pdf 2021年9月29日閲覧.

ノヴァック, D. 2019（2013）『ジャパノイズ——サーキュレーション終端の音楽』若尾裕・落晃子訳 水声社.（Novak, D. *Japanoise: Music at the Edge of Circulation*. Duke University Press.）

野澤暁子 2015『聖なる鉄琴スロンディンの民族誌——バリ島トゥガナン・プグリンシンガン村の生活、信仰、音楽』春風社.

野澤豊一 2010「対面相互行為を通じたトランスダンスの出現——米国黒人ペンテコステ派教会の事例から」『文化人類学』75(3): 417-439.

——— 2017「ミュージッキング研究の挑戦——「音楽」のリアルな姿に迫るために」『民博通信』157: 14-15.

野澤豊一・西島千尋 2015「訳者あとがき」トゥリノ, T.『ミュージック・アズ・ソーシャルライフ——歌い踊ることをめぐる政治』野澤豊一・西島千尋訳 水声社 pp. 435-441.

登久希子 2011「「現代美術」の人類学的研究に関する一考察——インスタレーション・アートの現場から」『文化人類学』76(2): 171-181.

パス, O. 2007（1950）『孤独の迷宮——メキシコの文化と歴史』高山智博・熊谷明子訳 法政大学出版局.（Paz, O. *El laberinto de la soledad*. Fondo de Cultura Económica.）

長谷川町蔵・大和田俊之 2019『文化系のためのヒップホップ入門3』アルテスパブリッシング.

パットナム, R. 2001（1993）『哲学する民主主義——伝統と改革の市民的構造』河田潤一訳 NTT出版.（Putnam, R., R. Leonardi & R. Nanetti *Making Democracy Work: Civic Traditions in Modern Italy*. Princeton University Press.）

——— 2006（2000）『孤独なボウリング——米国コミュニティの崩壊と再生』柴内康文訳 柏書房.（Putnam, R. *Bowling Alone: The Collapse and Revival of American Community*. Simon & Schuster.）

ハーバーマス, J. 1994（1990）『公共性の構造転換——市民社会の一カテゴリーについての探究』第2版 細谷貞雄・山田正行訳 未來社.（Habermas, J. *Strukturwandel der Öffentlichkeit: Untersuchungen zu einer Kategorie der bürgerlichen Gesellschaft*. 2nd ed. Suhrkamp.）

浜本満 2015「致死性の物語とフィールドワークの知——ある青年の死をめぐって」『文化人類学』80(3): 341-362.

パラシオス, B. 2008（2005）『『悪なき大地』への途上にて』唐澤秀子訳 編集室インディアス.（Palacios, B. *Los días rabiosos*. Fundación Grupo Ukamau.）

比嘉マルセーロ 2010「鉛色時代の音楽——独裁政権下（1976-83）のアルゼンチン・

of Participation. University of Chicago Press.)
床呂郁哉・河合香吏 2011「なぜ「もの」の人類学なのか？」床呂郁哉・河合香吏編『ものの人類学』京都大学学術出版会 pp. 1-21.
床呂郁哉・河合香吏編 2011『ものの人類学』京都大学学術出版会.
ド・セルトー, M. 1987（1980）『日常的実践のポイエティーク』山田登世子訳 国文社.（De Certeau, M. *L'invention du quotidien. 1. Arts de faire*. Union générale d'éditions.)
鳥塚あゆち 2009「開かれゆくアンデス牧民社会――ペルー南部高地ワイリャワイリャ村を事例として」『文化人類学』74(1): 1-25.
――― 2010「ペルー南部高地における牧畜民と市場との関わり――フェリアとアソシエーションにおける活動を通して」『南山大学人類学博物館紀要』28: 95-116.
――― 2020「アンデス牧民共同体における制度と慣習――共同体の土地区分に着目して」『アンデス・アマゾン研究』4: 1-21.
内閣府 2010「「新しい公共」推進会議の開催について」https://www5.cao.go.jp/npc/pdf/konnkyo.pdf 2021年9月29日閲覧.
中川理 2011「どうとでもありえる世界のための記述――プラグマティック社会学と批判について」春日直樹編『現実批判の人類学――新世代のエスノグラフィへ』世界思想社 pp. 74-95.
中谷和人 2009「「アール・ブリュット／アウトサイダー・アート」をこえて――現代日本における障害のある人びとの芸術活動から」『文化人類学』74(2): 215-237.
――― 2013「芸術のエコロジーへむけて――デンマークの障害者美術学校における絵画制作活動を事例に」『文化人類学』77(4): 544-565.
中野隆基 2019『ボリビアの先住民と言語教育――あるベシロ語（チキタノ語）教師との出会い』風響社.
長野太郎 2005「国民教育とフォークロア――アルゼンチンにおける全国民俗調査（1921）をめぐって」『清泉女子大学紀要』53: 101-120.
夏目漱石 1988a（1911）「道楽と職業」夏目漱石『夏目漱石全集10』ちくま文庫 pp. 508-533.
――― 1988b（1914）「私の個人主義」夏目漱石『夏目漱石全集10』ちくま文庫 pp. 610-646.
七海ゆみ子 2012『無形文化遺産とは何か――ユネスコの無形文化遺産を新たな視点で解説する本』彩流社.
西井凉子 2006「社会空間の人類学――マテリアリティ・主体・モダニティ」西井凉子・田辺繁治編『社会空間の人類学――マテリアリティ・主体・モダニティ』世界思想社 pp. 1-29.
西井凉子・田辺繁治編 2006『社会空間の人類学――マテリアリティ・主体・モダニティ』世界思想社.

University Press.)
諏訪淳一郎 2012『パフォーマンスの音楽人類学』勁草書房.
竹沢尚一郎 2007『人類学的思考の歴史』世界思想社.
田中雅一・松田素二編 2006『ミクロ人類学の実践――エイジェンシー / ネットワーク / 身体』世界思想社.
田中理恵子 2014「「生成」としての音楽――ラテンアメリカの二つの芸術をめぐる人類学的考察」『超域文化科学紀要』19: 101-117.
――― 2015「楽器に憑かれた男――事物と人の相互に触発する関係についての人類学的覚書」『埼玉工業大学人間社会学部紀要』13: 31-41.
――― 2021『生きている音楽――キューバ芸術音楽の民族誌』水声社.
田辺繁治 2002「日常的実践のエスノグラフィ――語り・コミュニティ・アイデンティティ」田辺繁治・松田素二編『日常的実践のエスノグラフィ――語り・コミュニティ・アイデンティティ』世界思想社 pp. 1-38.
――― 2003『生き方の人類学――実践とは何か』講談社現代新書.
――― 2005「コミュニティ再考――実践と統治の視点から」『社会人類学年報』31: 1-30.
――― 2010『「生」の人類学』岩波書店.
田辺繁治・松田素二編 2002『日常的実践のエスノグラフィ――語り・コミュニティ・アイデンティティ』世界思想社.
佃麻美 2012「接触領域としてのアルパカ品質改良」『コンタクト・ゾーン』5: 90-107.
――― 2014「中央アンデス高地ペルーにおけるアルパカの「遺伝的改良」と種畜の取引」『年報人類学研究』4: 34-59.
寺尾隆吉 2014「孤独と物語――『族長の秋』に見る孤高の作者像」『ユリイカ』46(8): 118-125.
デランダ, M. 2015 (2006)『社会の新たな哲学――集合体、潜在性、創発』篠原雅武訳 人文書院. (DeLanda, M. *A New Philosophy of Society: Assemblage Theory and Social Complexity*. Bloomsbury.)
デリダ, J. 2007 (1993)『マルクスの亡霊たち――負債状況＝国家、喪の作業、新しいインターナショナル』増田一夫訳 藤原書店. (Derrida, J. *Spectres de Marx. L'État de la dette, le travail du deuil et la nouvelle Internationale*. Éditions Galilée.)
デンジン, N. K. 1992 (1989)『エピファニーの社会学――解釈的相互作用論の核心』関西現象学的社会学研究会編訳 片桐雅隆訳者代表 マグロウヒル出版. (Denzin, N. K. *Interpretive Interactionism*. Sage Publications.)
トゥリノ, T. 2015 (2008)『ミュージック・アズ・ソーシャルライフ――歌い踊ることをめぐる政治』野澤豊一・西島千尋訳 水声社. (Turino, T. *Music as Social Life: The Politics*

好信・慶田勝彦・清水展・浜本満・古谷嘉章・星埜守之訳 人文書院（Cifford, J. *The Predicament of Culture: Twentieth-Century Ethnography, Literature, and Art.* Harvard University Press.）.
厚生労働省 2004「『若年者の就職能力に関する実態調査』結果」https://www.mhlw.go.jp/houdou/2004/01/dl/h0129-3a.pdf 2021年9月29日閲覧.
兒島峰 2014『アンデスの都市祭礼——口承・無形文化遺産「オルロのカーニバル」の学際的研究』明石書店.
齋藤純一 2000『公共性』岩波書店.
佐本英規 2021『森の中のレコーディング・スタジオ——混淆する民族音楽と周縁からのグローバリゼーション』昭和堂.
サルトル, J.-P. 1968（1960）『弁証法的理性批判 第一巻 実践的総体の理論Ⅰ』竹内芳郎・矢内原伊作訳 人文書院.（Sartre, J.-P. *Critique de la raison dialectique. Tome I. Théorie des ensembles pratiques.* Gallimard.）
澤田直 2019『サルトルのプリズム——二十世紀フランス文学・思想論』法政大学出版局.
柴那典 2016『ヒットの崩壊』講談社現代新書.
渋井哲也 2016『絆って言うな！——東日本大震災——復興しつつある現場から見えてきたもの』皓星社.
清水展 2013『草の根グローバリゼーション——世界遺産棚田村の文化実践と生活戦略』京都大学学術出版会.
——— 2016「巻き込まれ、応答してゆく人類学——フィールドワークから民族誌へ、そしてその先の長い道の歩き方」『文化人類学』81(3): 391-412.
菅原和孝 2013a「端緒の問い——まえがきにかえて」菅原和孝編『身体化の人類学——認知・記憶・言語・他者』世界思想社 pp. i-ii.
——— 2013b「身体化の人類学へ向けて」菅原和孝編『身体化の人類学——認知・記憶・言語・他者』世界思想社 pp. 1-27.
菅原和孝編 2013『身体化の人類学——認知・記憶・言語・他者』世界思想社.
杉島敬志 2014「複ゲーム状況への着目——次世代人類学にむけて」杉島敬志編『複ゲーム状況の人類学——東南アジアにおける構想と実践』風響社 pp. 9-54.
——— 2019「序論——参与観察を讃えて」杉島敬志編『コミュニケーション的存在論の人類学』臨川書店 pp. 5-47.
杉山晃 2018「解説」ルルフォ, J.『燃える平原』杉山晃訳 岩波文庫 pp. 271-288.
ストラザーン, M. 2015（2004）『部分的つながり』大杉高司・浜田明範・田口陽子・丹羽充・里見龍樹訳 水声社.（Strathern, M. *Partial Connections.* Updated ed. Altamira Press.）
スモール, C. 2011（1998）『ミュージッキング——音楽は〈行為〉である』野澤豊一・西島千尋訳 水声社.（Small, C. *Musicking: The Meanings of Performing and Listening.* Wesleyan

り方』弘文堂 pp. 1-24.
鏡味治也 2011「文化人類学とフィールドワーク」日本文化人類学会監修 鏡味治也・関根康正・橋本和也・森山工編『フィールドワーカーズ・ハンドブック』世界思想社 pp. 1-12.
梶丸岳 2013『山歌の民族誌——歌で詞藻を交わす』京都大学学術出版会.
——— 2015「現成する場所、立ち現われる身体——掛け合い歌における身体の二重性」佐藤知久・比嘉夏子・梶丸岳編『世界の手触り——フィールド哲学入門』ナカニシヤ出版 pp. 41-58.
春日直樹 2011「人類学の静かな革命——いわゆる存在論的転換」『現実批判の人類学——新世代のエスノグラフィへ』世界思想社 pp.9-31.
春日直樹編 2011『現実批判の人類学——新世代のエスノグラフィへ』世界思想社.
加藤隆浩 1998「アンデス高地農民の民間信仰——ピシュタコの社会的意味」大貫良夫・木村秀雄編『文化人類学の展開——南アメリカのフィールドから』北樹出版 pp. 119-136.
ガルシア=マルケス, G. 2006 (1967)『百年の孤独』鼓直訳 新潮社. (García Márquez, G. *Cien años de soledad*. Sudamericana.)
——— 2014 (1982)「ラテンアメリカの孤独」『ぼくはスピーチをするために来たのではありません』木村榮一訳 新潮社 pp. 31-40. (García Márquez, G. *La soledad de América Latina*. Discurso de aceptación de Gabriel García Márquez del Premio Nobel.)
貴戸理恵 2018『「コミュ障」の社会学』青土社.
木下尊惇 2010「ボリビア音楽——その歴史と地域性」石橋純編『中南米の音楽——歌・踊り・祝宴を生きる人々』東京堂出版 pp. 175-200.
木村周平 2013『震災の公共人類学——揺れとともに生きるトルコの人びと』世界思想社.
木村秀雄 2018「農地改革期クスコ農村社会の多様性と制度」『アンデス・アマゾン研究』1: 1-54.
国本伊代 1999「ボリビアにおけるメノナイト信徒集団——キリスト教プロテスタント再洗礼派が辿り着いた最後の新天地」『中央大学論集』20: 93-105.
クライン, H. 2011 (2011)『ボリビアの歴史』星野靖子訳 創土社. (Klein, H. *A Concise History of Bolivia*. 2nd ed. Cambridge University Press.)
クラストル, P. 1987 (1974)『国家に抗する社会——政治人類学研究』渡辺公三訳 書肆風の薔薇. (Clastres, P. *La société contre l'État. Recherches d'anthropologie politique*. Éditions de minuit.)
クラパンザーノ, V. 1991 (1980)『精霊と結婚した男——モロッコ人トゥハーミの肖像』大塚和夫・渡部重行訳 紀伊國屋書店. (Crapanzano, V. *Tuhami : Portrait of a Moroccan*. University of Chicago Press.)
クリフォード, J. 2003 (1988)『文化の窮状——二十世紀の民族誌、文学、芸術』太田

参照文献

日本語文献

アレント，H. 1994（1958）『人間の条件』志水速雄訳 ちくま学芸文庫.（Arendt, H. *The Human Condition*. University of Chicago Press.）

石橋純 2010「概説・中南米の音楽——その歴史と特徴」石橋純編『中南米の音楽——歌・踊り・祝宴を生きる人々』東京堂出版 pp. 12-31.

今村仁司 1985『排除の構造——力の一般経済序説』青土社.

「イメージの力」実行委員会編 2014『The Power of Images イメージの力——国立民族学博物館コレクションにさぐる』国立民族学博物館.

インゴルド，T. 2018（2015）『ライフ・オブ・ラインズ——線の生態人類学』筧菜奈子・島村幸忠・宇佐美達朗訳 フィルムアート社.（Ingold, T. *The Life of Lines*. Routledge.）

ヴィヴェイロス・デ・カストロ，E. 2015（2009）『食人の形而上学——ポスト構造主義的人類学への道』檜垣立哉・山崎吾郎訳 洛北出版.（Viveiros de Castro, E. *Métaphysiques cannibales. Lignes d'anthropologie post-structurale*. Presses Universitaires de Franse.）

ウィラースレフ，R. 2018（2007）『ソウル・ハンターズ——シベリア・ユカギールのアニミズムの人類学』奥野克巳・近藤祉秋・古川不可知訳 亜紀書房.（Willerslev, R. *Soul Hunters: Hunting, Animism, and Personhood among the Siberian Yukaghirs*. University of California Press.）

内山田康 2011「序——動くアッサンブラージュを人類学する」『文化人類学』76(1): 1-10.

NHK「無縁社会プロジェクト」取材班編 2010『無縁社会——“無縁死”三万二千人の衝撃』文藝春秋.

太田好信 2013「アイデンティティ論の歴史化——批判人類学の視点から」『文化人類学』78(2): 245-264.

大貫良夫 1978「アンデス高地の環境利用——垂直統御をめぐる問題」『国立民族学博物館研究報告』3(4): 709-733.

小川さやか 2011『都市を生きぬくための狡知——タンザニアの零細商人マチンガの民族誌』世界思想社.

小田亮 2004「共同体という概念の脱/再構築——序にかえて」『文化人類学』69(2): 236-246.

——— 2008「「真正性の水準」について」『思想』1016: 297-316.

——— 2020「スマイルズは「普通の会社」ではない？」小田亮・熊田陽子・阿部朋恒『スマイルズという会社を人類学する——「全体的な個人」がつなぐ組織のあ

ヤ行

ラ行

ワ行

ナ行

ハ行

マ行

タ行

サ行

索　引

ア行

カ行

著者紹介

相田　豊（あいだ　ゆたか）

1990年生まれ。東京大学大学院総合文化研究科地域文化研究専攻博士課程修了。博士（学術）。専門は文化人類学、ラテンアメリカ地域研究。現在、上智大学基盤教育センター特任助教。

主な論文に、「反抗、世代、強度――ボリビア・フォルクローレ音楽家の孤独とつながり」（『文化人類学』87巻3号、2022年）、「「孤独」から立ち上がる世界――存在論的個体発生論から見るボリビア・フォルクローレ音楽家の生」（『社会人類学年報』47号、2021年）など。

ライフワークとしてボリビア音楽の演奏活動も行っている。ボリビアでのフィールドワーク中には、フェルナンド・ヒメネス氏にサンポーニャを師事。ボリビアの最大手レーベル、ディスコランディア社より自身のCDを発売するなど、ボリビア各地でフォルクローレ音楽の演奏経験を積む。また、在来音楽の分野でも、2017年にはボリビア大統領への表敬演奏を行ったほか、2019年には自身の主宰するボリビア在来音楽の保全・演奏団体「プロジェクト・タンタチャウィ」の活動に対して、ボリビア下院議員連盟よりチチカカ栄誉賞を授与されている。

愛と孤独のフォルクローレ
――ボリビア音楽家と生の人類学

2024年12月30日　第1刷発行
2025年 3 月10日　第2刷発行

定価はカバーに
表示しています

著　者　相田　豊

発行者　上原寿明

世界思想社

京都市左京区岩倉南桑原町56　〒606-0031
電話　075(721)6500
振替　01000-6-2908
http://sekaishisosha.jp/

© 2024　Y. AIDA　Printed in Japan

（印刷　中央精版印刷）

落丁・乱丁本はお取替えいたします。

日本音楽著作権協会（出）許諾第2408355-502号

JCOPY ＜（社）出版者著作権管理機構　委託出版物＞

本書の無断複写は著作権法上での例外を除き禁じられています。複写される場合は，そのつど事前に，（社）出版者著作権管理機構（電話 03-5244-5088，FAX 03-5244-5089，e-mail: info@jcopy.or.jp）の許諾を得てください。

ISBN978-4-7907-1795-9

『愛と孤独のフォルクローレ』の
読者にお薦めの本

ちんどん屋の響き　音が生み出す空間と社会的つながり

阿部万里江著／輪島裕介訳

通り抜ける音が、巷の情動《こころ》に響きわたる——数十年の停滞ののち再起した、路上の巡回広告業ちんどん屋。大阪の路地裏、震災後の仮設住宅、脱原発集会など、様々な場に集う情緒、力、関係が、〈ヒビキ〉によってあらわになる。初のちんどん屋研究書。

本体 3,500 円＋税

ストリートの精霊たち

川瀬　慈

人類学のフィールドワークのため、エチオピアのゴンダールに居着いた著者。そこは、物売りや物乞い、芸能者たちが息づく奥深い空間だった。著者と彼ら〝ストリートの精霊たち〟との密な交流から、雑踏の交響詩が聞こえてくる。坂本龍一さん推薦！

本体 1,900 円＋税

都市を生きぬくための狡知

タンザニアの零細商人マチンガの民族誌

小川さやか

自らマチンガとなり、タンザニアの路上で、嘘や騙しを含む熾烈な駆け引きを展開しながら古着を売り歩き、500人以上の常連客をもった著者。ストリートで培われる狡知に着目して、彼らのアナーキーな仲間関係や商売のしくみを解き明かす。

本体 5,200 円＋税

ストリートの歌　現代アフリカの若者文化

鈴木裕之

学校や家庭から落ちこぼれ、ストリートに降り立った俺たち。世間からは不良だと言われている。だが聞いてほしい、俺たちの歌を。見てほしい、俺たちの生き方を。ストリート・ボーイと暮らした気鋭が、西アフリカの大都市アビジャンを活写する。

本体 1,900 円＋税

価格は、2025年3月現在